KB057172

랭스로 되돌아가다

Retour à Reims
by Didier Eribon

디디에 에리봉 지음
이상길 옮김

# 랭스로 되돌아가다

문학과
지성사

랭스로 되돌아가다

제1판 제1쇄　2021년 1월 11일
제1판 제8쇄　2024년 6월 24일
지은이　디디에 에리봉
옮긴이　이상길
펴낸이　이광호
주간　이근혜
편집　김현주 최대연
펴낸곳　㈜문학과지성사
등록번호　제1993-000098호
주소　04034 서울 마포구 잔다리로7길 18(서교동 377-20)
전화　02)338-7224
팩스　02)323-4180(편집)　02)338-7221(영업)
대표메일　moonji@moonji.com
홈페이지　www.moonji.com
ISBN 978-89-320-3773-8　03330

언제나 모든 것을 알고 싶어 하는 G에게

일러두기

1. 이 책은 Didier Eribon, *Retour à Reims*, Fayard, 2009를 저본으로 삼아 번역한 것이다. 옮긴이 주석 작성에는 간혹 영문판 *Returning to Reims*, Michael Lucey(trans.), The MIT Press, 2013과 위키피디아를 부분적으로 참조했다.

2. 옮긴이가 본문 중에 내용을 덧붙인 경우에는 '[ ]'로 묶어 표시했다.

차례

1

오랫동안 그곳은 내게 하나의 이름에 지나지
않았다. 부모님은 내가 더 이상 그들을 보러 가지
않던 시절에 이 마을에 정착했다. 나는 외국 여행을
하다가 때때로 부모님께 엽서를 보내곤 했는데, 이는
아주 가느다랗게라도 인연을 유지하기 위한 마지막
노력이었다. 나는 주소를 쓰면서 부모님이 사는 곳이
어떤 곳일지 자문해보았다. 호기심을 결코 그 이상
밀어붙일 수는 없었다. 석 달에 한두 번쯤, 아니 보통은
그보다 적게 어머니께 전화를 드렸는데, 그때마다
어머니는 내게 물었다. "언제 보러 올 거니?" 나는 너무
바쁘다고 둘러대면서, 조만간 가겠다고 약속했다. 하지만
그럴 생각이 없었다. 나는 가족에게서 도망쳐 나온
것이었고, 그들을 다시 볼 마음이 조금도 없었다.
  그렇게 나는 뒤종을 아주 최근에야 알게 되었다.
그곳은 내가 머릿속으로 그리던 이미지와 잘 맞아
떨어졌다. 도농복합화의 전형적인 사례인, 논밭 한가운데
세워진 준도시 공간. 여전히 시골에 속한다고 해야 할지,
시간이 흘러 교외banlieu라고 부르는 편이 나을지 말하기
어려운 곳. 훗날 알게 되었지만, 1950년대 초 이곳의
주민 수는 50명도 되지 않았다. 사람들은, 프랑스 북동
지역을 황폐하게 만든 여러 전쟁의 첫 공격이 개시되는

지역이었음에도 불구하고, 12세기 때 지어진 건축물 일부가 남아 있는 교회 주변에 모여 살았다. 클로드 시몽Claude Simon의 표현에 따르면, "특수한 지위"를 갖는 이 지역의 도시와 마을 이름들은 "전투" "요새" "조용한 집중포격" "광활한 묘지"의 동의어나 다를 바 없어 보인다.[1] 오늘날 주민 수는 2천 명이 넘는다. 한편에는 포도밭으로 뒤덮인 작은 언덕 풍경에서 그리 멀지 않은 곳에서 시작되어 구불구불 이어지는 샹파뉴 로路가 있고, 다른 편에는 자동차로 15분에서 20분 정도 걸리는 랭스 교외에 자리 잡은 다소 을씨년스러운 공업 지대가 있다. 새로 난 길들 주위로 서로 비슷하게 생긴 집들이 두 채씩 나란히 늘어서 있다. 대부분은 공공주택으로, 세입자들은 당연히 부유한 사람들이 아니다. 내가 떠나기로 한 그곳에서, 부모님은 나 없이 거의 20년을 사셨다. 내가 이 촌동네—이런 장소를 어떤 이름으로 불러야 할까?—와 부모님의 작은 집으로 돌아온 것은 아버지가 세상을 떠난 이후였다. 어머니는 알츠하이머 환자들을 수용하는 병원에 아버지를 입원시켰고, 아버지는 결국 그곳에서 세상을 떠났다. 어머니는 최대한 입원을 늦추려고 했지만, 아버지가 별안간 폭력적으로 행동하는 데 겁을 먹고 지친 나머지—어느 날 아버지는 부엌칼을 들고 어머니에게 달려들었다—두 손을 들고 말았다. 다른 해결책이 없음이 명백했다. 아버지가 집에서 사라지자, 나는 그 전까지는 엄두를 내지 못했던 이 여행, 아니

차라리 귀향이라고 부르는 것이 나을 이 여정을 결심하게
되었다. 내가 그토록 도망치고자 했던 "나의 고장"—장
주네Jean Genet라면 이렇게 불렀을 것이다—을 다시 찾는
여정 말이다. 내가 거리를 두던 이 사회적 공간은, 내가
그것에 맞서서 나 자신을 구축하긴 했지만, 그럼에도
여전히 내 존재의 가장 중요한 부분을 구성하는
정신적 공간이었다. 나는 어머니를 만나기 위해 왔다.
그녀와의 화해의 시작이었다. 아니 더 정확하게 말하면
나 자신과의 화해, 내가 거부하고 내쫓고 부인했던 나
자신의 어떤 부분과의 화해의 시작이었다.

이후 몇 달 간 내가 집에 들를 때마다, 어머니는 많은
이야기를 들려주었다. 어머니 자신에 대해서, 그러니까
어머니의 어린 시절과 소녀 시절, 아내로서의 삶에
대해서… 어머니는 아버지에 대해서도 이야기해주었다.
두 분의 만남, 관계, 겪어온 삶, 그들이 거쳐온 고된
직업에 대해서 말이다. 어머니는 내게 모든 것을 말하고
싶어 했고, 이야기는 흥분된 어조로 무궁무진하게
이어졌다. 어머니는 마치 잃어버린 시간을 따라잡아,
우리가 그동안 대화를 나누지 못해 생겨난 슬픔을 단번에
지워버리려고 마음먹은 것 같았다. 나는 어머니를 마주
보고 앉아, 커피를 마시며 그 이야기를 들었다. 어머니가
자신에 대해 말할 때는 주의를 기울였지만, 내가 한 번도
본 적 없고 별 관심도 없는 조카들이 벌인 이런저런
짓거리에 대해 자세하게 이야기를 늘어놓을 때는 권태와

피로를 느꼈다. 우리 사이에 새로운 관계가 만들어졌다. 내 안의 무언가가 되살아났다. 나는 어머니가 나와 멀어졌다는 사실을 견디기 힘들어했다는 것을, 그 일로 인해 고통을 받았다는 것을 깨달았다. 그런데 그런 결정을 내렸던 나는 그 일을 어떻게 받아들였는가? 나는 완전히 다른 방식으로 고통받지 않았던가? '멜랑콜리'를, 우리가 밀어내고 거부한 다양한 가능성과 동일시에 대한 극복할 수 없는 애도와 연결시키는 프로이트Sigmund Freud의 도식에 따른다면 말이다. 그 가능성과 동일시는 나를 구성하는 요소들 가운데 하나로서 내 안에 살아 있다. 우리가 그것으로부터 뽑혀져 나온 것이든 아니면 스스로 뽑혀 나오길 바랐던 것이든, 그것은 계속해서 우리 존재의 일부로 남게 된다. 애도와 멜랑콜리라는 은유가 단순하면서도 불충분하고 기만적인 표현으로 환기하는 이 무언가를 기술하기 위해서는, 정신분석학보다 사회학의 용어들이 더 나을 수도 있다. 어린 시절 우리의 삶과 사회화된 방식의 흔적들은 성인의 나이에 이르러 생활 조건이 변화한 후에도, 심지어 우리가 이 과거로부터 멀어지기를 원했을지라도 계속해서 남아 있다. 따라서 우리가 떠나온 환경—혹은 어떤 의미에서 우리가 가까스로 빠져나온 환경—으로 되돌아갈 때면 우리는 항상 자신을 성찰하고 자신에게로 되돌아가게 되며, 부인된 만큼이나 보존되어 있는 나 자신과 다시 만나게 된다. 우리는 스스로 해방되었다고

14

믿고 싶어 하지만, 실은 그것이 우리의 인격을 구조화한다는 점을 모르지 않는데, 그럼에도 우리가 화해 불가능해 보일 정도로 떨어져 있는 상이한 두 세계, 매 순간 공존하는 이 두 세계에 속해 있다는 사실로 인해 발생하는 어떤 불편함, 피에르 부르디외Pierre Bourdieu의 멋지고 강력한 개념을 빌려오자면 '분열된 하비투스habitus clivé'[2]와 결부된 멜랑콜리가 의식에 떠오르게 된다. 기이하게도 우리가 그것을 극복하려고 하거나 아니면 단지 진정시키려고만 해도, 이 은밀하고 흐릿하던 불편함의 윤곽은 훨씬 뚜렷해지고 한층 깊어진다. 이 감정들은 언제나 거기 있었다. 그리고 우리는 그제야 그것들이 거기 있었음을, 우리의 심연 속에 숨은 채로 우리 안에서, 우리를 향해 작용하고 있었음을 발견, 아니 재발견한다. 그런데 과연 우리는 진정 이 불편함을 극복할 수 있을까? 멜랑콜리를 진정시킬 수 있을까?

그해 12월 31일 자정을 조금 넘겨, 어머니께 새해 인사를 드리려고 전화했을 때 어머니가 말씀하셨다. "좀 전에 병원에서 전화가 왔다. 네 아버지가 한 시간 전에 세상을 떠나셨단다." 나는 그를 사랑하지 않았다. 나는 그를 조금도 사랑한 적이 없다. 나는 아버지가 살날이 몇 달 남지 않았음을 알고 있었다. 그 시간마저 지나 살날이 고작 며칠밖에 남지 않게 되었을 때에도, 나는 아버지를 마지막으로 다시 보려고 애쓰지 않았다. 게다가 어차피 나를 알아보지도 못할 텐데, 그렇게 한들 무슨 소용이 있겠는가? 사실 아버지와 나는 이미 아주 오래전부터 서로를 인정하지 않고 있었다. 내가 아직 소년이었을 때 그와 나 사이를 갈라놓은 간극은 해가 갈수록 점점 더 벌어졌고, 우리는 서로에게 이방인이 되었다. 어떤 것도 그와 나를 이어주지 못했고, 그 상태가 계속 지속되었다. 어쨌든 나는 그렇게 믿었고, 아니면 최소한 그렇게 믿고자 했다. 왜냐하면 나는 사람이 가족에게서 떨어져 나와 자신의 삶을 살 수 있으며, 자신의 과거와 그 과거를 가득 채우고 있던 이들에게 등을 돌린 채 자기 자신을 발명할 수 있다고 생각했기 때문이다.

그 당시 나는 어머니에게 아버지의 죽음이 해방이 될 것이라고 생각했다. 아버지는 육체적·정신적으로 하루하루 쇠약한 상태로 굴러떨어졌고, 이제는 악화될 일만 남아 있었다. 가혹한 추락이었다. 아버지가 낫지 못하리라는 것은 확실했다. 착란 상태에서 간호사들과 한바탕 벌이는 소동과, 우여곡절 끝에 약을 투여받은 후 찾아오는 긴 무감각 상태가 번갈아가며 이어졌다. 무감각 상태일 때 아버지는 말하지도, 걷지도, 먹지도 않았다. 아무것도 그 누구도 기억하지 못했다. 고모들과 내 세 형제들에게 아버지를 방문하는 일은 일종의 시련이었다(고모 가운데 둘은 첫번째 방문 후 겁을 집어먹고 더는 찾아오지 않았다). 차를 타고 20킬로미터나 되는 거리를 오가야 했던 어머니

*16*

입장에서도, 그건 상당한 헌신을 요구하는 일이었다.
나는 어머니가 그렇게 하는 데 놀라지 않을 수 없었다.
아버지에 대해 어머니에게 남은 감정은, 환멸과 증오가
뒤섞인 적대감뿐임을 잘 알고 있었기 때문이다. 적어도
내가 기억할 수 있는 동안은 언제나 그랬다. 환멸과
증오라는 말은 결코 과장이 아니다. 하지만 그녀에게
헌신은 일종의 의무였다. 그녀에게 중요한 것은 자신의
이미지였다. "어쨌든 네 아버지를 저렇게 내버려둘 순
없어." 아버지는 어머니를 더 이상 알아보지도 못하는데
왜 고집스럽게 매일 병원에 가느냐고 물으면, 어머니는
매번 그렇게 대답했다. 어머니는 아버지 병실 문에
두 분이 같이 나온 사진을 붙여두고는 아버지에게
정기적으로 보여주었다. "당신, 이 사람이 누군지
알아요?" 아버지는 대답했다. "나 돌봐주는 아줌마."

2~3년 전 아버지가 병에 걸렸다는 소식을 듣고
나는 깊은 불안감에 빠져들었다. 딱히 아버지 때문은
아니었다. 이미 병세가 악화된 이후였고, 나는 그에
대해 어떠한 감정도, 심지어 연민조차도 느끼지 않았다.
이기적이지만, 불안감은 나를 향한 것이었다. 그 병은
유전일까? 내 차례도 올까? 나는 평소 암송하던 시나
비극의 몇몇 장면을 계속 기억하고 있는지 확인하기
위해 읊조리기 시작했다. "꿈꾸라, 꿈꾸라, 나르키소스여,
모든 사람에게 영원한 밤이었을 이 잔인한 밤을…"

"열매, 꽃, 잎사귀, 가지 들이 여기 있소/그리고 [오로지 당신만을 향해 뛰는] 내 가슴이 여기에 있소…"
"팽창하든 부인당하든 마찬가지인 자기의 공간/이 권태 속에서 굴러가누나…"³ 한 구절을 깜박할라치면 속으로 중얼거렸다. "자, 이제 시작이구나." 이 강박관념은 나를 떠나지 않았다. 어떤 이름이나 날짜, 전화번호가 기억나지 않으면 금세 내 안에서 두려움이 깨어난다. 나는 곳곳에서 전조 증상들을 발견한다. 겁내는 만큼 자꾸 의식하게 된다. 어떤 의미에서 그 후의 내 일상은 알츠하이머의 유령에 사로잡혔다. 장차 닥칠 미래를 보여주어 날 불안하게 만드는 과거에서 온 유령. 이런 식으로 아버지는 내 존재 속에서 계속 현존한다. 고인이 된 사람이 자기 아들의 머릿속—위협이 자리 잡는 장소—에서 살아남는 이상한 방식. 라캉Jacques Lacan은 '세미나Séminaires 시리즈' 중 한 권에서 아버지의 사망이 어린 자식, 특히 남자아이에게 열어놓는 불안에 관해 아주 잘 말한 바 있다. 아이는 죽음 앞 최일선에 홀로 남겨진 자신을 발견한다. 알츠하이머는 이 존재론적 불안에 일상적인 두려움을 덧붙인다. 우리는 그 지표들을 감시하고 해석한다.

하지만 내 삶이 단지 미래에만 사로잡혀 있는 것은 아니다. 그것은 나 자신의 과거의 유령에게도 사로잡혀 있다. 그 유령은, 내가 떠나고 단절하고자 했던 모든 것을 구현했던 사람이 사망하자마자 홀연히

*18*

나타났다. 그 사람은 분명 내가 나 자신을 창조하기 위해 수행했던 작업에서 반면교사였으며, 일종의 부정적인 사회적 모델을 구성했다. 잇따른 나날 동안 나는 어린 시절과 청소년기에 대해, 그리고 막 생명의 빛이 꺼진 이 남자를 내가 그토록 미워하게 된 온갖 이유에 대해 다시 생각하기 시작했다. 그의 소멸과 그것이 내 안에 불러일으킨 예기치 않은 감정은 그동안 잊었다고 믿고 있었던 숱한 이미지들을 깨어나게 했다(내가 비록— 의식적으로는—그것들을 억압했을지라도, 실은 항상 잊지 않고 있었음을 아마도 나는 알고 있었을 것이다). 사람들은 내게 말할 것이다. 그러한 것들은 모두 애도 속에서 불시에 나타난다고. 어쩌면 이는 특히 부모의 죽음을 애도할 때 나타나는 본질적이고 보편적인 특징들 가운데 하나라고. 그러나 그것은 애도를 경험하는 다소 이상한 방식이었다. 방금 세상을 떠난 이를 이해하려는 의지와 그보다 더 오래 살아남은 나 자신을 이해하려는 의지가 슬픔을 능가하는 애도. 그 이전에 경험했던 다른 상실들은 훨씬 격렬한 감정을 안겨주었고, 나를 한층 더 깊은 비탄으로 몰아넣었다. 선택적인 관계였던 친구들의 죽음이 그러했는데, 그때 나는 극도로 낙심하여 일상적인 삶을 유지하는 것이 불가능했다. 이 선택적 관계의 힘과 견고함은 그 주역들이 관계를 계속 이어나가기를 열렬히 바란다는 데서 비롯하는데, 그런 만큼 관계의 중단이 초래하는 낙담과 절망은 클 수밖에 없다. 이와 반대로 아버지와 나를 이어주는 고리는 생물학적이고 법적인 연관성밖에는 없는 것 같았다. 그는 나를 낳았고 나는 그의 성을 받았다. 나머지 면에서는, 그는 내게 중요하지 않았다. 롤랑 바르트Roland Barthes는 어머니의 죽음 뒤에 그를 덮친 절망과 그의 존재를 변화시킨 넘어설 수 없는 고통에 관해 매일매일 기록했다. 그의 노트를 읽을 때면, 나는 그의 비탄과 고뇌가 내가 아버지의 죽음으로 인해 느낀 감정과 얼마나 다른지 헤아려본다. "나는 애도하고 있지 않다. 나는 고통받고 있다."[4] 그는 소중한 사람이 사라지고 난 후 일어난 일에 정신분석적으로 접근하는 것에 대한 거부감을 표현하기 위해 이렇게 썼다. 내게는 그 일이 무엇이었을까? 바르트처럼 나도 (애초의 고통이 점차 지워져가는, 심리적 시간성 속에서 완수되는 '작업'이라는 프로이트적 의미에서) "애도하고" 있지 않았다고 말할 수 있을까? 하지만 나는 시간이 장악하지 못할, 지울 수 없는 고통을 느끼지도 않았다. 그렇다면 무엇인가? 내가 느낀 것은 고통이라기보다는 오히려 혼란 같은 것이었다. 그것은 서로 떼어놓을 수 없는, 개인적인 동시에 정치적인 질문에 의해 촉발되었다. 사회적 숙명, 사회의 계급적 분화, 사회적 결정요인들이 주체성의 구성에 가져오는 효과, 개인 심리, 개인들 간의 관계 등에 관한 질문 말이다.

나는 아버지의 장례식에 참석하지 않았다. 형제들을

다시 볼 생각이 없었다. 30년 이상 아무런 연락도 하지 않았고, 그 후의 모습은 뮈종 집 여기저기에 놓인 액자 속 사진들을 통해 알고 있었다. 그래서 그들이 지금 어떻게 생겼는지, 신체적으로 어떻게 변했는지는 모르지 않았다. 하지만 그렇게나 많은 시간이 흘렀는데, 설령 장례식이라는 상황이라고 해도, 어떻게 그들을 다시 만나겠는가? '정말 많이 변했군.' 우리는 서로를 보며 그렇게 생각할 것이다. 지금의 이런저런 특징들 속에서 우리가 형제였던 때, 그러니까 젊었을 때와 과거, 아주 오랜 과거의 모습을 찾아내려고 절망적인 노력을 기울이면서 말이다. 다음 날 나는 어머니를 찾아가 오후를 함께 보냈다. 우리는 거실 소파에 앉아 몇 시간 동안 수다를 떨었다. 그녀는 벽장에서 사진이 가득 든 상자를 꺼냈다. 내가 어렸을 때, 그리고 청소년이었을 때 사진들이었다. 그리고 내 형제들의 사진도 있었다. 새삼스럽게 내 눈 앞에, 내가 살아온 노동자 계층의 환경이 펼쳐졌—그런데 그것들은 아직도 내 정신과 육신에 새겨져 있지 않은가? 노동자 계층의 비참함은 배경으로 보이는 주거지의 외관과 실내 장식, 의복, 심지어 몸 그 자체에서도 드러난다. 우리 앞에서 실제로 움직이고 있는 몸들과 비교할 때, 과거의 사진에 찍힌 몸들이 우리 시선에 얼마나 즉각적으로 사회적·계급적 신체로서 나타나는지 확인하는 일은 언제나 현기증을 불러일으킨다. 마찬가지로 '추억'으로서의 사진이,

개인—이 경우에는 나—을 그의 가족적 과거로
데려감으로써 그를 사회적 과거에 정박시키는 것을
확인하는 일 역시 그러하다. 낡은 사진들 속에서 다시
솟아나는 사적인 것과 내밀한 것의 영역은 우리를 우리의
출신 배경인 사회세계의 칸막이 속에, 특정 계급에 속한
것으로 여겨지는 장소들 속에, 그리고 어떤 지형도 속에
다시 기입한다. 근본적으로는 매우 개인적인 관계에
속하는 것처럼 보이지만 우리를 집합적인 역사와 지정학
안에 위치시키는(의식하고 있지는 않지만, 우리 각자가
가장 심층적인 진실 가운데 하나로 자기 안에 품고 있는
개인적 계보학이 사회적 고고학이나 위상학과 분리
불가능한 것처럼) 지형도 속에 말이다.

## 2

랭스로의 귀향에 한 걸음 내딛고 얼마 지나지 않은
시점부터, 한 가지 질문이 나를 붙잡고 놓아주지 않았다.
나는 이 질문을, 아버지의 장례식 직후 어머니와 함께
오후 내내 사진을 들여다보던 날 이후의 시간들 속에서,
좀더 선명하고 정확하게 표현할 수 있게 되었다. "지배
메커니즘에 관해서는 그렇게나 많은 글을 써댔던 내가,
사회적 지배에 관해서는 왜 쓰지 않았을까?" 혹은
"예속화assujettissement와 주체화subjectivation 과정에서
경험하는 수치의 감정에 그토록 중요성을 부여했으면서,
왜 사회적 수치에 관해서는 거의 아무런 글도 쓰지
않았던 것일까?" 결국 이렇게 질문을 바꾸어야 했다.[1]
"파리에 정착한 뒤, 나는 나와는 다른 사회 계층
출신의 사람들을 많이 알게 되었고, 종종 그들에게 내
출신 계급을 거짓말로 둘러대거나 진실을 고백하며
마음속으로 불편함을 느낄 때마다, 내 출신 환경에 대한
수치, 사회적 수치를 경험했다. 그런데 나는 왜 책이나
논문에서 이 문제를 다뤄볼 생각을 전혀 하지 않았을까?"
이것을 다음과 같이 진술해보자. 내게는 사회적 수치에
관해 쓰는 것보다 성적 수치에 관해 쓰는 것이 훨씬
쉬운 일이었다. 오늘날 열등화된 주체의 구성 및 그에
수반되는 자기 침묵과 자기 '고백' 사이의 복잡한 관계의

*23*

구성에 대한 연구는, 섹슈얼리티와 관련되어 있을 경우
가치 있고 중요한 것으로 여겨지며 심지어 동시대 정치의
틀 안에서 요청되기까지 하는 데 반해, 민중 계급이라는
사회적 출신과 관련된 연구는, 아주 어렵고 나아가
다양한 범주의 공공 담론 속에서 거의 어떤 지원도
받지 못하는 것처럼 말이다. 나는 왜 그런지 이해하고
싶어졌다. 동성애자로 살아가려는 젊은 게이에게
대도시나 수도로 탈주하는 일은 아주 흔한 고전적인
여정이다. 『게이 문제에 관한 성찰*Réflexions sur la question
gay*』에서 내가 이 문제에 할애한 장은—사실 이 책의
1부 전체가 그렇다—역사적·이론적 분석으로 변환한
자서전, 혹은 개인적 경험에 근거한 역사적·이론적
분석으로 읽힐 수 있다.[2] 하지만 '자서전'은 부분적인
것이고, 내 궤적을 성찰적 시선으로 바라봄으로써 또
다른 역사적·이론적 분석이 가능했다. 내가 태어나
청소년기까지 보낸 도시를 떠나 파리로 가기로 한 스무
살 때의 결정은, 내 사회적 환경의 점진적인 변화를
의미하기도 했다. 결과적으로 내 동성애 성향을 확인하고
인정하려는 욕망, 즉 내 개인적인 여정에서 성적인
'벽장'에서의 탈출은 또 다른 위장이자 또 다른 유형의
분리된 인격, 혹은 이중적 의식이 제약을 가하는 일종의
사회적 벽장으로의 진입과 동시에 이루어졌다 해도
과장이 아니다(이 사회적 벽장은 잘 알려진 성적인
벽장과 동일한 메커니즘을 가진다. 이를테면 실마리들을

흐트려놓는 책략, 비밀을 알고는 있지만 지켜주는
극소수의 친구들, 상황과 상대방에 따라 달라지는 말투,
아무것도 삐져나오지 않게 하고 스스로를 '배반'하지
않기 위해 자기 자신과 몸짓, 억양, 표현에 대해 가하는
지속적인 통제 등등). 사상사 쪽의 몇몇 작업(특히
푸코Michel Foucault에 관한 두 권의 책)을 마치고 예속화에
관한 글쓰기에 착수했을 때, 내가 준거점으로 삼고자
했던 것은 게이로서의 내 과거, 즉 성적 정상성의
법칙을 위반하는 이들의 열등화infériorisation와 '비체화非
體化/卑體化, abjection'(우리는 우리가 사는 세계에 의해
어떻게 '비체인 존재가 되는가'?)의 동력이었다. 민중
계급의 열등화와 사회적 소속이라는 측면에서 계급 관계,
계급 지배, 주체화 과정으로 내 시선을 돌리게 할 수
있었을, 또 그렇게 해야만 했을 나 자신, 나라는 고유한
실존을 전부 한편에 제쳐놓으면서 말이다. 물론 내가
『게이 문제에 관한 성찰』이나 『소수자의 도덕Une morale
du minoritaire』 『이단적 사유Hérésies』에서 그러한 문제들을
무시한 것은 아니다. 이 책들의 야심은 거기서 설정한
분석 틀의 범위를 한참 넘어선다. 나는 이 책들에서
수치의 인류학을 개관하고, 이를 바탕으로 지배와 저항,
예속화와 주체화의 이론을 구축하고자 했다. 바로 그랬기
때문에 『소수자의 도덕』(이 책의 부제는 '장 주네의
테마에 관한 변주'다)에서 성적 열등화에 관한 주네와
마르셀 주앙도Marcel Jouhandeau를 비롯한 몇몇 저자의

이론적 착상을, 사회적 열등화에 관한 부르디외의 논의나
인종적·식민적 열등화에 관한 프란츠 파농Frantz Fanon과
제임스 볼드윈James Boldwin, 파트릭 샤무아조Patrick
Chamoiseau의 논의에 근접시킬 수 있었을 것이다.
그렇다고는 해도 이러한 차원들은 성소수자에 속한다는
사실이 표상하고 야기하는 것을 이해하려는 노력 속에서
논증의 매개변수로서만 개입한 것이 사실이다. 다른
맥락에서 산출된 접근들을 동원하고 분석의 사정거리를
확장하려 애쓰긴 했지만, 그것들은 언제나—논의를
보강해줄 뿐인—부수적인 추가 요소에 지나지 않았다.
『게이 문제에 관한 성찰』의 영역본 서문에서 강조한
것처럼, 나는 부르디외가 만든 계급 하비투스 개념을
성적 하비투스에 대한 질문으로 옮겨놓고자 했다.
사회질서를 이루는 여러 구조들이 체화되어 계급
하비투스를 생산하듯이, 성적 질서를 이루는 구조들의
체화 형태는 성적 하비투스를 생산하는가? 이러한
질문들에 대답하려는 모든 시도는 필연적으로 성적
하비투스와 계급 하비투스의 접합이라는 문제와
맞부딪칠 수밖에 없지만, 내 책은 사회적 주체화가 아닌
성적 주체화에 할애된 것이었다.[3]

랭스로 되돌아오면서 나는 끈질기게 따라붙지만 계속
부인해온(내 삶과 글 속에서는 대체로 그러했다) 질문과
대면했다. 나는 가족과의 전면적인 단절이 내 동성애

26

성향과, 아버지와 내 성장 환경의 밑바탕에 깔려 있는
동성애 혐오에 의해 설명될 수 있다는 겉보기에 자명해
보이는 관념을 이론적 접근의 출발점으로 삼았는데—
그리고 나 자신을, 내 과거와 현재를 사유하기 위한 틀로
취했는데—, 혹시 그것이 내 출신 배경과의 계급적
단절이기도 하다는 점을 인정하지 않으려고 스스로 그런
고상하고도 자명한 이유를 부여했던 것은 아닐까?

나는 도시로 떠난 전형적인 게이의 여정을 따랐다.
새로운 사회성의 네트워크 안에 자리 잡고 게이들의
세계를 발견함으로써 자신을 게이로서 발명하고,
게이로서의 삶을 배워나가는 여정 말이다. 동시에
나는 또 다른 사회적 여정을 따랐는데, 흔히 '계급
탈주자transfuges de classe'라고 일컬어지는 부류의
여정이었다. 의심할 바 없이 나는 '탈주자' 중 하나였다.
그러한 이들은 거의 반半영구적인 동시에 의식적으로
자신의 출신 계급에 거리를 두고, 자신이 어린 시절과
청소년기를 보낸 사회적 환경으로부터 벗어나는 데
관심을 쏟기 마련이다.

물론 내가 지배 계급의 가치들에 결코 동조하지는
않았다는 점에서, 나 자신이 청소년기를 보낸 세계와
계속 연대 관계에 있었다고도 말할 수 있다. 나는 주변
사람들이 민중과 그들의 생활양식, 존재 방식에 대해

경멸을 담아 혹은 건방을 떨며 말하는 것을 들을 때면
항상 마음이 불편했고, 때로는 증오까지 느꼈다. 결국
나는 민중 출신이었던 것이다. 부유층과 고위직 인사들이
사회운동, 파업, 시위 등 민중의 다양한 저항에 대해
끊임없이 적대감을 드러낼 때도 즉각적으로 증오심이
솟구쳤다. 출신 환경에서 벗어나기 위해, 그리고
무엇보다도 나 자신을 변화시키기 위해 온갖 노력을
기울였음에도 불구하고 모종의 계급적 반사 신경은
살아남아 있었던 셈이다. 일상에서 나는 계급 차별주의가
만들어낸, 세상과 타자를 바라보는 성급하고 거만한
시선과 판단 아래 놓이게 되는 경우가 종종 있었는데,
그럴 때의 내 반응은 폴 니장Paul Nizan이 묘사한 앙투완
블루와예와 흡사했다. 니장은 이 인물 속에 원래는
노동자였다가 부르주아지가 된 자기 아버지의 초상을
새겨 넣었다. 그가 성인이 되어 가깝게 지내게 된 사람들,
즉 이제 그의 환경을 이루게 된 이 사람들이 노동 계급에
대해 경멸적인 말을 내뱉는 것을 들을 때면, 그는 마치
자신이 예전에 속했던 계층과 더불어 그 말의 과녁이 된
듯한 느낌에 사로잡혔다. "자신의 어린 시절을 배신하고
그들의 의견에 동참할 수는 없지 않겠는가?"⁴ 경멸적인
의견에 동참해 내 어린 시절을 '배신'할 때면, 그 순간이든
나중에든 내 안에서 은밀한 죄책감이 고개를 들었다.

그럼에도 내가 절망의 에너지로, 한때 내 것이었으나

더 이상 그에 속하길 원치 않았던 세계로부터 나를
떨어뜨려놓은 거리는 얼마나 컸던가. 마음속 깊은
곳에서는 내가 실제 있는 그대로의 노동 계급을
거부했음을 시인해야겠다. 민중들의 투쟁에 늘 연대하고
있다고 느끼면서도, 또 그 정치적·감정적 가치들에
항상 충실한 동조자로 남아 1936년과 1968년의
대파업을 다룬 다큐멘터리를 볼 때면 전율하지 않을 수
없었음에도 말이다. '동원된 계급'이나 그렇게 동원될
수 있다고 지각되는 계급, 즉 이상화되거나 경우에
따라서는 영웅시되기까지 하는 계급은 그것을 실제로나
잠재적으로 구성하는 개인들과는 다르다. 그리고 나는
민중 계급이었거나 현재까지도 민중 계급인 이들과
직접 접촉하는 상황을 점점 더 싫어하게 되었다.
파리에 정착하던 시절 초기에는 부모님과 계속 관계를
유지했다. 부모님은 내가 청소년기를 보낸 랭스의
영세민용 임대아파트HLM 단지에서 쭉 살았다. 그들이
그곳을 떠나 뮈종으로 간 것은 그로부터 몇 년 뒤였다.
일요일이면 부모님은 종종 파리에서 살고 계시던 할머니
댁을 방문하여 나 역시 함께 점심 식사를 해야 했는데,
그때마다 심히 불편했다. 그들의 대화 방식과 존재
양식은 내가 새롭게 살게 된 환경과 너무도 달랐다.
그들의 관심사도 내 관심사로부터 너무도 멀리 있었다.
왜, 어쩌다 그렇게 흘러가게 된 것인지는 모르겠지만,
화제가 무엇이든 결국에는 반드시 인종주의로

귀결되었다. 모든 대화에 원초적이고 강박적인 인종주의가 배어 있었다. 이 때문에 내가 느낀 불편함은 말로 설명하기 힘들 정도였다. 그것은 일종의 고역이었고, 나 자신이 점차 다른 사람이 되어감에 따라 더 참기 어려워졌다. 나는 아니 에르노Annie Ernaux가 자신의 부모와 그녀를 갈라놓은 '계급적 거리distance de classe'에 관해 쓴 책들을 읽으면서 내가 당시 경험했던 것을 아주 정확히 이해할 수 있었다. 그 책들에서 에르노는 식구들과 함께 살던 거주지와, 어찌됐든 거기에 속해 있을 수밖에 없는 가족과 세계를 떠났다가 부모님의 집에 **되돌아왔을** 때 느낀 난처함을, 그리고 편안한 동시에 낯선 세계에서 갖는 당혹스러운 감정을 완벽하게 그려낸다.[5]

그로부터 몇 년이 지나자, 내가 집으로 되돌아간다는 것은 솔직히 거의 불가능한 일이 되어버렸다.

그러니 서로 뒤얽힌 두 여정이 있는 셈이다. 자기 자신을 재발명하는 상호의존적인 두 가지 궤적. 하나는 성적 질서와 마주한 궤적이며, 다른 하나는 사회적 질서와 마주한 궤적이다. 그런데 내가 글을 쓰기로 했을 때 분석하기로 마음먹은 것은 성적 억압과 관련된 첫번째 궤적이었지, 사회적 지배와 관련된 두번째 궤적이 아니었다. 어쩌면 이러한 실존적 배반은 바로 이론적 글쓰기의 몸짓에 의해 한층 심해졌을 것이다. 그리하여 나는 글 속에 주체의 사적인 차원을 연루시키는 글쓰기의

한 가지 유형[내 섹슈얼리티의 분석]을 채택한 셈인데,
이는 또 다른 유형[내 계급적 출신 배경의 분석]을 거의
배제한 상태에서 이루어졌다. 이러한 선택은 현재의
시간 속에서 나를 정의하고 주체화하는 방식을 구성할
뿐만 아니라, 내 과거, 즉 어린 시절과 청소년 시절 내가
과연 누구였는지를 선택하는 방식을 구성했다. 노동자의
아들이 아닌 게이 어린이, 게이 청소년으로서 말이다.
하지만!

# 3

"이 사람은 누구죠?" 내가 어머니에게 물었다. "네
아버지잖니… 못 알아보겠어? 아버지를 본 지 너무
오래돼서 그런가 보다." 어머니가 대답했다. 그랬다.
나는 돌아가시기 얼마 전에 찍은 사진 속 아버지의
모습을 알아보지 못했다. 멍한 눈길에 야위고 쭈그러든
모습의 그는 지독히도 늙어 있었다. 이 허약해진 몸의
이미지를 내가 과거에 알았던 남자, 어리석고 난폭하며
이야기를 할 때마다 고래고래 소리를 질러대 내게
경멸을 불러일으켰던 그 남자와 일치시키는 데는 몇 분의
시간이 걸렸다. 순간 마음이 동요하는 것을 느꼈다. 죽기
전 몇 달 동안, 아니 어쩌면 몇 년 동안 그는 더 이상
내가 혐오했던 사람이 아니라, 이렇듯 초라한 존재로
변해버렸음을 이해했기 때문이다. 집안을 지배하던
왕년의 폭군은 세월과 병을 이기지 못해 쇠약하고
보잘것없고 무기력해졌다.

아버지의 죽음을 다룬 제임스 볼드윈의 아름다운 글을
다시 읽게 되었을 때 한 대목이 마음을 흔들었다.
그는 아버지가 심하게 편찮으시다는 사실을 알면서도
문병을 최대한 미루었다고 이야기한다. 그는 덧붙였다.
"어머니에게는 내가 아버지를 증오했기에 그랬다고

말했다. 하지만 그것은 사실이 아니었다. 진실은 내가 그를 증오했었고 그 증오를 계속 간직하고 싶어 했다는 것이다. 나는 폐허로 변해버린 그를 보고 싶지 않았다. 내가 증오했던 것은 폐허가 아니다."

다음과 같은 설명이 더욱 마음을 흔들었다. "사람들이 자신이 갖고 있는 증오의 감정에 그토록 집요하게 매달리는 이유는 증오가 사라지고 나면 고통에 직면할 것임을 예감하기 때문이다."[1]

고통, 내 경우엔 스스로에 대한 질문이라는 절대적 의무—나는 증오가 소멸했다고 해서 고통이 생겨나진 않았다—, 사실상 내가 거의 알지 못했던 이와 최소한의 교류도 하기 어려웠던 이유를 이해하기 위해 시간을 거슬러 올라가고자 하는 욕망. 성찰을 시도하면서 나는 아버지에 관해 별로 아는 것이 없음을 깨달았다. 아버지는 무슨 생각을 했을까? 그러니까 아버지는 자신이 살던 세계에 대해 무슨 생각을 했을까? 그 자신에 대해서는? 다른 사람들에 대해서는? 그는 세상사를 어떻게 지각했을까? 자신의 인생사에 대해서는? 무엇보다도 점점 긴장이 서리고 거리가 생기더니 결국엔 아예 끊겨버린 우리 관계에 대해서는? 얼마 전 나는 다음과 같은 이야기를 듣고 어안이 벙벙해졌다. 어느 날 텔레비전에 출연한 나를 보고 아버지가 감정에 북받쳐 울기 시작했다는 것이다. 자신의 아들 중 하나가 그로서는 거의 상상하기 힘든 수준의 사회적 성공을

33

거두었다는 사실을 확인하자 마음이 동요했던 것이다. 내가 알기로 아버지는 동성애를 극히 혐오했는데, 다음 날이 되자 이웃과 동네 사람들의 눈총을 무릅쓸 준비가 되어 있었다. 필요하다면 나를 자신과 가족의 영광으로서 방어할 태세였다. 그날 밤 방송에서 나는 내 책『게이 문제에 관한 성찰』을 소개했는데, 아버지는 그것이 유발할지도 모를 악의적 해석과 비아냥을 두려워한 나머지 어머니에게 선언했다. "만약 누가 나한테 뭐라고 하면, 죽탱이를 날려버릴 거야."

　　나는 아버지와 전혀—결코!—대화를 나눈 적이 없다. 아버지는 (적어도 나와는, 그리고 나 역시 그와는) 그럴 능력이 없었다. 그 점을 슬퍼하기에는 이미 너무 늦었다. 하지만 지금에 와서는 아버지에게 질문하고 싶은 것이 많다. 설령 그것이 이 책을 쓰기 위한 것일지라도 말이다. 이와 관련해서도 나는 볼드윈의 이야기에서 다음과 같은 구절을 읽고 놀랐다. "아버지가 세상을 떠난 후 나는 아버지와 전혀 이야기를 해본 적이 없다는 것을 깨달았다. 얼마 지나지 않아 나는 이에 대해 후회하기 시작했다." 볼드윈은 첫번째 자유인 세대였던 자기 아버지의 과거를 일깨우면서(그의 어머니는 노예 시대에 태어났다) 이렇게 덧붙인다. "그는 흑인이라는 사실이 자랑스럽다고 단언했지만, 그것은 수많은 굴욕의 원인이었고 그의 삶에 불운한 한계들을 설정했다."[2] 볼드윈에게는 자신이 가족을

방기하고 양친을 배반했다고 스스로를 책망하지 않는
일이 어떻게, 어느 시점부터 가능했던 것일까? 그의
어머니는 그가 가족 품을 떠나 문학계에 드나든답시고
처음에는 그리니치빌리지로, 그 후엔 프랑스로
멀리 살러 가는 것을 이해하지 못했다. 하지만 그의
입장에서 생각해보자면, 과연 가족 곁에 머물러 있을
수 있었을까? 당연히 아니다! 그는 작가가 되기 위해서,
그리고 그에 못지않게 중요한 이유가 있었으니 바로
동성애자로 자유롭게 살아가기 위해서, (또 작품
속에서 흑인이 된다는 것의 의미와 동성애자가 된다는
것의 의미라는 이중적 질문에 맞서기 위해서) 할렘을,
문화와 문학에 대한 아버지의 편협한 정신과 완고한
적대감을, 가족이 사는 집의 숨 막힐 듯한 분위기를
뒤로한 채 떠나야만 했다. 그런데 비록 아버지의 사망
이후였을망정(아버지는 계부였지만 볼드윈이 아주
어렸을 적부터 그를 키웠다), '되돌아갈' 필요성이 그에게
부과되는 때가 도래했다. 자신의 아버지에게 경의를
표하기 위해 쓴 이 텍스트는, 볼드윈이 그토록 증오하고
도망치고 싶어 했던 그 인물이 과연 누구였는지를
이해하려고 애쓰면서 정신적 '귀환'을 시작 또는 실행한
수단으로 해석될 수 있다. 어쩌면 이러한 역사적·정치적
이해 과정에 접어들면서 자신의 과거를 감정적으로
다시 전유할 수 있게 되고, 자기 자신을 단순히 이해할
뿐만이 아니라 받아들이는 데까지 이르게 되는 것일지도

모른다. 그는 이러한 질문에 사로잡혀 있었기 때문에, 한 인터뷰에서 "이 귀환의 여행을 회피하는 것은 자신을 회피하는 것이자 '삶'을 회피하는 것"이라고 그토록 강력하게 단언했던 것 같다.[3]

볼드윈이 자신의 아버지에 대해 그러했듯, 나 역시 내 아버지라는 사람 전부, 다시 말해 내가 비난하고 증오했던 그의 모든 것이 사회세계의 폭력에 의해 만들어졌다고 생각하기에 이르렀다. 그는 노동 계급의 일원이라는 사실을 자랑스러워했고, 나중에 와서는 그러한 조건 안에서 아주 약간이나마 상승했다는 점을 자랑스러워했다. 하지만 그것은 또한 그에게 무수한 굴욕의 원인이 되었으며, 그의 삶에 '불운한 한계들'을 설정했다. 게다가 아버지 안에는 그를 타인들과의 관계에서 부적격인 인간으로 만들 일종의 광기가 새겨져 있었다. 그는 도무지 거기서 빠져나갈 수 없었다.

꽤 다른 맥락이긴 하지만, 볼드윈의 경우처럼 나는 아버지가 자신 안에 압도적인 역사의 무게를 간직하고 있었다고 확신한다. 그 역사는 그것을 겪어낸 이들에게 아주 심원한 심리적 손상을 생산할 수밖에 없다. 아버지의 삶과 인격, 주체성은 특정 시간과 장소에 이중적으로 기입됨으로써 결정되었는데, 그 시공간의 견고함과 제약은 서로 결합하면서 한층 강화되었다. 아버지 존재의 열쇠는 그가 언제 어디서 태어났느냐

하는 것이다. 달리 말해 세계 내 그의 자리와 세계와
그의 관계, 그 안에서 그가 세계를 어떻게 배우게 될
것인가가 시대와 사회적 공간이라는 특정 지대에서
결정되었던 것이다. 반半미치광이 같은 아버지의 성정과
그로 인한 관계에서의 무능력은 궁극적으로는 개인의
성격적 특징이라는 의미에서의 심리적인 것과는 아무런
관계가 없었다. 그것들은 아주 정확하게 위치지어진 이
세계-내-존재의 효과였다.

볼드윈의 어머니가 그랬던 것과 마찬가지로, 나의
어머니도 똑같이 이렇게 말했다. "그래도 네 아버지는
너희들을 먹여 살리려고 고되게 일했던 사람이다."
그러더니 어머니는 자신의 설움을 한쪽으로 제쳐둔 채
아버지에 대해 이야기하기 시작했다. "네 아버지를 너무
가혹하게 판단하지 말아라. 그 사람도 어렵게 살았다."
아버지는 1929년에 한 집안의 장남으로 태어났다. 그는
동생이 아주 많았는데, 할머니가 자식을 12명이나 낳았기
때문이다. 오늘날 우리는 출산의 노예였던 여성들의
이러한 운명을 상상하기조차 힘들다. 12명이라니!
형제들 가운데 둘은 사산아였다(혹은 아주 어린 나이에
죽었을 것이다). 또 다른 아이는 1940년 프랑스인들이
도시에서 소개하고 독일 전투기들이 피난민 행렬을
악착같이 추격하던 와중에 길에서 태어났는데 정신
장애가 있었다. 탯줄을 제대로 자르지 못해서였을 수도

있고, 할머니가 기총소사로부터 아이를 보호하려고 함께
도랑으로 뛰어들었을 때 다쳐서일 수도 있고, 아니면
단순히 출생 직후 필요한 처치를 제대로 못 받았기
때문일 수도 있다. 우리 가족들이 간직하고 있는 이 서로
다른 판본의 기억들 가운데 어떤 것이 맞는지 나는 알지
못한다… 할머니는 평생토록 그를 돌보았다. 가족의
경제적 생존에 필수 불가결한 사회보장 수당을 따내기
위해서라고 항상 들었던 것 같다. 어렸을 때 형과 나는
그 삼촌을 무서워했다. 그는 입을 벌린 채 침을 흘렸고,
뭔지 알아듣기 힘든 웅얼대는 소리로만 자신을 표현했다.
그는 우리에게 약간의 애정을 요구하거나 혹은 자신의
애정을 표현하기 위해 손을 뻗곤 했는데, 그럴 때마다
비명이나 매정한 거절 아니면 깜짝 놀라 뒷걸음질 치는
반응밖에 돌아오지 않았다. 돌이켜보면 마음이 괴롭지만,
그때 우린 아이들에 불과했고 그는 그 시절 사람들이
"비정상"이라고 쑥덕거리던 어른이었다. 전쟁 기간 중
이른바 '엑소더스'[4]의 시점에 우리 할아버지의 가족은
도시를 떠나야 했다. 피난에 나선 그들은 본가로부터
아주 멀리 떨어진 랑드 지방의 작은 마을인 미미장
부근의 농장에까지 이르렀다. 그곳에서 몇 달을 지내다가
휴전 협정이 조인되자마자 랭스로 돌아왔다. 프랑스
북부는 독일군에 의해 점령당했다(나는 종전 직후에
태어났는데, 우리 가족은 독일인들을 꼭 "보쉬Boches"라고
불렀다. '독일 놈들'이라는 뜻의 이 말에는 결코 꺼지지

않는 맹렬한 증오심이 담겨 있었다. 1970년대까지도, 혹은 그 이후에도 우리 가족은 종종 이렇게 외치면서 식사를 끝마치곤 했다. "보쉬는 이런 것도 없을 거야!" 나 역시 여러 번 이 표현을 썼음을 고백해야겠다).

1940년에 아버지는 열한 살이었고, 나치 독일이 프랑스를 점령한 열네다섯 살 무렵까지 부근 마을로 식구들의 먹을거리를 찾아다녀야만 했다. 바람이 불든 비가 오든 눈이 오든 어느 계절이든 상관없었다. 얼음장같이 추운 샹파뉴 지방의 겨울날에도 그는 때때로 자전거를 타고 20킬로미터씩 달려 감자나 다른 식료품들을 구하러 갔다. 그는 거의 모든 살림을 책임져야 했다.

그들은 꽤 넓은 집에 정착했다— 전쟁 중이었는지 전쟁이 끝날 즈음이었는지는 잘 모르겠다. 1920년대에 식구가 많은 가정을 위해 건축한 서민용 주거단지의 중앙에 자리한 집이었다. 이런 주택 유형은 20세기 초 고용 노동자들의 주거지 개선에 관심을 기울이던 가톨릭 기업가 집단이 정교하게 구상한 계획에 잘 부합했다. 랭스는 뚜렷한 계급적 경계에 의해 둘로 분리된 도시였다. 한편엔 대大부르주아지, 다른 편엔 가난한 노동자들이 있었다. 대부르주아지 배경의 박애주의 단체들은 가난한 노동자들의 열악한 생활 조건과 그로부터 비롯된 해로운 결과들을 걱정했다. 출산율 저하에 대한 염려는 '식구가 많은 가족'을 바라보는 방식에 근본적인 변화를 가져왔다. 19세기 말까지, 그러한 가족은 개혁주의자들과 인구학자들이 보기에 무질서의 원흉이자 비행 청소년의 산실이었다. 그런데 20세기 초가 되자, 여러 적국을 마주하고 있는 조국을 불안스럽게 위협하는 약점인 인구 저하에 맞서는 필수불가결한 성벽이 되었다. 한때 식구가 많은 가족이 맬서스주의 유포자들에 의해 낙인찍히고 공격당했다면, 이제 지배 담론은—좌우파를 막론하고—그러한 가족을 권장하고 독려할 뿐만 아니라 지원하기까지 했다. 출산 장려 프로파간다에는 쇄신된 국가의 새로운 대들보에게 알맞은 주거를 보장하기 위한 도시개발 계획이 동반되었다. 이러한 주거 형식은 개혁적 부르주아지가 오래전부터 강조해온 위험, 즉 제대로 거주할 곳이 없어서 길거리에 방치된 청소년기의 위험— 나쁜 소년들과 문란한 소녀들의 무정부적인 창궐—을 제거해줄 것이었다.[5]

이 새로운 정치적·애국주의적 관점에 영감을 받은 샹파뉴 지역의 박애주의자들은 저렴한 주택을 건립하기 위한 협회를 설립했다. '푸아예 레무아'[6]라는 이름의 이 협회는 넓고 깨끗하고 위생적인 주거지를 제공하는 '주택단지cités'의 건축을 맡았다. 자녀가 넷 이상인 가족이 입주할 수 있었는데, 세 개의 방은 각각 부모, 남자아이들, 여자아이들에게 돌아갔다. 욕실은 없었지만 수돗물을 쓸 수 있었다(부엌 개수대에서 차례로

썼었다). 신체적 위생에 대한 배려는 물론 이 도시개발 계획의 일면에 지나지 않았다. 도덕적 위생이라는 문제 역시 중요한 고려사항이었다. 핵심은 출생률과 가족적 가치를 장려하여 노동자들의 잦은 술집 출입과 그로 인해 생겨날 수 있는 알코올 중독을 근절하는 것이었다. 정치적 고려 또한 없지 않았다. 부르주아지는 사회주의와 노동조합의 프로파간다가 가족 바깥, 즉 노동자들의 사교 장소에서 번성하게 될까 봐 두려워했는데, 이러한 계획이 이를 저지할 수 있을 것이라 믿었다. 1930년대에 부르주아지는 이와 동일한 수단으로 노동자들을 공산주의의 영향력으로부터 보호하려고 했다. 부르주아 박애주의자들이 빈민을 위해 구상했던 가족복지 방식은 노동자들이 가정에 매이면 정치적 저항과 결사, 행동의 유혹으로부터 방향을 돌리게 될 것으로 예상했다. 하지만 1914년 발발한 전쟁이 이 프로그램의 가동을 중단시켰다. 프랑스 북동부 지역, 특히 랭스 지구는 4년간의 대참사 이후 모든 것을 다시 구축해야 했다(1918년에 찍힌 이른바 '순교자 도시'의 모습은 매우 참혹하다. 저 멀리 지평선까지 우리는 무너져내린 흙무더기 사이에 서 있는 벽의 흔적만을 겨우 알아볼 수 있을 뿐이다. 어느 사악한 신이 역사가 응축된 이곳을 지도에서 지워버리려고 작심하기라도 한 듯 심하게 훼손되긴 했어도, 생 레미 바실리카 회당과 성당만은 쏟아지는 포화 속에서 유일하게 살아남았다). 미국의 원조 덕분에 도시계획가와 건축가 들은 이 폐허에서 새로운 도시가 솟아나도록 만들었다. 그들은 도시 둘레에 '향토색'(내가 보기에 실제로는 알자스 스타일이었을 것이다)을 강조한 그 유명한 '정원 주택단지cités-jardins'를 설계했다. 집들은 독채든 공동주택이든 모두 정원이 딸려 있었는데, 띄엄띄엄 나무를 심어놓은 구역이 조성된 상당히 널찍한 길을 따라 세워졌다.[7] 내 조부모님은 바로 이런 주택단지들 가운데 한 곳에 정착했다. 2차 세계대전 중이거나 혹은 그 이후였을 것이다. 내가 어린아이였을 때, 그러니까 1950년대 말에서 1960년대 초엽에는 박애주의자들이 꿈꾸고 실현해낸 경관의 가치가 많이 퇴색했다. 조부모님과 막내 삼촌, 숙모가 여태껏 살고 있었던 푸아예 레무아의 '정원 주택단지'는 제대로 관리되지 않아 정작 그것이 감추려고 했던 궁핍함에 의해 부식되고 좀먹은 듯이 보였다. 그 흔적은 곳곳에서 드러났다. 그곳은 병폐가 생기기 쉬운 환경이었고, 실제로 다양한 사회병리 현상이 발전했다. 통계적으로 볼 때 비행을 통한 일탈은 이 구역의 청소년들에게 주어진 길 가운데 하나였다. 오늘날에도 유사한 사례가 사회적·도시적 분리가 이루어진 공간들에서 나타난다. 이러한 현상의 역사적 영속성에 어떻게 놀라지 않을 수 있겠는가? 작은아버지들 중 한 명은 도둑이 되어 감옥에 갔고, 결국 랭스에서 '체류 금지' 대상자가 되었다. 이 작은아버지는 때때로 그의 부모님을 만나러,

혹은 형제자매들에게 돈을 구하러 야밤에 은밀히 나타나곤 했다. 나는 아주 오랫동안 내 삶과 기억에서 사라졌던 작은아버지가 노숙자가 되어 결국 객사했다는 것을 어머니께 듣고 알게 되었다. 젊은 시절 그는 해군이었다(그는 해군에서 의무 군복무를 마쳤는데, 계속 군대에 남아서 일하다가 도둑질, 주먹다짐 등 품행 불량으로 쫓겨났다). 나는 『브레스트의 크렐*Querelle de Brest*』[8]을 처음 읽을 때, 조부모님 댁 부엌 식탁에 놓여 있던 사진에서 본, 제복을 입은 삼촌의 얼굴과 몸의 윤곽이 머릿속에 떠올랐다. 더 넓은 맥락에서 볼 때 크고 작은 불법 행위들은, 일상에서 적대 계급의 도구로서 지각되며 언제 어디서든 그 권력을 드러내는 국가의 법률에 집요하게 맞서는 일종의 민중적 저항으로 기능하는, 이 구역의 규칙이었다.

가톨릭 부르주아지가 애초에 기대했던 대로, 민중 계급에게 증진시키고자 했던 '도덕적 가치'에 부응해 출산율이 상당히 높아졌다. 조부모님의 이웃들 가운데는 아이가 14~15명 정도 되는 집도 드물지 않았다. 그게 어떻게 가능했는지 나로서는 상상하기 어렵지만, 어머니 말씀으로는 아이가 21명인 집까지 있었다. 공산당도 번창하긴 마찬가지였다. 남자들의 경우 실제로 공산당에 가입한 경우가 상당했고, 아내들은 남편들과 의견을 공유하긴 해도 '세포 모임'과 투쟁 활동에는 거리를

두었다. 하지만 자신이 속한 사회적 환경과 밀접히
관련된 정치적 소속감이 확산되고 지속되기 위해
정당 가입이 반드시 필수적인 것은 아니다. 사람들은
간단히 '당'이라고 말했다. 할아버지와 아버지, 그리고
작은아버지들—어머니 쪽으로는 어머니의 의붓아버지와
의붓오빠들—은 전국적 당 지도자들이 정기적으로
개최했던 공공 회합에 단체로 참석하러 갔다. 그리고
선거 때마다 모두 사회주의자들 및 그들의 타협과
배신이 표상하는 사이비 좌파에 격분하며 공산당
후보에게 투표했다. 하지만 필요할 경우, 결선투표에서는
투덜거리면서도 현실주의 혹은 '공화주의적 규율'이라는
이름 아래 사회주의자들에게 표를 주기도 했는데, 그
규율의 위반은 있을 수 없는 일이었다(그러나 그 시절엔
대개 공산당 후보가 가장 우위에 있었기 때문에 이런
일은 아주 드물었다). '좌파'라는 말은 무언가 강력한
의미를 담고 있었다. 사람들은 자신의 이해관계를
수호하고 자신의 목소리가 들리게 만들기를 원했는데,
이는 파업이나 시위를 벌일 때를 제외하고는 '노동 계급의
대표자'와 정치 지도자에게 자신들의 권한을 위임하여,
그들이 내린 결정을 수용하고 그들의 담론을 따라하는
과정을 통해 이루어졌다. 즉 대변인들에게 위임함으로써
스스로를 정치적 주체로 구성하고, 이들을 매개로
해서 노동자와 '노동 계급'은 구성된 집단, 자의식을
가진 계급으로서 존재했다. 노동자들의 생각과 그들이

내세우는 가치, 태도 등 모든 것들은 대개 '당'이 그들의
의식에 심어놓고 사회체에 퍼뜨린 세계관에 의해 주조된
것이었다. 그러므로 투표는 자신과 자신의 정치적 비중을
집합적으로 확인하는 아주 중요한 계기였다. 선거 날
저녁 결과가 나오면, 노동자들은 우파가 다시 이겼다는
사실을 확인하고 분통을 터뜨리거나, '드골주의적
투표'를 함으로써 결과적으로 자신들에게 맞선 '황색'
노동자들에게 욕을 퍼부었다.[9]

　　1950년대에서 1970년대 말까지는— 일부— 민중
계급에 대한 공산주의의 이러한 영향력을 개탄하는
일이 흔해졌다. 한데 그 영향력이 의미하는 바를 다시
생각해보아야 할 필요가 있다. 노동자들이 공적인
목소리를 거의 낼 수 없게 된 만큼 비난하기는 더
쉬워졌지만 말이다(우리는 노동자들에게 공적 발언권을
주는 문제에 관심을 기울이는가? 공적인 자리에서
목소리를 내기 위해 노동자들은 어떤 수단을 활용할 수
있는가?). 공산주의자가 된다는 것은 소련과 유사한
정권이 들어서는 것을 보고자 하는 욕망과는 아무런
상관이 없었다. 게다가 '외교' 정책이란 대개의 민중
계급에겐 아주 먼 일이었고, 여성들에게는 훨씬 더
그러했다. 우리는 미 제국주의에 맞서는 소련 편이라는
것을 당연하게 받아들였으나, 이 문제는 거의 토론에
부쳐지지 않았다. 붉은 군대가 우방국들에게 공격을
가하자 곤혹스러웠지만, 이를 화제로 올리는 일은

애써 피했다. 1968년 소련군의 프라하 침공 이후
벌어진 비극적 사건들에 관한 이야기가 라디오에서
흘러나왔고, 나는 부모님에게 물어보았다. "무슨 일이
일어나고 있는 거야?" 어머니는 매몰차게 말했다. "신경
쓰지 마… 네가 왜 그런 데 관심을 갖는지 모르겠다…"
어쩌면 어머니 역시 내게 대답해줄 말이 없었을 것이고,
당시 갓 열다섯 살이었던 나만큼이나 당혹스러웠을
것이다. 사실 공산주의적 가치에 대한 지지는 한층
직접적이고 구체적인 관심사들 속에 머물러 있었다.
「아베세데르L'Abécédaire」에서 질 들뢰즈Gilles Deleuze는
"좌파라는 것"은 "먼저 세계를 내다보는 것" "멀리
내다보는 것"(우리 동네의 문제보다 우리에게 더
가까운 제3세계의 문제를 긴급한 사안으로 인식하는
것)이라는 아이디어를 내놓는다. 반대로 "좌파가
아니라는 것"은 우리가 살고 있는 거리, 우리가 살고
있는 고장에 집중하는 것이다.[10] 그런데 들뢰즈가 제안한
정의는 내 부모님이 구현했던 것과 정확히 반대편에
놓여 있다. 민중 계급과 '노동 계급'에게 좌파 정치는
무엇보다도 사람들이 일상생활에서 감내하는 것들을
아주 실용적으로 거부하는 것을 의미했다. 관건은 전
지구적 관점에서 영감을 받은 정치적 기획이 아니라
항의에 있었다. 우리는 시공간적으로 먼 곳이 아니라
우리 주변을 바라보았다. 사람들이 자주 "혁명이 제대로
한번 일어나야 하는데"라고 되뇐다 해도, 이는 다른 정치

*46*

체제를 수립해야 한다는 관점에 기반한 것이라기보다는 고된 생활 조건과 참기 힘든 부정의와 관련된 틀에 박힌 표현이었다. 우리는 혁명이 언제 어디서 어떻게 일어날 것인지는 자문하지 않았다. 우리에게 닥친 모든 일이 불가사의한 힘에 의해 결정되는 것처럼 보였기에("이건 전부 의도된 거야"), '혁명'은 '아무것도 가진 것 없는' '우리 같은 사람들'의 삶에 그렇게나 많은 불행을 초래한 사악한 힘—우파, '부자 놈들' '거물들'—에 대항할 수 있는 유일한 방책—하나의 신화에 맞서는 또 다른 신화—인 양 소환되었다.

우리 가족은 세상을 두 진영으로 구분했다. '노동자를 지지하는' 사람과 '노동자에 반대하는' 사람. 같은 테마의 또 다른 변주로는 '노동자를 수호하는' 사람과 '노동자를 위한 일은 아무것도 하지 않는' 사람이 있었다. 정치적 지각과 그에 따른 선택이 응축되어 있는 이러한 어구들을 얼마나 많이 들었던가? 한쪽에는 '우리'와 '우리와 함께하는' 사람들이, 다른 한쪽에는 '그들'이 있었다.[11]

이제 앞으로는 누가 '당'이 했던 역할을 채울 것인가? 착취당하고 수탈당하는 사람들이 대변되고 지원받는다고 느낄 수 있으려면 누구에게로 향해야 하는가? 그들이 정치적 존재로 자리 잡고 문화적 정체성을 부여받을 수 있으려면 누구를 따르고 의지할 수 있는가? 그들이 정당화되고 이러한 정당화가 정치적 심급에서 이루어져 스스로 자랑스럽다고 느낄 수 있으려면? 아주 단순하게 말하자면, 누가 노동자들의 존재와 삶과 생각과 바람을 고려할 것인가?

아버지는 텔레비전 뉴스를 볼 때면 알레르기 반응처럼 우파와 극우파에 대해 즉각적으로 논평을 내뱉었다. 그는 1965년 대통령 선거 캠페인 기간, 그리고 68년 5월과 그 이후의 기간에 텔레비전 수상기 앞에 홀로 앉아 프랑스 구舊 극우파의 희화적 대표자인 틱시에-비냥쿠르Tixier-Vignancour가 떠들어대는 것을 들으며 분통을 터뜨렸다. 이 정치인이 파리 거리에서 사람들이 '공산주의의 붉은 깃발'을 흔든 것을 비난하자 아버지는 격노했다. "붉은 깃발은 노동자들의 깃발이야." 그 후에는 지스카르 데스탱Giscard d'Estaing이 텔레비전을 매개로 모든 프랑스 가정에 대부르주아지의 에토스와 꾸민 듯한 몸짓, 그로테스크한 화술을 쏟아내자 역시나 공격을 당한 듯이 화를 냈다. 아버지는 정치 프로그램을 진행하는 언론인들에게도 욕을 퍼부었고, 자신의 생각이나 느낌을 대변해준다고 여기는 언론인—노동자의 억양으로 말하는 스탈린주의적인 당 중진—이 결코 그 목소리가 들리지 않는 사람들, 제도권 정치의 풍경 안에서 그 존재 자체가 체계적으로 배제된 이들을 정의롭게 대변하면 환호를 보냈다. 그들은 전형적으로 틀지어진 정치적 질문들에 대답하는 대신, 노동자들의 실제 문제들에 관해 말하며 토론 프로그램의 규칙을 깨뜨렸다. 오늘날의

정치인들과 지식인들 대부분은 미디어 권력에 거의
완전하게 굴복한 만큼 감히 그런 시도조차 하지 못할
텐데 말이다.

# 4

할아버지 할머니 집 뒤편의 정원을 기억한다. 아주
크지는 않았고, 양옆에 철책이 쳐 있어 이웃집의
똑같이 생긴 정원들과 갈라놓는 역할을 했다. 정원 한
귀퉁이에는 조그만 우리가 있었는데, 할머니는 당시 동네
대부분의 집들처럼 토끼 여러 마리를 길렀다. 우리는
토끼에게 풀과 당근을 먹여 키우다가 어느 일요일이나
축제일에 요리를 해 먹었다. 할머니는 읽을 줄도 쓸 줄도
몰랐다. 그래서 사람들에게 행정 서류를 읽어달라거나
써달라고 부탁해야 했는데, 그럴 때면 자신의 무능력에
대해 변명하듯이 "내가 글을 몰라서"라고 되뇌곤
했다. 할머니의 목소리에선 분노나 저항의 기미가
전혀 드러나지 않았고, 다만 있는 그대로의 현실에
대한 순종과 체념만이 느껴졌다. 할머니의 몸짓과 말
하나하나에는, 그동안 그녀가 피할 수 없는 운명처럼
받아들여왔고 자신의 조건을 감내하도록 해준 바로
그 체념이 인장처럼 깃들어 있었다. 할아버지는 가구
세공인으로, 가구 만드는 공장에서 일했다. 수입에
보태려고 집에 돌아와서도 이웃들을 위한 가구를
만들었는데, 온 동네에서 많은 주문이 몰렸다. 할아버지는
가족을 먹여 살리기 위해 하루도 쉬지 않고, 문자
그대로 죽을 만큼 열심히 일에 매달렸다. 그러다가

결국 쉰넷의 나이에 후두암으로 돌아가셨다. 내가 아직
어린아이였을 때였다. (그 시대에는 후두암이 매일
상상할 수 없을 만큼 엄청난 양의 담배를 피워대던
노동자들을 역병처럼 집어삼켰다. 아버지의 세 형제도
이후에 같은 병으로 꽤 젊은 나이에 작고했다. 또 다른
형제는 그 전에 이미 알코올 중독의 희생자가 되었다).
내가 청소년이었을 때 할머니는 내가 담배를 피우지
않는다는 사실을 놀라워했다. "남자라면 담배를 피우는
편이 더 건전하단다." 할머니는 그러한 믿음이 그녀
주위에 어떠한 참화를 퍼트리고 있는지 의식하지 못한
채 내게 말했다. 허약한 체질이었던 할머니는 할아버지가
죽고 10여 년이 지난 후 기력이 다했는지 예순둘에
세상을 떠나고 말았다. 할머니가 마지막으로 정착해 살던
곳은 HLM 건물의 두 칸짜리 집이었다. 당시 할머니는
먹고살기 위해 사무실 청소 일을 했는데, 어느 겨울날
저녁 집으로 돌아오다가 빙판에 미끄러져 바닥에 머리를
부딪쳤다. 할머니는 결국 회복하지 못했고, 사고가
일어나고 며칠 뒤에 돌아가셨다.

내가 태어나기 전까지 아버지가 살았고 내 어린 시절의
배경을 이루는 장소(형과 나는 특히 여름방학 때
이곳에서 자주 시간을 보냈다) 가운데 하나이기도 한
이 정원 주택단지는 의심의 여지없이 사회적 추방의
장소였다. 도심과 고급 주택가로부터 멀리 떨어져

있는 빈민 전용 구역. 되새겨보면 그곳은 오늘날 '시테cité'라는 이름이 가리키는 주거지와는 전혀 비슷한 점이 없다는 것을 깨닫게 된다. 그곳은 수직적이지 않은, 수평적인 주거지였다. 빌딩도 고층 아파트도 없었다. 그러니까 1950년대 말, 그리고 1960년대와 1970년대에 본격적으로 솟아오르게 될 건물들이 아직은 없었던 것이다. 덕분에 도시 변두리의 이 구역에는 인간적인 성격이 남아 있었다. 악명 높고 척박한 게토를 많이 닮아 있기는 해도 그렇게 살기 나쁘지는 않았다. 거기서도 어김없이 노동자적 전통, 그리고 특히 특정 문화와 연대의 형식들이 발전하고 지속되었다. 내 부모님은 그러한 문화 형식 가운데 하나인 토요일 저녁의 서민 무도회를 통해 만났다. 어머니는 그곳에서 멀지 않은 도시 근교에서 외할머니와 외할머니의 남자친구와 함께 살고 있었다. 어머니와 아버지는 그 시절의 여느 서민층 젊은이들처럼 동네 무도회가 제공하는 오락과 즐거움의 순간을 좋아했다. 오늘날에는 그러한 행사들이 대부분 사라져버리고, [프랑스혁명 기념일인] 7월 14일 전날이나 당일 정도에만 남아 있다. 하지만 그 시절에는 대부분의 젊은이들에게 무도회가 한 주의 유일한 '나들이'였고, 친구들 모임과 연애, 성적 만남의 기회였다. 거기서 수많은 커플이 맺어지고 깨졌다. 오래가는 커플들도 있었다. 당시 어머니는 한 청년에게 반해 있었다. 그는 어머니와 같이 자길 원했지만, 어머니는 그러지 않았다.

어머니는 그 청년이 아버지가 되는 원치 않는 일을
받아들이기보단 이별을 택해, 아버지 없는 아이를 낳게
될까 두려웠다. 어머니는 자기 자신이 겪었던, 그토록
고통스런 삶을 살게 될 아이를 세상에 내보내고 싶지
않았다. 어머니가 마음에 두었던 청년은 어머니를 떠나
다른 여자에게로 갔다. 그리고 어머니는 아버지를
만났다. 아버지를 전혀 사랑하지 않았지만 상황을
그냥 받아들였다. "그이나 이 사람이나 매한가지야…"
어머니는 독립을 열망했고, 결혼만이 해결책이었다.
당시엔 스물한 살이 되어야 법적인 성인으로 인정받았기
때문이다. 그게 아니더라도 그들은 아버지가 이 나이가
될 때까지 기다려야 했다. 할머니가, 아버지가 떠나는
것을 바라지 않았기 때문이다. 할머니는 아버지가 가능한
한 오래도록 '월급을 가져다주길' 기대했다. 아버지는
그럴 수 있는 나이가 되자마자 어머니와 결혼했다.
어머니가 스무 살 때의 일이었다.

당시 아버지는 이미 오래전부터 노동자로 일하고
있었다. 노동자들의 위계 안에서도 가장 낮은 위치였다.
아버지가 그의 삶의 무대이자 그에게 주어진 유일한
지평을 구성하게 될 환경 속으로 들어간 것은 열네
살이 채 되지 않았을 때였다(아버지는 6월 말 초등
교육을 마치자마자 일을 시작했는데, 열네 살이 되기
석 달 전이었다). 공장이 아버지를 기다리고 있었다.

공장이 아버지를 위해 거기 있었고, 아버지도 공장을
위해 거기 있었다. 또한 공장은 그의 뒤를 따르게 될
형제들과 여동생들도 기다리고 있었다. 공장은 앞으로
태어나 그의 가족이 될 이들, 그와 같은 사회적 정체성을
갖게 될 이들을 기다려왔고 계속해서 기다릴 것이었다.
사회적인 결정논리déterminisme social는 아버지가 태어났을
때부터 그를 지배했다. 그는 우리가 '재생산'이라고 부를
수밖에 없는 온갖 법칙과 메커니즘이 그를 규정해놓은
것으로부터 빠져나가지 못했다.

　　따라서 아버지의 학업은 초등학교를 넘어서지
못했다. 더욱이 아무도 그 이상을 꿈꾸지 않았다.
아버지의 부모도, 아버지 자신도 마찬가지였다.
아버지가 속한 계층에서는 열네 살까지 학교에 갔는데
의무교육이기 때문이었고, 열네 살이 넘으면 학교를
떠났는데 그 이상은 의무교육이 아니기 때문이었다.
이런 식이었다. 학교를 중도에 관두는 일은 전혀
스캔들이 아니었다. 그 반대였다! 나는 의무교육 연령이
16세까지로 연장되었을 때 가족들이 얼마나 분개했는지
기억한다. "뭣 하러 애들이 좋아하지도 않는 공부를
억지로 계속하게 만드는 거야? 애들은 오히려 일을 하고
싶어 한다고." 이러한 '취향,' 아니 공부에 대한 '무취향'이
얼마나 차별적으로 분포되어 있는지를 전혀 의문시하지
않고, 사람들은 이런 말을 되풀이했다. 학업에서의
도태는 마치 스스로의 선택과 요구에 따라 이루어진

것인 양, 많은 경우 자발적인 도태의 과정을 거친다. 학업 기간의 연장은 다른 사람들, 그러니까 '형편이 되는' 사람들을 위한 것인데, 이들이 '학교에 가고 싶어 하는' 사람들과 결국 일치하는 것으로 드러난다. 가능성의 장champ des possibles[2] — 실현할 수 있는 가능성의 장은 고사하고, 단순히 구상할 수 있는 가능성의 장조차 — 은 계급 위치에 의해 엄격하게 제한된다. 마치 각각의 사회세계가 거의 물샐틈없이 가로막혀 있기라도 한 듯이 말이다. 이 세계들을 분리하는 경계선들은 각 세계의 내부에서 사람들이 어떻게 존재하고 무엇이 될 수 있는지, 무엇을 기대할 수 있고 또 없는지를 근본적으로 다르게 상상하고 지각하도록 규정한다. 더욱이 우리는 일이 다른 식으로 진행될 수 있음을 알지만, 그것은 접근 불가능한 저 멀리 있는 세계에서 이루어진다. 그리고 이 동떨어진 사회적 영역에서 매우 명백한 규칙을 구성하는 것에 접근할 수 없을 경우, 우리는 그것이 무엇이 됐든 배제되었다거나 박탈당했다고 느끼지 않는다. 이는 단지 사물의 질서일 따름이며, 그것이 전부다. 우리는 그 질서가 어떻게 작동하는지 알지 못한다. 그러려면 스스로를 외부에서 바라볼 수 있어야 하고, 자신의 삶과 타인들의 삶에 대해 내려다보는 시각vue en surplomb[3]을 택할 수 있어야 하기 때문이다. 내 경우가 그렇듯이, 당연하게 여겨지는 엄혹한 논리를 벗어나 기회와 가능성의 불평등한 분포라는 끔찍한 불의를 간파하기

위해서는 구획선의 한편에서 다른 편으로 넘어가야
한다. 게다가 그것은 거의 변화하지 않았다. 학업에서
배제되는 연령은 달라졌지만, 계급 간 사회적 장벽은
똑같이 남아 있다. 그렇기 때문에 '행위자들의 관점'과
'그들이 자기 행동에 부여하는 의미'를 접근법의 중심에
두는 사회학이나 철학은 모두 사회적 행위자들이 자신의
실천 및 욕망과 맺는 신비화된 관계rapport mystifié의
속기술에 지나지 않게 될 위험에 처한다. 따라서 지금
있는 그대로의 사회세계를 영속시키는 데 이바지하는
정당화 이데올로기 이상이 되지 못할 수 있는 것이다.
사람들이 자생적으로 스스로에 관해 생각하는 방식과
인식론적으로 단절해야만 체계 전체를 재구성하면서,
사회질서가 재생산되는 메커니즘을 기술할 수 있다.
피지배자들이 그들에게 예정되어 있던, 학업의 배제를
[자발적으로] 선택하며 지배를 승인하는 방식을 말이다.
이론의 힘과 매력은 '행위자들'이 자신의 '행동'에 대해
하는 말을 그대로 기록하는 데 만족하지 않고, 개인과
집단 들이 그들의 존재와 행위를 다른 식으로 보고
생각하게 만들고, 그렇게 함으로써 그들이 그것을
변화시킬 수 있게 하려는 목표를 설정하는 것에서
나온다. 문제는 체화된 지각 범주 및 제도화된 의미 틀과
단절하고 그것들이 벡터로 작용하는 사회적 관성과
단절하는 것이다. 그러한 후에야 우리는 세계에 대한
새로운 시선을 발명해내고, 나아가 새로운 정치적 관점을

열 수 있다.

사회적 운명은 일찌감치 결정된다. 모든 것이 미리
작동된다! 우리가 미처 의식하기도 전에 판결은 이미
내려져 있다. 태어나는 순간 선고문이 우리 어깨에
낙인처럼 새겨지고, 우리가 차지할 자리도 우리에
앞선 것들, 그러니까 우리가 속한 계층과 가족의
과거에 의해 규정되고 제한된다. 아버지에게는 민중
계급 아이들의 학교 교육 이수와 성취를 보여주는
졸업장인 초등교육 증명서를 획득할 기회조차 없었다.
부르주아지의 아이들은 다른 경로를 밟았다. 그들은
열한 살이 되면 중학교에 들어갔다. 노동자와 농민의
아이들은 열네 살까지 초등 교육에 매여 있다가, 거기서
교육을 멈췄다.[4] 일상생활을 해나가고 육체노동을
하는 직업을 갖기에 충분한 기본적인 실용 지식(읽기,
쓰기, 산수)을 가르쳐야 하는 아이들과, '이해관계와
무관한' 것으로 여겨지는 문화—그냥 '문화'일 뿐인데,
사람들은 노동자들이 이에 노출되면 타락할지도
모른다고 불안해했다—에 접근하는 것에 대한 권리가
마련되어 있는 특권 계급 출신의 아이들을 뒤섞지 말아야
했다.[5] 증명서는 '기능적인' 기초 지식의 습득에 대한
것이었다(그 지식에는 '프랑스사'—국가적 신화에서
어떤 중대한 사건들이 일어난 날짜—와 '지리'—도道와
군청 소재지 목록—가 일부 추가되었다). 증명서는 이

자격을 얻으려는 사람들 가운데 선별적으로 주어졌기 때문에, 이를 받은 아이는 매우 자랑스러워했다. 거기까지 가지 못하고, 법적인 의무교육 연령이 되기도 전에 어영부영 교육 체계를 떠나버린 아이들도 많았다. 아버지가 그런 경우였다. 아버지가 배운 것들 대부분은 이후 독학으로 얻은 것이었다. 그는 사회적 사다리를 몇 계단이라도 올라가보겠다는 희망을 품고서 하루 노동을 마친 후에 '야간 강의'를 들으며 공부했다. 한때 아버지는 산업디자이너를 꿈꾸었다. 그러나 곧 현실에 직면했다. 그에 필요한 기초 교육을 받지 못했기 때문이 아닐까 싶다. 특히 공장에서 온종일 시간을 보낸 뒤에 정신을 집중하기가 쉬운 일은 아니었을 것이다. 헛된 꿈을 포기하고 단념해야 했다. 아버지는 도안과 스케치로 가득한 모눈종이 몇 장—연습장이었을까?—을 오랫동안 간직했다. 그는 그 종이들을 자주 서류철에서 꺼내 들여다보거나 우리에게 보여주었는데, 결국에는 서랍 깊숙한 곳으로 치워 죽은 희망을 매장시켜버렸다. 그는 계속해서 노동자로 남게 되었을 뿐만 아니라, 두 배로 일했다. 내가 아주 어렸을 때, 아버지는 아침 일찍 일과를 시작해 이른 오후까지 공장에서 일했고, 늦은 오후에는 추가 수당을 받으려고 다른 공장에 갔다. 어머니 역시 기진맥진해질 때까지 청소 일과 빨래를 하여 가계 수입에 힘을 보탰다(세탁기는 아직 존재하지 않았거나 가지고 있는 사람이 극소수였기 때문에, 남의 집 빨래를 하면 푼돈이라도 벌어 가계에 보탬이 될 수 있었다). 어머니는 1970년 아버지가 오랜 실업 상태였을 때 공장에 취직하여, 아버지가 직장을 구한 뒤로도 계속 일을 했다(오늘날에서야 나는 어머니가 공장에 다녔던 것이 내가 대입자격시험을 치러 대학에 들어갈 수 있게 하기 위해서였음을 알게 되었다. 그 당시에는 가족들의 고생을 덜어주기 위해 내 밥벌이는 내 스스로 해야겠다는 생각이 전혀 떠오르지 않았다. 아니면 어머니가 나에게 그런 뜻을 내비쳤을 때—사실 어머니는 자주 그런 뜻을 내비쳤다—내가 이를 의식 아주 깊은 곳에서 억압했을 터이다). 아버지는 "공장에 일하러 가는 것은 여자의 역할"이 아니며, 하등 쓸데없는 일이라고 말하곤 했다. 혼자서 식구들을 먹여 살리지 못해 남성으로서의 명예에 많은 타격을 입었을 테지만, 아버지는 어머니가 '여공'이 되는 것을 체념하고 받아들여야 했다. '거친' 말을 하고 어쩌면 '아무 데서나' 자고 다니는 '헤픈' 여자, 한마디로 '잡년'이라는 단어가 실어 나르는 온갖 경멸적인 함의까지 말이다. 집안을 벗어나 남성 노동자들과 같은 장소에서 일하며 붙어 지내는 민중 여성에 대한 부르주아적 표상은 노동 계급 남성들에게도 널리 퍼져 있었다. 이들은 매일 몇 시간씩 배우자나 동거녀에 대한 통제권을 잃는 상황을 그다지 좋아하지 않았고, 무엇보다도 해방된 여성이라는 역겨운 유령을 두려워했다. 아니 에르노는, 어린 나이에 공장에 취직했지만 "그럼에도 진지한 여공"으로 여겨지길

몹시도 바랐던 어머니에 대해 이야기한 바 있다. 하지만 남자들과 일한다는 단순한 사실만으로도 "그녀가 그토록 되고 싶어 하던 '반듯한 아가씨'로 존중받지 못하기에" 충분했다.[5] 이는 나이 든 여성들도 마찬가지였다. 그들이 의심받는 것처럼 성적 자유를 실제로 누리든 말든 상관없이, 직장 일 자체가 여성들에게 온갖 나쁜 평판을 가져다주었다. 그래서 아버지는 어머니의 퇴근 시간에 맞추어 공장 옆에 있는 카페를 자주 찾아갔다. 어머니가 몰래 거기 가는지 알아내기 위해서, 그리고 만일 실제로 그런 일이 일어날 경우, 그곳에서 아내를 깜짝 놀라게 해주기 위해서. 하지만 어머니는 그 어떤 카페도 들리지 않았다. 어머니는 장을 본 뒤 저녁 식사를 준비하러 바로 집으로 돌아왔다. 일하는 모든 여성이 그렇듯, 어머니도 두 배로 바쁜 하루에 묶여 있었다.

아버지가 사회적 위계상으로는 아닐지라도, 공장 내의 위계를 몇 계단 오르는 데 성공한 것은 한참 뒤의 일이었다. 아버지는 비숙련 노동자의 지위에서 시작해 숙련 노동자를 거쳐 마침내 조장의 지위에 올랐다. 그는 더 이상 노동자가 아니었다. 이제 노동자들을 지휘했다. 더 정확히 말하자면, 한 조를 이끌었다. 아버지는 이 새로운 지위에 순진한 자부심을 드러냈고, 거기서 한층 긍정적인 자아 이미지를 이끌어냈다. 당연하게도 나는 그런 모습이 우스꽝스러웠다… 세월이 상당히 흐른 후에도, 나는 이런저런 행정적인 절차에 필요한 출생 관련 서류를 내야 할 때면 수치심에 얼굴이 붉어졌다. 거기엔 내 아버지의 첫 직업(비숙련 노동자)과 어머니의 첫 직업(가정부)이 적혀 있었기 때문이다. 그리고 나는 부모님이, 내가 보기엔 별것 아닌 그러한 신분 상승을 그토록 대단하게 여기고 욕망했다는 사실을 이해할 수 없었다.

이렇듯 아버지는 열네 살 때부터 쉰여섯 살 때까지 공장에서 일했다. 사람들이 그의 의견을 묻지도 않고 '조기 퇴직'시키기 전까지 말이다. 같은 해에 어머니도 (쉰다섯의 나이에) 마찬가지의 상황에 처했다. 두 분 모두 그들을 뻔뻔스럽게 착취했던 체계에 의해 내쳐졌다. 아버지는 일 없이 한가해지게 되자 어쩔 줄 몰라 했다. 어머니는 경험해보지 않은 사람은 감히 상상하기 힘들 정도로 고됐던 작업장을 떠나게 되자, 약간은 기뻐했다. 작업장의 소음, 열기, 단조로운 기계적 동작의 반복은 가장 강인한 유기체들조차도 조금씩 갉아먹었다. 두 사람은 지치고 쇠약해졌다. 상당히 오랫동안, 어머니는 소득세를 내지 않았다. 가정부 일은 신고된 일이 아니었기 때문이다. 따라서 어머니의 연금액은 그만큼 낮을 수밖에 없었고, 이에 따라 은퇴 후 부모님의 수입은 심하게 쪼그라들었다. 그들은 그들이 할 수 있는 선에서 다시 생활을 꾸려갔다. 예를 들어 두 분은 아버지가 예전에 다니던 공장의 노사위원회 덕분에, 훨씬 더 자주 여행을 다니기 시작했다. 런던에서 주말을 보내고, 스페인이나 터키로 일주일간 지내러 가는 식으로 말이다. 그들은 과거에 그랬던 것처럼 서로 사랑하지 않았다. 그저 상대에게 익숙해진 상태로 하나의 생활 방식modus vivendi을 찾아냈고, 이제 둘 중 한 사람의 죽음만이 이들을 갈라놓을 것이었다.

아버지는 목공일에 능했다. 아버지는 다른 몸으로 하는 노동에 대해서 그랬던 것처럼, 이 능력에 대해서도 상당히 자부심을 갖고 있었다. 이런 종류의 일을 할 때면 아버지는 빛이 났다. 아버지는 거의 모든 여가 시간을 목공일에 쏟아부었고, 좋은 안목을 갖고 있었다. 내가 고등학교 1학년인가 2학년이었을 때, 아버지는 낡은 탁자를 고쳐 책상을 만들어주었다. 아버지는 붙박이장을 설치하기도 했고, 아파트 안에 뭔가 문제가 생기면 모두 직접 수리했다. 나는 내 열손가락으로 할 줄 아는 것이 아무것도 없었다. 이는 일종의 의도된 무능력이었을 텐데—아버지에게 무언가를 배우겠다고 결심하는 일이 가능했을까?—당연하게도 나는 내 욕망을 아버지와 닮지 않는 데, 아버지와 사회적으로 다른 사람이 되는 데 투여했다. 나중에서야 지식인들 중에서도 목공을 열렬히 좋아하는 이들이 있고, 책을 읽고 쓰는 것을 좋아하면서도 실용적이거나 신체적인

활동에 즐겁게 몰두할 수 있다는 것을 알게 되었는데,
이러한 발견은 나를 아주 당혹스럽게 만들었다. 내가
오랫동안 근본적이고 결정적인(실제로는 나 자신에게만
결정적인 것이었다) 이분법으로 생각하고 경험해왔던
것이 흔들리면서 내 인격 전체가 문제시되는 느낌이었다.
이는 스포츠에 대해서도 마찬가지였다. 친구들 중
몇몇은 텔레비전 스포츠 중계를 즐겨 보았는데, 이는
나를 마음속 깊이 혼란스럽게 했다. 지식인을 자처하는
사람이라면, 또는 지식인이 되려는 사람이라면, 저녁
시간에 텔레비전에서 축구 경기를 시청하는 일 따위는
당연히 혐오할 것이라는, 내 안에 강하게 자리 잡고
있던 믿음이 무너져내렸기 때문이다. 나는 스포츠
문화, (여자들이 특정 화젯거리에 관심을 쏟는 것처럼)
남성들이 스포츠를 유일한 관심사로 삼는 현실을 상당한
경멸감과 선민의식을 갖고 내려다보며 평가했다. 내가
되려던 사람이 될 수 있도록 해준 이 모든 구획짓기를
해체하고, 내가 배제했던 차원들을 내 실존적·정신적
세계 안에 다시 통합해 넣기 위해서는 상당한 시간이
필요했다.

내가 어렸을 때, 부모님은 스쿠터를 타고 다녔다. 형과
나를 스쿠터 뒤편에 마련된 어린이용 좌석에 앉혀
데리고 다니기도 했다. 이는 꽤 위험한 일이었다. 하루는
아버지가 자갈길 위에서 방향을 바꾸다가 미끄러지는

바람에 형의 다리가 부러졌다. 1963년에 부모님은 운전면허를 땄고, 중고차를 구입했다(검은색 심카 아롱드 모델이었는데, 나중에 어머니는 내가 자동차 보닛에 기대어 찍은 사진을 몇 장 주셨다). 어머니는 아버지보다 먼저 면허시험에 합격했다. 운전하는 아내 옆에 앉는 것이 체면 깎이는 일이라고 생각한 아버지는 불명예스러운 상황을 피하기 위해, 한동안 면허 없이 운전대를 잡는 편을 택했다. 어머니가 불안한 나머지, 아버지가 본인의 자리로 여기는 운전석을 차지하려는 욕망을 드러낼 때면, 아버지는 문자 그대로 미친 사람이 되었다. 그런 후에야 모든 것이 질서를 되찾았다. 운전하는 사람은 언제나 아버지였다(심지어 과음했을 때조차 아버지는 어머니의 운전을 허락하지 않았다). 아버지가 면허를 취득하고 나서부터 우리는 일요일이 되면 도시 부근의 숲이나 풀밭으로 소풍을 나갔다. 하지만 여름에 바캉스를 떠날 엄두는 감히 내지 못했다. 그럴 형편이 못되었기 때문이다. 우리의 여행은 낭시, 라옹, 샤를르빌 등 당일치기 지역 도시 방문에 한정되었다. 국경을 넘어 벨기에의 부용이라는 도시에 가기도 했다(당시 우리는 그 이름을 고드프루아 드 부용Godefroy de Bouillon과 십자군 원정을 떠올리며 익혔는데,[7] 이제 나는 그 이름을 칠레아Cilea의 오페라 「아드리아나 르쿠브뢰르Adrienne Lecouvreur」와 부용 공주라는 도도하고 가혹한 인물에 더 쉽게 연결짓는다).

우리는 성을 방문했고 초콜릿과 기념품을 샀지만, 거기서
더 멀리 갈 수는 없었다. 브뤼셀은 몇 년이 지난 후에야
알게 되었다. 한번은 베르됭에 가서, 1차 세계대전 당시
그 일대에서 벌어진 여러 전투 중에 사망한 군인들의
유해가 모여 있는 두오몽 납골당에 방문했던 일이
기억난다. 그곳은 음울하고 공포스러워서, 나는 오래도록
그와 관련된 악몽에 시달려야 했다. 우리는 외할머니를
방문하러 파리에 가기도 했는데, 파리의 교통 체증이
번번이 아버지의 분노를 폭발시켰다. 아버지는 발을
구르고 안달하면서, 연달아 욕설을 내뱉고 고래고래
소리를 질러댔다. 우리는 아버지가 왜 그렇게까지 화를
내는지 이해하지 못했다. 항상 부모님이 하염없이 언쟁을
벌이는 국면에까지 이르렀다. 어머니의 표현에 따르면,
아버지가 "영화를 찍고 앉아 있는" 상황을 견딜 수가
없었다. 주행 중에도 마찬가지였다. 어쩌다 길을 잘못
들거나 분기점을 놓치면 아버지는 세상이 끝날 것처럼
울부짖기 시작했다. 하지만 대개 날씨가 좋을 때면,
우리는 샴페인 마을이 있는 마른 강가로 가서 아버지가
좋아하는 여가 활동인 낚시를 하며 머물렀는데, 거기서
아버지는 다른 사람이 되었다. 아버지와 우리 사이에
유대 관계가 생겨나기도 했다. 아버지는 우리에게
낚시하는 법을 가르쳤고, 그 밖에도 여러 조언을
해주었다. 우리는 "오늘은 일이 좀 풀리네" "오늘은
입질도 없네" 하면서, 종일 무슨 일이 일어나고 혹은

일어나지 않는지 하나하나 토를 달며 시간을 죽였다.
우리는 더위나 비 탓을 하거나, 절기가 너무 이르다 늦다
하면서 계속 이유를 찾아냈다. 때로는 그곳에서 삼촌과
숙모, 사촌들을 만났다. 저녁이 되면 잡은 물고기들을
함께 먹었다. 어머니는 생선을 씻어 밀가루를 묻혀
튀겨냈다. 우리에게 생선 튀김은 만찬 같았다. 하지만
어느덧 이 모든 것들이 어리석고 부질없는 일로 보이기
시작했다. 나는 책을 읽고 싶었다. 낚싯대를 붙잡고
찌의 흔들림을 가만히 지켜보느라 시간을 허비하고
싶지 않았다. 또한 나는 이런 여가 활동과 관련된 온갖
형태의 사회성과 문화를 혐오하기 시작했다. 트랜지스터
음악, 그곳에서 만난 사람들과의 재미없는 수다, 엄격한
성별 노동 분업—남자들이 낚시를 하는 동안, 여자들은
뜨개질을 하거나 사진소설을 읽고, 아니면 아이를
돌보거나 식사를 준비했다. 나는 부모님과 같이 다니는
일을 그만두었다. 나를 발명하기 위해서는 무엇보다 먼저
나를 분리해내야 했다.

2부

# 1

어머니가 태어났을 때, 외할머니는 채 열일곱 살도 안
된 상태였다. 외할머니가 "유혹에 넘어가 몸을 맡긴"
젊은이도 엇비슷한 나이였을 것이다. 외할머니의
임신을 눈치 챈 증조할아버지는 외할머니를 집에서
쫓아냈다. 그는 외할머니에게 고래고래 소리 질렀다.
"누구 씨인지도 모를 네 배 속의 애랑 여기서 꺼져!
둘 다 지옥에나 떨어져라!" 외할머니는 집을 떠났다.
얼마 후 외할머니는 증조할머니를 자신의 집으로
모셔왔다(자세한 이유는 모르겠지만, 증조할머니는 딸을
다시 볼 수 없다는 것을 참지 못하고 남편을 떠났던
모양이다). 외할머니의 애인은 이러한 상황을 오래
버텨내지 못했고—그들의 아파트는 분명 협소했을
것이다—, 결국 그녀에게 말했다. "선택해, 네 엄마인지
나인지." 외할머니는 증조할머니를 선택했다. 그는
외할머니를 떠났고, 이후로 아무런 소식도 들리지
않았다. 그는 자기 아이를 몇 달밖에 돌보지 않았고,
아이가 아버지에 대한 기억을 가질 나이가 되기도 전에,
'사생아'인 내 어머니의 삶에서 사라져버렸다. 얼마
지나지 않아 외할머니는 다른 남자와 동거를 시작했고,
그 사이에서 세 아이를 낳았다. 내 어머니는 그녀의 삶을
영영 뒤바꿔놓게 될 전쟁이 일어날 때까지 그들과 함께

살았다. 나중에 어머니는 외할머니에게 자기가 알지
못하는 그 남자의 이름을 말해달라고 간청했고, 혹시
그가 어떻게 되었는지 아냐고 물었다. 하지만 "과거를
들춰내봤자 아무 쓸데없다"는 답밖에는 듣지 못했다.
어머니가 자신의 아버지에 관해 아는 유일한 정보는 그가
아주 잘생겼다는 것과 벽돌공이었다는 것, 그리고 스페인
사람이었다는 것이다. 어머니는 최근에 그가 "안달루시아
사람"이었다고 확신하듯 말했다. 어머니는 또한 그가
집시였을 거라고 생각하기를 좋아했다. 마치 이런 식으로
쓰이는 가족 소설이 그녀가 사생아라는 지위에 따라붙은
온갖 불행한 결과를 감수하면서 느꼈던 고통을 견딜
만한 것으로 만들어주기라도 하는 듯이 말이다(어머니는
초등학교 여교사의 조롱이 그녀에게 남긴 상처를
생생하게 기억하고 있었다. 아주 어렸을 때 어머니는
학교에서 부모님에 관한 질문을 받으면 자신은 아빠가
없다고 대답했다. "누구나 아빠가 있단다…" 어머니는
잔인한 냉소가 실린 반박을 당했다. 하지만 어머니에게는
분명히 아빠가 없었다). 게다가 이 집시의 전설은 사실일
가능성도 있다. 열대여섯 살 무렵의 내 사진들을 보면서,
나는 갈색 피부에 길고 검은 곱슬머리인 내가 집시의
유전적 혈통을 물려받았을지도 모른다고 생각했다.
몇 년 전에 아버지가 다니던 공장의 노사위원회가
조직한 여행에서 어머니는 아버지와 함께 안달루시아를
가로질러 갔다. 버스가 그라나다에 접근하자, 어머니는

무엇인지 모를 감정에 몸이 떨려오는 것을 느꼈다.
어머니는 내게 이야기했어. "이상했어. 소름이 돋더라고.
무슨 일이 일어난 건지는 모르겠지만, 분명 그곳이 내
고향이어서 그랬던 걸 거야. 게다가 레스토랑에서 점심을
먹고 있었는데, 기타를 치던 집시들 중 하나가 내 옆으로
다가와서 말하더라고. '너, 너는 우리 쪽이야.'"

나는 이러한 기원의 신비주의를 전혀 믿지 않는다.
어떤 생물학적 유전에 대한 환상에서, 어떤 가족적
심리에서 그러한 신비주의가 튀어나오는지 잘 이해하지
못한다. 하지만 나는 어머니가 항상 힘들게 살아왔고,
한 번도 자신의 아버지를 만날 수 없었다는 사실을
안다. 또한 어머니가 몇 가지 실제 정보를 바탕으로
자기 마음속 깊숙이 자리 잡은 스페인을, 프랑스 북부의
안개와 존재의 그늘진 현실로부터 그녀를 구해줄 한
줄기 햇살로 꾸며냈음을 이해한다. 어머니가 한평생
꿈꾸었던 것은 부가 아니라, 빛과 자유였다. 공부를
계속할 수 있었더라면, 어머니는 그토록 바라던 자유에
다가갈 수 있었을지도 모른다. 오늘날 어머니는 이렇게
말한다. "내가 초등학교 선생님이 되었더라면 좋았을
텐데. 그 시절에는 여자가 학업을 마치고 할 수 있는
일이 그것뿐이었어." 어머니의 야심은 한계가 있었지만,
비현실적인 면모도 있었다. 실제로 어머니는 고등학교에
진학할 뻔했다. 어머니가 속한 환경에서 고등학교에
진학한다는 것은 상당히 놀라운 일이었다. 어머니는

아주 훌륭한 학생이었고, 대개 열한 살에 들어가는 중학교 1학년에 열 살에 들어갈 수 있는 월반 증명서를 받았을 정도였다. 어머니가 막 고등학교에 진학하려던 시점에, 어머니의 가족은 마을을 떠나게 되었다. 독일 군대의 진주를 앞두고 주민들 모두 피난을 가라는 공지가 내려왔기 때문이었다. 버스가 주민들을 남쪽으로 실어 날랐다. 주인 없는 빈집을 약탈할 의도가 있는 사람들과 이 약탈에 맞서 자기 재산을 지키고자 하는 사람들만이 남았다(어머니는 이 음산한 에피소드를 이런 식으로 시작했다). 이 여정은 주민들을 부르고뉴로 이끌었고, 그들은 어느 농가에 수용되었다.

그곳에 머무는 동안 외할머니는 이른 아침부터 늦은 밤까지 밭일에 참여했다. 아이들은 마당에서 놀거나 집안일을 도우면서 제 나름으로 시간을 보냈다. 휴전 이후 사람들은 모두 집으로 되돌아갔다. 외할머니는 금속공장에 일자리를 구했다. 그리고 공장에서 독일로 일하러 갈 자원자를 모집하자 바로 지원했다. 외할머니는 동거하던 남자를 떠나고, 네 명의 아이들을 위탁 가정에 맡겼다. 몇 달 후 외할머니는 송금을 중단했고, 위탁 가정에서는 두 남자아이와 두 여자아이를 고아와 버려진 아이들을 수용하는 자선구제원에 데려갔다. 어머니에게 고등학교 입학은 더 이상 고려 대상이 아니었다. 어머니는 고등학교에 입학하려 했으며, 학업 증명서를 땄다. 이 증명서에 대해 그녀는 아주 큰 자부심을 느꼈을

것이다──실제로 평생 그러했다. 그녀는 곧 "가정부로
배치"되었다. 자선구제원은 수용된 아이들이 열네
살이 되면 곧바로 일을 하게끔 했다. 남자아이들은
농가에서 일했고(내 어머니의 큰오빠가 이런 경우였다),
여자아이들은 가정부로 일했다.

처음에 어머니는 어느 교사 부부의 집에서 일했다.
어머니에게 애정을 보여준 좋은 사람들이었다. 어머니는
여전히 그들에 대해 고마움이 깃든 기억을 간직하고
있다. 어머니가 그 집에서 일하는 동안 그들은 어머니가
장차 비서가 될 수 있도록 타이프라이터 속기술 수업료를
대납해주었다. 어머니는 수업에서 두각을 나타냈다. 1년
수업만으로 직업적 능력을 다지기는 충분치 않기 때문에
수업을 계속 들을 수 있었다면 좋았을 것이다. 하지만
자선구제원이 소녀들을 각 장소에 '배치'하는 기간은 최대
1년이었다. 1년이 지나면 고용주가 바뀌었다. 그렇게
어머니는 다시 한 번 꿈을 단념해야 했다. 그녀는 "뭐든
다 하는 가정부"였고, 그렇게 "뭐든 다 하는 가정부"로
남아 있게 될 것이었다.

그것은 절대로 쉬운 일이 아니었다. 성희롱은
거의 제도화된 규칙 가운데 하나였다. 어머니를 고용한
부인의 남편이 은밀하게 만나자고 하는 일이 여러 번
있었다. 어머니는 약속 장소에 나가지 않았는데, 다음 날
여주인이 어머니를 쫓아냈다. 주인 집 남편이 어머니가
자신에게 추파를 던졌다고 이야기했던 것이다. 심지어

한번은 여주인의 아버지가 어머니 뒤로 다가와서 가슴을
움켜잡았다. 어머니는 가까스로 몸을 빼냈지만, 참고
항의하지 않았다. 일자리를 잃고 다시 새로운 직장을
찾아야 하는 상황에 놓이고 싶지 않았기 때문이다.
"누구도 나를 믿어주지 않았을 거야. 나야 보잘것없는
어린 가정부에 불과한데, 상대는 마을에서 알아주는 부자
사업가였으니 말이야." 나를 위해 자신의 과거 이야기를
해주기로 한 후, 어머니는 이렇게 털어놓았다. 60년이
흘렀는데도, 어머니는 이 이야기를 하면서 슬프고 서늘한
분노에 사로잡혔다. 어머니는 덧붙였다. "늘 일어나는
일이었지만, 사람들은 입을 다물었지. 그때는 요즘 같지
않았어. 여자들에게는 어떤 권리도 없었다. 법을 만드는
건 남자들이었지." 열예닐곱 살 무렵에 이미 어머니는
남자들의 실체와 가치를 알아채버렸고, 결혼할 때에는
남자 일반에 대해, 그리고 특히 그녀가 결혼할 남자에
대해 어떠한 환상도 갖고 있지 않았다.

외할머니는 독일 체류를 마치고 돌아와 전쟁 전에
동거했던 남자와 다시 자리를 잡고 그와의 사이에서
낳은 세 아이를 되찾았다. 하지만 큰딸, 내 어머니는
아니었다. 심지어 외할머니는 어머니가 어디에서 무얼
하고 있는지 알려고도 하지 않았다. 전쟁 전에 어머니는
외할머니와 그녀의 동거남, 그리고 배다른 남동생
둘, 여동생 하나와 함께 살았지만, 이제는 고용주의

74

집에서 살고 있었다. 어머니는 계부를 친아버지처럼
대할 수 있기를 간절히 바라왔다. 그는 석탄 장수였다.
말이 끄는 수레를 타고 "석탄이요! 석탄이요!" 하고
외치면서 거리를 돌아다녔다. 석탄을 사려는 사람들이
창밖으로 소리쳐 그를 불러 세웠다. 말 수레는 작은
트럭으로 바뀌었지만, 그는 전쟁이 끝나고 나서도 이
일을 계속했다. 1946년 외할머니는 마침내 그와 결혼을
했는데, 깜빡 잊고 결혼식에 자기 큰딸을 초대하지
않았다. 어머니는 그때까지 연락을 취하던 남동생을
통해 그 사실을 알게 되었다. 그로부터 얼마 지나지
않아, 어머니는 외롭고 불행하다는 느낌을 견디지
못하고 자기를 가혹하게 대한 외할머니를 다시 보러
가야겠다고 마음먹었다("어쨌든 내 엄마고, 나한테
다른 사람은 없잖니"). 그런데 외할머니는 집에 없었다.
아이들을 데리고 여동생이 사는 파리로 떠났던 것이다.
파리, 아니 정확히는 파리 교외에 정착한 외할머니는
여러 남자들을 대상으로 연애와 성적 모험을 즐겼던
것 같다. "가정파괴범." 언젠가 어떤 사람이 어머니에게
외할머니를 이렇게 묘사했다. 어찌 됐건 외할머니는
랭스로 되돌아왔다. 남편과 다시 살기 위해서였다.
어머니는 결국 다시 그들과 함께 살게 되었다. 열여덟
살이 되었을 때 어머니는 외할머니 집으로 돌아갔고,
외할머니는 그녀를 받아들였다. 어머니의 표현에
의하면, 외할머니는 어머니를 "되찾았다." 어머니는

모든 것을 용서했다. 마침내 가족 안에 다시 들어가게
된 데 만족했다. 하지만 외할머니가 자신을 함부로
대했다는 사실을 완전히 잊을 수는 없었다. 전쟁의
참화도 그것을 정당화할 수는 없다고 생각했다. 50년 후,
외할머니는 파리 18구 서민들이 모여 사는 지역 중심에
있는 가난한 바르베스 가街의 검소한 아파트를 떠나게
되었다. 더 이상 혼자서 지내기 힘들어져서였다. 이때
외할머니에게 랭스에 작은 아파트를 마련해주고 돌봐준
사람은 바로 어머니였다. 거동이 거의 불가능해지자,
외할머니는 파리로 되돌아가서 남은 생을 마치겠다고
고집을 부렸다. 이때에도 외할머니께 요양원을 구해준
사람은 어머니였다. 외할머니의 수입으로는 요양원에서
청구하는 비용을 모두 낼 수 없었다. 사회보장으로
해결되지 않는 비용의 상당 부분을 외할머니가 돌아가실
때까지 지불한 사람도 바로 어머니와 나였다.

오랫동안 나는 전쟁 때와 그 이후 내 어머니에게
벌어졌던 일을 전혀—혹은 거의—알지 못하고 있었다.
1960~70년대에 나는 어린아이에서 청소년이 되었고,
외할머니를 많이 좋아했다. 당시 외할머니는 파리에서
살고 있었다(사실 나는 외할머니가 늘 파리에서
살아왔다고 생각했다. 그녀는 파리를 너무도 사랑했고,
1950년대 중반에는 랭스 출신 남편을 완전히 떠나
파리에 정착하길 원했다). 외할머니는 건물 관리인으로

일했다. 처음엔 파리 13구(파스칼 가)에서, 그다음에는
당시 레알 지구에 속해 있었던 비좁은 알 가(현現 티크톤
가로, 알아보기 힘들 만큼 많이 변했다)에서였다. 그러고
나서 그녀는 꽤 부르주아적인 구역인 12구(텐느 가)에서
관리 일을 하다 은퇴하여 바르베스에 있는 아파트에
정착했다. 그녀는 다른 남자와 함께 살았는데, 나는
그를 "외할아버지"라고 불렀다. 실제 가족은, 법적인
가족뿐만이 아니라 생물학적 가족과도 겹치지 않는
경우가 허다하다. 이른바 '혼합' 가족은 1990년대에
와서야 생겨난 것이 아니다. 노동자들의 세계에서
부부와 가족의 구조는 아주 오래전부터, 좋고 나쁨을
떠나 복잡성, 다양성, 절연, 잇단 선택, 재구성 등으로
특징지어져왔다('동거하는' 남녀, '배다른' 아이들,
이혼하지 않은 채 각각 다른 여자, 다른 남자와 사는
유부남, 유부녀 등등). 외할머니와 그녀의 새 남자친구는
결혼하지 않았다. 외할머니는 1946년에 결혼했던 남편과
이혼하지도 않았다. 외할머니의 남편은 1970년대인가
1980년대에 사망했는데, 그때는 이미 할머니가
그와 만나지 않은 지 오랜 시간이 흐른 후였다. 나는
청소년이 되었을 즈음부터 그 후로 꽤 오랫동안 다소
'어지러운' 이러한 가족 상황에 수치심을 느꼈다. 나는
외할머니와 어머니의 나이에 관해서 거짓말을 하기도
했는데, 사람들이 외할머니가 열일곱 살에 내 어머니를
낳았다고 계산할 수 없도록 하기 위해서였다. 나는

또 내가 "외할아버지"라고 부르는 사람이 외할머니의
두번째 남편인 것처럼 말했다. 사회질서는 모든 사람에게
지배력을 발휘한다. 모든 것이 잘 '규정되어 있고,' '의미'와
'기준'으로 충만한 것을 좋아하는 사람들은 우리 의식
깊숙한 곳에 새겨진 규범에 대한 애착에 기댈 수 있다.
그러한 애착은 어린 시절부터 사회세계에 대한 지속적인
경험을 통해서, 그리고 성장 환경이 법적·정치적 규칙에
어긋날 때 느끼게 되는 불편함—수치심—을 통해서
형성된다. 우리를 둘러싼 모든 문화는 그러한 규칙을
유일하게 살 만한 현실이자 도달해야 할 이상으로
표상한다. 이러한 가족적 규범—규범적 가족—이
실제의 삶에 전혀 부합하지 않는데도 말이다. 부부란
무엇이고 가족이란 무엇인지, 또 어떤 이들은 인정하고
어떤 이들은 거부하는 사회적·법률적 정당성의 관념을
애써 강요하는 사람들이 있는데, 그들은 보수적이고
권위적인 그들의 상상 속에서 말고는 결코 존재한 적이
없는 모델들을 소환한다. 오늘날 내가 그러한 자들을
떠올릴 때 품게 되는 혐오감은, 여러 대안적 형태를
자의식 속에서 일탈적이고 비정상적인 것으로, 열등하고
수치스러운 것으로 경험하도록 요구받았던 과거에서
비롯한 바 크다. 이는 또 무규범성non-normativité을
일종의 '전복'으로 규정하며 옹호하는 사람들—이들은
근본적으로는 아주 규범적이기도 하다—이 우리에게
설파한, 비정상이 되라는 요청을 내가 왜 그리도

불신했는지를 설명해준다. 그것은 내가 살아오는 동안
내내 정상성과 비정상성이 상대적, 관계적, 유동적,
맥락적이고 서로 얽혀 있다는 것을, 그리고 그것들은
항상 부분적인 현실일 뿐이라는 것을 확인할 수
있었기 때문이다. 또한 사회적 정당성의 부재가 그것을
불안감이나 고통 속에서 경험하는 사람들에게 얼마나
큰 심리적 타격을 가할 수 있으며, 정당성과 '정상성'의
공간으로 들어가고자 하는 심층적인 열망을 얼마나
강렬하게 자극하는지 확인할 수 있었기 때문이다.
(제도의 힘은 대부분 바로 이 바람직함désirabilité에서
비롯된다.)[1]

1960년대에 내가 알던 외할아버지(나는 외할아버지라는
단어에 따옴표를 치지 않을 것이다. 사회질서의
주창자들의 명령에 법적으로 부합하든 그렇지 않든, 어떤
식으로든 가족이 의지와 결정이 담긴 유효한 실천의
결실이라면, 그는 실제로 내 외할아버지였기 때문이다)는
유리창 닦는 일을 했다. 외할아버지는 사다리와 양동이를
가지고 스쿠터를 타고 다녔다. 때로는 거주지에서 상당히
떨어진 곳에 위치한 카페나 상점의 창문을 닦으러
가기도 했다. 하루는 파리 중심가를 걷고 있었는데, 마침
그곳을 지나던 외할아버지가 나를 우연히 발견하고는
기뻐하며 인도 변에 멈춰 섰다. 나는 당혹스러웠다.
특이한 기자재 위에 올라타 있는 그와 함께 있는

79

모습을 누군가 볼지도 모른다는 생각에 덜컥 겁이
났다. 누군가 "너랑 얘기하던 그 남자 누구였어?"라고
묻기라도 하면 뭐라고 대답할 것인가? 그 후로 며칠 동안
나는 마음을 무겁게 짓누르는 죄의식에 힘들어했다.
스스로를 책망하지 않을 수 없었다. "나는 왜 나 자신을
있는 그대로 받아들이지 못할까? 부르주아 세계와
프티부르주아 세계에 발을 좀 담가보았다고 해서 이렇게
가족을 버리고 그들을 부끄럽게 여겨도 되는 것일까?
지적·정치적으로 사회세계의 위계질서에 맞서 싸워야
한다고 주장하는 내가 왜 그 질서를 체화하고 있는
것일까?" 그와 동시에 나는 내 가족의 처지를 저주하며
되뇌었다. "참, 운도 없지, 이런 환경에서 태어나다니."
나는 이런저런 기분을 오락가락하며, 때로는 나 자신을
탓하고 때로는 그들을 탓했다(그런데 그들에게 책임이
있을까? 무엇에 대해서?). 나는 분열되어 편치 않았다.
내가 끼어들어가 살아가는 부르주아 세계에서 내 신념은
불안정하게 돌출되어 있었다. 내가 내세우는 사회 비판은
내게 부과된 가치들과 마찰을 빚었다. "본의 아니게"라고
말할 수는 없다. 그 무엇도 내게 그것을 강제하지 않았기
때문이다. 지배자들의 지각과 판단에 내가 자발적으로
복종한 것에 지나지 않는다. 나는 정치적으로는
노동자들의 편이었지만, 내가 일정 부분 그들 세계에
뿌리내리고 있다는 사실이 싫었다. 민중이 내 가족이
아니었더라면, 그러니까 좋든 싫든 간에 그들이 내

과거이자 현재가 아니었더라면, '민중' 진영에 나를
위치시키는 일은 내게 내면의 고민과 정신적인 위기를 덜
불러왔을지도 모른다.

외할아버지는 술을 많이 마시는 사람이었다("그
양반은 정말 술꾼이지." 사람들은 말했다). 싸구려
적포도주를 몇 잔 마시고 나면, 외할아버지는 민중적
달변을 특징짓는 언어적 창의성을 발휘해 결코 끝나지
않는 장광설을 시작했다. 오늘날에는 '입심' 좋은 교외
지역 청소년들에게서 그런 달변을 발견할 수 있다.
외할아버지는 교양 없는 사람이 아니었고, 실제로
꽤 많은 것을 알고 있었다. 그는 항상 자신이 많이
안다고 생각하여 단호한 주장을 펼치고 결코 물러서는
법이 없었는데, 그 주장은 자주 틀린 것으로 밝혀지곤
했다. 부르주아들이 우파인 것처럼, 외할아버지는
공산주의자였다. 그에게 이것은 자연스러운 일이었다.
유전적인 유산을 물려받음과 더불어 태어날 때부터
특정 계급의 일부가 된 것이다. 내 아버지와 마찬가지로,
더 이상 공산주의자로 자처하지 않게 된 후로도
외할아버지는 어떤 의미에서 계속 공산주의자였기에,
자주 "우리 노동자들은…"이라는 말로 이야기를
시작했다. 하루는 이런 일화를 들려준 적이 있다. 일을
나가느라 새벽 5시에 생제르맹 대로를 지나가고 있는데,
파티를 마쳤는지 아니면 클럽에서 나왔는지 술 취한

부르주아 몇몇이 차도 위를 걸어가며 그에게 "더러운 가난뱅이 자식!"이라고 소리를 질렀다. 그가 계급투쟁을 말할 때, 그것은 그에게 아주 구체적인 의미를 띠고 있었다. 그는 목청 높여 다가올 혁명을 열망했다. 나는 파리에 정착한 후, 일요일마다 꽤 규칙적으로 외할머니, 외할아버지와 점심 식사를 하러 가곤 했다. 때로는 부모님이 랭스에서 올라와 동석했는데, 간혹 두 남동생도 함께 왔다. 하지만 지인들이나 (직장을 얻은 후론) 동료들이 우리 가족이 어디에 사는지 알게 하고 싶지 않았다. 나는 이 주제와 관련해서는 거의 입을 다물었고, 사람들이 물어보면 회피하거나 거짓말을 했다.

나는 외할머니와 어머니 사이에 긴장이 존재한다는 것을 분명히 느끼고 있었지만, 그 이유에 대해서는 외할머니가 돌아가셨을 때야 비로소 알게 되었다. 어머니는 그동안 늘 침묵으로 일관해온 것들에 대해 내게 이야기해주고 싶어 했다. 유기, 고아원, 전쟁 후 외할머니가 어머니를 맡지 않으려고 한 일… 어머니는 이런 이야기를 결코 누구에게도 한 적이 없었다. "내 잠재의식이 그걸 감추고 있었어." 어머니는 텔레비전에서 들었을 게 분명한 통속적인 정신분석학 용어를 이상한 방식으로 끌어와 변명을 했다. 실상 어머니는 그것들을 전부 명확히 기억하고 있었지만, 비밀을 지키는 쪽을 택했을 뿐이다. 그렇다고 해서 어머니가 간혹 그때의 일을 암시하는 것마저 막을 도리는 없었다(예를 들어 내가 어렸을 때 이런저런 이유로 불평을 하면, 어머니는 화를 내며 이렇게 말했다. "아예 고아원에서 자랐더라면 더 좋았겠구나?"). 어머니는 이미 어두침침한 그림을 더 검게 물들이는 또 다른 폭로를 보탰다. 마치 가족사라는 것이 가족 바깥에서뿐만이 아니라 가족 내에서도 대개는 침묵의 대상인, 수치 속에 또 다른 수치가 끼워진 수치들의 연속이기라도 한 듯이 말이다. 어머니 자신도 그 이야기를 남동생으로부터 듣기 전까지는 전혀 알지 못했다. 외삼촌은 외할머니의 요양원 비용에 그의 몫을 부담하지 않는 이유를 설명하며, 외할머니가 아이들을 유기했던 사실에 더해, 어머니가 몰랐던 다른 사건들을 알려주었다. 어머니는 외할머니가 돌아가시고 몇 달이 지난 후에야 내게 그 이야기를 들려주었다. 우리에게 늘 숨겨왔던 자신의 어린 시절, 그리고 외할머니에 대해 막 알게 된 사실을 갑자기 내게 고백할 수 있을 만큼 자유로워졌다고 느낀 것일까? 나는 외할머니라는 이 특이한 여성에 대해 다시 생각해보았다. 평소에는 친절했지만, 그 시선과 목소리의 억양 속에서 이따금씩 강인함이 드러났다. 외할머니는 이 격렬한 공포의 날을, 비명을 (그리고 어쩌면 있었을지도 모를 구타를) 결코 잊지 못했을 것이다. 그 뒤 몇 주, 머리카락이 다시 짧게 자라날 만큼의 시간이 흐르자 이웃들은 더 이상 그 사건에 대해 생각하지 않게 되었고, 이 드라마는

외할머니에 관한 대화 속에서 간간이 다시 솟아나는
뜬소문으로 쪼그라들었다. 외할머니는 "질펀하게 놀기"를
좋아했다. 이와 관련해 어머니가 쓴 표현을 정확히
옮기자면, 그것은 외할머니가 자유로운 여성이고자 했고,
저녁 외출을 좋아했고, 쾌락과 성생활에 몰두했으며,
누군가에게 매여 오래도록 정착할 의지 없이 이 남자
저 남자를 옮겨 다녔음을 뜻한다. 아마 그녀에게
아이들은 거추장스러운 짐이었을 테고, 모성은 삶의
선택이었기보다 운명의 감수였을 것이다. 그 시대에
피임은 보편적이지 않았다. 그리고 낙태는 투옥으로
이어질 수 있었다. 전쟁 뒤에 그녀에게 실제로 그런
일이 일어났다. 그녀는 낙태죄로 징역형에 처해졌다.
그녀가 얼마나 오래 감금되어 있었는지 나는 모른다.
내 어머니도 그것을 모른다. 남자들은 성생활을 자기들
좋을 대로 꾸릴 수 있었다. 여성들은 그렇지 않았다.
노동자층에서는 모종의 성적 자유가, 부르주아지의
도덕 규범에 비하면 상당한 자유가 존재했다. 그래서
부르주아적 도덕의 수호자들은 다른 방식으로 살고자
하는 이들의 문란한 삶을 규탄하고 나섰다. 여성들의
경우, 이러한 자유로운 삶을 선택하는 데 많은 위험
부담이 뒤따랐다.

그 지역이 독일 군대에 의해 점령당했던 1940년,
휴전 이후 무슨 일이 벌어졌는가? 당시 스물일곱이었던
외할머니는 자발적으로 독일로 일하러 갔을 뿐만 아니라,

독일 장교와 애정 관계를 맺었다고 비난받았다. 이는
사실일까 거짓일까? 상상해본다. 살아남겠다는 욕망,
먹을 것을 구하려는 욕망, 생필품을 구하지 못하는
곤란을 피하고 싶어 하는 욕망. 그 적군은 누구였을까?
그녀는 그와 사랑에 빠졌던 것일까? 아니면 단순히
그때까지의 삶보다 좀더 나은 삶을 보장받고자 했던
것일까? 이 두 가지 설명은 서로 배타적인 것이 아니다.
그녀는 어떻게 자신의 동반자와 자기 아이들을 동시에
내팽개치겠다고 결심할 수 있었을까? 나는 이 질문들에
대한 답을 결코 얻을 수 없을 것이다. 마찬가지로 나는
그녀가 자신이 선택한 결과를 감수하며 느꼈을 심정을
절대로 알 수 없을 것이다. 폴 엘뤼아르Paul Éluard가
슬픔과 회한이 담긴 유명한 시에서 동정했던, 이 "명예를
잃고 흉한 몰골"로 "포장도로 위에 남겨진 불행한 여자,"
"옷이 찢겨나간" "피해자"와 비슷해졌다는 것을 절대로 알
수 없을 것이다.[2]

## 2

해방과 함께 외할머니는 자기 행동의 사정거리와 결과를 헤아리지 않는 사람들에게 주어지는 운명을 맞이했다. 마르그리트 뒤라스Marguerite Duras의 『히로시마 내 사랑*Hiroshima mon amour*』에 등장하는 표현을 빌리자면, "조급하고 어리석은 정의"와 "공포와 우둔함의 절대"에 유순히 순응해야 했던, 외할머니에게는 "영원"처럼 흘러갔을 이 순간에 그녀는 혼자였을까?[1] 그게 아니라면 그 경험은 집단적 처벌이 자행되는 와중에 일어났을까? 때때로 종전 다큐멘터리들에 그러한 처벌의 이미지들이 등장한다. 우리는 거기서 군중의 야유와 모욕과 욕설이 쏟아지는 가운데 무리지어 행진하는 여성들을 본다. 그런 틈에 그녀가 있었을까? 나는 알지 못한다. 어머니도 그 일에 관해 더 이상 말해주지 않았다. 다만 난폭한 날 것의 사실들이 있다. 외삼촌은 어머니에게 외할머니가 삭발을 당했었다고 이야기했다. 패전과 점령의 시간이 지난 뒤, 국가는 여성들의 성적 일탈—실제든 추정이든—을 처벌하면서, 그리고 그렇게 여성에 대한 남성의 권력을 재확인하면서 남성적인 힘 속에서 부활할 터였다.[2]

그 이후 나는 이 모욕의 장면이 담긴 사진들을 직접 볼 기회가 생길 때마다—우리는 부르주아지 출신의 수많은 고위층 부역자들이 어떠한 치욕도,

명예 실추도, 사회적 제재의 폭력도 겪지 않았음을 잘
안다—사진이 찍힌 장소가 표시되어 있는지 확인하지
않을 수 없었다. 여러 의문이 떠올랐다. 혹시 저
여자들 가운데 외할머니가 계실까? 얼이 빠진 듯한 이
얼굴, 겁에 질린 이 시선 가운데 하나가 외할머니인
것은 아닐까? 그녀는 어떻게 잊을 수 있었을까?
"영원으로부터 빠져나가기"(다시, 뒤라스) 위해서
그녀에겐 얼마만큼의 시간이 걸렸을까? 누군가가 내게
외할머니가 레지스탕스였다고, 생명의 위험을 무릅쓰고
유대인들을 숨겨주었다고, 혹은 그저 자기가 일하던
공장의 설비를 일부러 파손했다고, 아니면 그 밖에
우리가 뽐낼 만한 또 다른 무언가를 알려주었더라면
물론 더 좋았을 것이다. 우리는 언제나 영예로운 가족을
꿈꾼다. 그 영예의 이름이야 무엇이든 간에 말이다.
하지만 우리의 과거를 바꿀 수는 없다. 우리가 할 수
있는 일은 다음과 같이 질문을 던지는 것뿐이다. 우리가
부끄러워하는 역사와 맺는 관계를 어떻게 관리할
것인가? 우리가 본의 아니게, 하지만 어쩔 수 없이 이
계보 안에 들어 있다는 자명한 사실로부터 빠져나갈
수 없을 때, 과거의 이 끔찍한 일들에 어떻게 대처할
것인가? 나는 사실을 알게 된 지 얼마 안 되었으니만큼,
그것이 내게 중요하지 않다고 상상하며 자위할 수도 있을
것이다(사실을 이미 알고 있었더라면, 나는 외할머니를
어떻게 바라보았을까? 그녀에게 그 일에 관해 감히 말을

할 수 있었을까? 오늘날 이러한 질문들을 떠올리면
감정이 북받쳐오른다). 하지만 이 모든 일련의 사건—
외할머니의 자녀 유기와 독일 체류 등—은 내 어머니의
삶에, 그리고 그녀의 인격과 주체성이 형성된 방식에
너무도 큰 영향을 끼쳤다. 따라서 나로서는 그 결과, 즉
그것이 나의 어린 시절에, 그리고 그 이후의 내 삶에 아주
커다란 영향을 미쳤다는 결론을 피해 갈 수 없다.

이것이 어머니가 공부를 계속하지 못한 이유다. 어머니는
아직도 이 때문에 고통스러워한다. "엄마와 내게 닥친
불운 때문이었지." 어머니는 이 모든 불행과 고통을
이런 말로 풀어냈다. 삶은 계속되고, 어머니는 자기
안에 개인적인 비극을 품고 있었다. 그녀는 자신에게
운명지어진 것과 다른 무언가가 될 수도 있었을 것이다.
하지만 전쟁이 불시에 어린 그녀의 꿈을 앗아가버렸다.
자신이 얼마나 똑똑한지 잘 알고 있었던 어머니는
이와 같은 불의를 용납하기 힘들었다. 이러한 숙명의
중요한 결과 가운데 하나는 어머니가 내 아버지보다
"더 나은 누군가의 발견"을 기대할 수 없었다는
것이다. 그런데 사회적 족내혼族內婚의 법칙은 교육적
재생산의 법칙 못지않게 강력하다. 그리고 어머니가
완벽하게 의식하고 있었던 것처럼, 두 법칙은 밀접하게
연계되어 있다. 어머니는 자신이 "지식인"이 될 수도,
"더 지성적인 누군가"를 만날 수도 있었을 것이라는

생각을—오늘날까지도—멈추지 않았다. 하지만
어머니는 가정부였고, 그녀와 같은 노동자를 만났다. 그
역시 공부를 계속할 기회가 없었고, 무엇보다도 개방적인
정신을 지니고 있지도 않았다.

1950년 스무 살이었던 어머니는 장차 내 아버지가
될 젊은이와 결혼했다. 몇 년 뒤 그들에게 두 아이가
생겼다. 형과 나였다. 우리는 비참할 정도로 어려운
상황은 아니었지만, 꽤 가난한 환경에서 살았다.
상황을 악화시키지 않기 위해 어머니는 아이를 더
갖지 않기로 결심했는데, 여러 차례 낙태하는 것 외에
다른 방법은 없었을 것이다. 낙태는 불법으로 은밀하게
이루어졌고, 따라서 여러 측면에서, 즉 위생적으로나
법적으로 위험했다(언젠가 부모님을 따라 파리 교외의
쥐비지-쉬르-오르주에 간 적이 있는데, 이 여행의
준비와 여행 과정은 내겐 미스터리 그 자체였다.
어머니의 얼굴에서 읽힌 불안감과 아버지의 침묵이
여전히 기억난다. 파리에 도착해서 부모님은 형과 나를
외할머니 집에 데려다 놓았다. 그들은 몇 시간 뒤에
다시 나타났고, 어머니는 외할머니에게 띄엄띄엄 낮은
목소리로 모든 것이 다 잘됐다고 이야기했다. 형과 나는
아주 어린 나이였지만, 신기하게도 무슨 문제인지 알고
있었다. 아니면 훗날 이 순간의 이미지들을 머릿속에서
돌이켜보면서 이해하게 된 것인데, 전부터 그것을 쭉

알고 있었다는 느낌을 받은 것일까?). 부모님은 훨씬 시간이 흐른 후에, 나와 8년, 14년 터울인 두 아이를 더 가지게 되었다.

어머니는 결혼한 지 얼마 지나지 않아 남편에게 계속해서 적대감을 느끼기 시작했다. 이는 부부싸움 중의 고함치는 소리, 문을 쾅 닫는 소리, 접시 깨지는 소리 등에서, 그리고 더 근본적으로는 두 사람의 공동생활에서 거의 매 순간 드러났다. 둘의 관계는 마치 끝없이 길게 이어지는 부부싸움 장면 같았다. 그들은 서로에게 최대한의 상처와 고통을 주는 욕설을 퍼붓지 않고서는 대화를 나눌 수 없는 것처럼 보였다. 어머니는 여러 차례 이혼할 의지를 다졌다. 변호사에게 상담을 받으러 가기도 했다. 변호사는 어머니에게 공식 판결이 나기 전에는 집을 나가지 말라고 권고했다. 그랬다가는 어머니에게 귀책사유('혼인가정의 방기')가 생기고 아이들에 대한 친권을 잃을 수 있기 때문이었다. 어머니는 아버지가 사실을 알고 나서 보일 격렬한 반응과, 큰 비용이 들고 지루하게 법적 절차가 진행되는 몇 달(아마도 몇 년) 동안 아버지가 끌고 갈 "지옥 같은 생활"이 두려웠다. 또한 "빠져나오는 데" 성공하지도 못하고, "자식새끼들"의 양육권까지 잃게 될까 봐 결국 이혼을 포기하고 말았다. 그들의 일상은 계속되었다. 부부싸움, 고함, 욕설의 교환이 예전처럼 이어졌다. 상대에 대한 증오가 생활양식이 되는 경지에 올라섰다고 해야 할까. 스탠리

*90*

카벨Stanley Cavell이 말한 "결혼의 대화"의 정반대, 혹은 그 모델의 아주 슬프고 이상한 판본이었다.[3]

하지만 페미니즘의 틀에 의해 일방적으로 채색된 시각 때문에 현실의 일부가 가려져선 안 된다(그렇게 되면 많은 것을 보고 이해하게 해주는 페미니즘이 일종의 인식론적 장애물이 될 수 있다). 어머니는 상당히 폭력적이었고, 실상 아버지보다 더했을 것이다. 내가 알기로 두 사람이 몸싸움을 벌인 일이 딱 한 번 있었는데, 그때 어머니는 아버지에게 부상을 입혔다. 수프를 준비하면서 사용하고 있던 전기 믹서기 손잡이를 아버지에게 던진 것이다. 충격은 상당해서, 아버지의 갈비뼈 두 개에 금이 갔을 정도였다. 더욱이 어머니는 이 무용담을 꽤나 자랑스러워했는데, 마치 스포츠 경기에서 승리라도 거둔 것처럼 이야기했다. 어머니의 관점에서 그것은 그녀가 결코 "호락호락 끌려다니는" 스타일이 아니라는 증거였다. 하지만 누구의 잘잘못을 가리기 이전에, 이러한 분위기를 매일매일 살아내는 것은 힘겹고 고통스러웠다. 아니, 견딜 수 없을 정도였다. 부부 전쟁의 풍토, 반복되는 말싸움 장면, 고함, 아이들을 증인으로 삼는 이 두 사람의 광란은 아마도 주변 환경과 가족으로부터 도망치려는 내 의지를 굳히는 데 매우 중요하게 작용했을 것이다(그 후로도 오랫동안 가족, 부부, 부부관계, 지속적인 유대, 공동생활 등의 관념은 나를 공포스럽게 했다).

내가 고등학교에 가서 학업을 계속할 수 있었던 것은
바로 어머니 덕분이었다. 내게 직접적으로 표현한 적은
없지만, 어머니는 자신이 누리지 못한 행운을 내가
누릴 수 있도록 자신이 도와줄 수 있을 거라 생각했다.
어머니의 좌절당한 꿈은 나를 통해 이루어졌다. 하지만
이는 어머니의 영혼 가장 깊숙한 곳에 자리한 수많은
과거의 슬픔과 한을 일깨웠다. 중학교 1학년에 올라가고
얼마 안 되어 영어 시간에 크리스마스 동요를 배웠다.
나는 집에 돌아와 어머니에게 말했다(그때 나는
열한 살이었다). "시를 한 편 배웠어." 그리고 낭송을
시작했다. 아직도 기억난다. "I wish you a merry Christmas,
a horse and a gig, and a good fat pig, to kill next year[당신의
크리스마스가 기쁘기를 바라요. 말 한 마리와 이륜마차,
내년에 잡을, 괜찮은 살찐 돼지]." 내가 암송을 채
마치기도 전에, 어머니는 화를 냈다. 아니 차라리 분노를
터뜨렸다고 하는 게 좋으리라. 내가 어머니를 놀리려고
든다고 믿었던 것일까? 어머니를 '깎아내리려' 한다고?
중등교육 몇 달이 내게 벌써 심어주었을 우월감을
그녀에게 드러내려 한다고? 어머니는 미친 여자처럼
울부짖기 시작했다. "내가 영어 모르는 거 알잖아… 당장
번역하지 못해!" 나는 당장 시를 번역했다. 시는 짧았고,
어머니의 히스테리 발작도 아주 짧게 끝났다. 그때부터
나는 고등학교, 공부, 내가 배운 것이 표상하는 가정

외부와 내부 간에 단절이 자리하고 있음을 인지했다. 그것은 당연히 점점 확대될 것이었다.

공부를 계속하지 못했다는 어머니의 좌절감은 모두 이런 식의 분노의 폭발로 표현되었다. 그리고 이는 다른 형태로 이어졌다. 내가 살짝 비판적인 의견을 내거나 가볍게 이견 표시만 해도 다음과 같은 대꾸가 튀어나왔다. "네가 고등학교에 다닌다고 우리 위에 있는 건 아냐"라든지 "네가 뭐라도 되는 줄 아니? 우리보다 우월하다고 생각하는 거야?" 내가 "제우스 신의 넓적다리"에서 나오지 않았다는 것을 일깨워주는 소리를 몇 번이나 들었던가? 하지만 어머니가 가장 자주 입에 올린 것은, 내가 자유롭게 얻을 수 있는 것을 그녀는 박탈당했다는 사실을 내게 상기시켜주는 문장들이었다. "나는 결코 ~할 수 없었단다"라거나 "나는 결코 가질 수 없었단다"라는 말. 아버지는 자신이 "가질 수 없었던" 것들을 우리에게 끝없이 상기시켰다. 자기 아이들이 그것을 가질 가능성이 있다는 것에 자신이 깜짝 놀랐음을 보여주기 위해서—때로는 그걸 방해하기 위해서—말이다. 이런 아버지와는 정반대로, 어머니는 자신의 한을 그냥 대놓고 말했는데, 이는 어머니에게는 항상 닫혀 있었거나 혹은 가까스로 열리는 듯했다가 금세 다시 닫혀버린 전망들이, 내게는 다각도로 열려 있다는 점을 스스로 인정하는 수단이었다. 어머니는 내가 나의 기회를 제대로 인식하길 바랐다. 어머니가 "나는 한 번도 가져본 적이 없었단다"라고 말할 때, 이는 다름 아닌 "너는 가지고 있다. 그러니 그 사실이 무엇을 의미하는지 알아야 한다"는 뜻이었다.

어머니가 다시 공부를 시작하려고 하자, 엄청난 좌절이 그녀를 기다리고 있었다! 어머니는 지역신문에서 한 광고를 읽었다. 직업을 전환하여 새로운 경력을 쌓길 열망하는 성인들에게 정보과학을 교육하는 사립학교가 막 창립했다는 소식이었다—사기꾼이나 양심 없는 인간들이 벌인 짓이었을 것이다. 어머니는 그 학교에 등록했고, 많은 돈을 지출했다. 일주일에 며칠씩 일이 끝나고 저녁에 강의를 수강했는데, 어머니는 곧 자신이 아무것도 이해하지 못한다는 사실을 깨달았다. 어머니는 고집을 부리고 매달렸다. 몇 주 동안 어머니는 학교를 그만두지 않을 것이며, 일정 수준에 오르는 데 성공할 것이라는 말을 되풀이했다. 그러다가 결국 명백한 사실에 굴복하고 자신이 졌음을 고백했다. 어머니는 포기하고 말았다. 분하고 씁쓸해하면서. 그녀의 마지막 기회가 날아가버렸다.

어머니는 1967년 내 막냇동생이 태어나자 오랫동안 해왔던 가정부 일을 그만두었다. 이는 오래가지 않았다. 경제적으로 압박을 느낀 어머니는 다시 직장을 구해야 했고, 매일 여덟 시간씩 공장에서 기진맥진해질 때까지 일했다—나는 대입자격시험을 치른 후 여름방학 한 달간을 그곳에서 일하면서, 그 '직업'의 실상을 확인할 수 있었다. 어머니의 노동은 내가 고등학교에서 몽테뉴Michel de Montaigne나 발자크Honoré de Balzac에 관한 강의를 들을 수 있도록 해주기 위한 것, 그리고 내가 대학에 가고 나서는 내 방에 몇 시간씩 틀어박혀서 아리스토텔레스나 칸트Immanuel Kant를 해독할 수 있도록 해주기 위한 것이었다. 어머니가 새벽 4시에 일어나기 위해 밤에 잠들어 있는 동안, 나는 동틀 녘까지 마르크스Karl Heinrich Marx와 트로츠키Leon Trotsky, 보부아르Simone de Beauvoir와 주네를 읽었다. 여기서 나는, 아니 에르노가 동네에서 작은 식품점을 운영하던 그녀의 어머니에 대해 쓰면서, 이 난폭한 진실을 표현했던 단순한 방식을 참조할 수밖에 없다. "난 어머니의 사랑과 그 부당성을 확신했다. 그녀는 내가 플라톤 강의를 들으러 대강당에 앉아 있을 수 있게 하기 위해 아침부터 밤까지 감자와 우유를 손님들에게 내놓았다."[4] 오늘날 어머니를 볼 때면, 나는 사회적 불평등이 구체적으로, 그리고 신체적으로 무슨 의미를 띠는지에 놀라지 않을 수 없다. 어머니는 거의 15년 동안 이어온 고된 작업에서 비롯된 고통 때문에 몸을 움직이기 힘들어하신다. 그녀는 오전 오후 각각 10분씩 화장실에 가기 위한 교대시간 말고는, 계속 조립 라인 앞에 서서 유리병에 뚜껑을 끼워야 했다.

내겐 '불평등'이라는 말조차, 착취라는 적나라한 폭력의 실상을 현실감 없게 만드는 완곡어법처럼 비친다. 여성 노동자의 몸은 노화하면서 모든 이들 앞에 계급의 존재에 내재하는 진실이 무엇인지 드러낸다. 대부분의 공장이 그렇듯이, 어머니가 다닌 공장 역시 노동의 리듬이 상상하기 힘들 정도였다. 어느 날 감독관이 어느 여성 노동자를 대상으로 몇 분간 작업량을 측정했고, 이에 따라 시간당 '작업해야 하는' 병의 최저치가 정해졌다. 이것만 해도 터무니없고 비인간적인 일이었다. 그런데 그녀들의 임금은 상당 부분 하루 작업 총량에 따른 수당으로 이루어져 있었다. 어느 날 어머니는 내게 그녀와 동료들이 일일 할당량의 두 배를 달성했다고 말해주기도 했다. 그날 저녁 어머니는, 자신의 말마따나 "초주검 상태로" 기진맥진해서 집에 돌아왔지만, 우리 식구가 괜찮게 지낼 만큼의 돈을 낮 시간 동안 번 데 만족해하는 눈치였다. 나는 이 같은 가혹한 노동 조건과 그것을 비난하는 슬로건들—"지옥 같은 속도를 늦춰라"—이 어떻게, 왜 사회세계를 바라보는 좌파의 지각과 담론으로부터 사라질 수 있었는지 이해할 수 없다. 그것은 건강처럼, 개인 존재에서 쟁점이 되는 가장 구체적인 현실인데 말이다.

솔직히 말하자면, 이 시절 공장의 세계를 지배하는 무자비한 노동 강도는 추상적인 방식이 아니라면, 내

관심사가 아니었다. 나는 문화와 문학, 철학의 발견에
너무나 매료되어 있었던 나머지, 내가 그것들에 접근할
수 있게 해준 조건들에는 신경을 쓰지 않았다. 아니,
오히려 그 반대였다. 나는 우리 부모님이 내가 꿈꾸던
부모가 아니라는 것을, 혹은 반 친구들 몇몇의 부모가
그러했던 것처럼 자녀의 좋은 대화 상대가 아닌 그냥
부모일 뿐이라는 것을 많이 원망했다. 당시 청소년으로,
우리 가족 중에 처음으로 상승 궤적을 타게 된 나는,
부모님이 어떤 사람인지 그다지 이해하고 싶어 하지
않았으며, 그들 존재의 진실을 정치적으로 내 것으로
만들려고 애쓰지도 않았다. 내가 마르크스주의자였다고
할지라도, 학창 시절 내가 신봉했던 마르크스주의는
좌파의 정치참여 활동과 마찬가지로, 노동 계급을
이상화하고 신화적 실체로 변환시키는 하나의 방식에
불과했을 따름이라고 고백해야 할 것이다. 그 신화적
실체에 비추어보자면, 부모님의 욕망은 비난할 만한
것이었다. 부모님은 온갖 소비재를 열렬히 욕망했다.
그들 존재의 슬픈 일상적 현실 속에서, 또 그토록
오랫동안 빼앗겼던 안락함에 대한 그들의 열망 속에서,
나는 사회적 '소외'와 '부르주아화'의 기호를 동시에
보았다. 그들은 노동자였고, 비참함이 무엇인지 알았다.
우리 가족과 이웃, 우리가 아는 모든 사람이 그렇듯,
그들은 그때까지 거부된 온갖 것들, 그들 이전에 그들
부모 역시 거부되었던 온갖 것들을 갖추고 싶은 갈망으로

살아 움직였다. 그럴 수 있게 되자마자, 그들은 대출을 늘려가면서 그동안 꿈꿔왔던 것들을 샀다. 중고차, 다음엔 신차, 텔레비전, 카탈로그로 주문하는 가구들(포르미카 상표의 주방 식탁, 거실용 인조가죽 소파…). 나는 그들이 줄기차게 물질적인 안락만을 추구하는 것을 보며—심지어 "우리도 그걸 갖지 말라는 법은 없지" 하는 시기심으로—개탄했다. 이제껏 그들의 정치적 선택을 지배했던 것이 이러한 선망과 질투였을지 모른다는 느낌은 결코 유쾌하지 않았다. 비록 그들 스스로 두 층위를 직접 연관 짓지는 않는다 하더라도 말이다. 우리 가족은 각자 이건 얼마인지 저 물건의 가격은 얼마나 하는지 즐겨 떠들어댔다. 이는 우리가 더 이상 가난하지 않으며, 그로부터 잘 빠져나왔음을 보여주는 것이었다. 상품 가격을 크게 떠들어 말하는 취향에 자부심과 명예의 감정이 결합했다. 이것은 내 머릿속을 채우고 있던 '노동운동'의 거대서사에 전혀 조응하지 않았다. 하지만 어떤 정치적 서사가 그 대상이 되는 사람들이 실제로 누구인지를 고려하지 않는다면, 그 서사가 화제로 삼고 해석하는 개인들의 삶을 구축된 허구로부터 빠져나간다는 이유로 비난하기에 이른다면, 대체 무슨 의미가 있겠는가? 통일성과 단순성을 해체하고 거기에 모순과 복잡성을 부여하기 위해, 그리고 거기에 역사적 시간을 다시 도입하기 위해, 변화해야만 하는 쪽은 서사이다. 노동 계급은 변화한다. 그것은 변하지 않은 채

남아 있지 않는다. 1960년대와 1970년대의 노동 계급은 1930년대나 1950년대의 노동 계급과 더 이상 같지 않다는 것은 명백한 사실이다. 사회적 장 안에서 동일한 위치에 있다고 해서 반드시 동일한 현실, 동일한 열망을 갖는 것은 아니다.[5]

최근에 어머니는 내게 아주 아이러니한 어조로, 그들이 '부르주아'가 되었다고 내가 끊임없이 비난했었다는 사실을 일깨워주었다(어머니가 덧붙여 말하기를, "당시에 넌 이런 바보 같은 소리를 많이 했어. 적어도 네가 그걸 알고는 있어야 한다"). 그 시절의 내가 보기에, 부모님은 근본적으로 그들이 계속 유지해야 했을 존재를 배반했다. 내가 그들에게 느낀 이 경멸은 무엇보다도 그들을 닮고 싶지 않다는 의지의 표현이나 다를 바 없었다. 나아가 내가 그들에게 바랐던 존재와 닮지 않겠다는 표현이었다. 나에게 '프롤레타리아'는 책에서 얻은 개념이었고 추상적인 관념이었다. 부모님은 이 범주에 들어가지 않았다. 나는 '즉자적' 계급과 '대자적' 계급, '소외된 노동자'와 '계급의식' 사이를 갈라놓는 거리를 개탄하는 데 만족했다. 하지만 진실은 이 '혁명에 입각한' 정치적 판단이 내가 부모님과 가족에 대해 내리는 사회적 판단과 그들의 세계에서 벗어나고자 하는 내 욕망을 은폐하는 기능을 했다는 것이다. 그러므로 젊은 날의 마르크스주의는 내게 사회적인 탈동일시désidentification의 벡터였다. 실제의 노동자들에게서 더 잘 멀어지기 위해 '노동 계급'을 예찬했던 것이다. 마르크스와 트로츠키를 읽으면서 나는 스스로를 인민의 아방가르드라고 믿었다. 사실 나는 마르크스와 트로츠키를 읽을 여유가 있는 특권층의 세계와 그들의 시간성에, 그들의 주체화 양식 속에 들어갔을 따름이다. 나는 사르트르Jean-Paul Sartre가 노동 계급에 관해 썼던 것에 열광했다. 나는 내가 몸담았던 노동 계급, 내 지평을 제약하는 노동자적 환경을 혐오했다. 마르크스와 사르트르에 관심을 기울인 것은 이 세계로부터, 부모님의 세계로부터 빠져나가기 위한 수단이었다. 물론 내가 그들 자신보다도 그들의 삶을 훨씬 더 선명하게 바라보고 있다고 상상하면서 말이다. 아버지는 이런 사실을 잘 알고 있었다. 어느 날 아버지는 내가 『르몽드』지를 읽는 것을 보았다. 그것은 내가 정치에 아주 진지하게 관심이 있다는 것을 과시하는 기호들 가운데 하나였다. 아버지가 느끼기에, 『르몽드』는 분명 자기 같은 사람들을 위한 신문이 아니었다. 아니, 부르주아지의 기관지로 보는 것이 옳을 터였다—그는 나보다 훨씬 잘 알고 있었다! 이 신문에 대한 적대감을 어떻게 표현해야 할지 몰랐던 아버지는, 분노에 찬 목소리로 내게 선언했다. "네가 읽고 있는 신문은 사제들이나 보는 거야." 그러고 나서 그는 다른 설명 없이 벌떡 일어나 방을 나갔다.

어머니는 내 삶에서 무슨 일이 일어나고 있는지, 내가 무엇을 하는지 잘 이해하지 못했다. 나는 어머니에게서 멀리 떨어진, 모든 것이 낯설게만 보이는 다른 세계 속으로 들어갔다. 게다가 나는 어머니에게 내 관심사에 대해 전혀 이야기하지 않았다. 내가 열정을 가진 이 저자들이 누구인지 어차피 어머니는 모를 것이기 때문이었다. 내가 열다섯인가 열여섯 살 때, 한번은 어머니가 내 책상 위에 있던 사르트르의 소설을 집어 들더니 과감하게 이런 언급을 했다. "내 생각에 이건 너무 직설적이야." 어머니는 이러한 평가를, 가정부 일을 하러 다니던 집의 어느 부인—사르트르가 틀림없이 악마 같은 저자로 보였을 어느 부르주아—입에서 듣고, 그 말을 순진하게 되풀이한 것이었으리라. 어머니는 내가 읽는 작가의 이름 정도는 자신도 안다는 것을 내게 보여주고 싶었던 것 같다.

한 가지는 분명했다. 나는 어머니가 '배운' 사람에 대해 가지고 있던 이미지에 부합하지 않았다. 고등학생 시절 나는 극좌파 조직에서 활동했고, 여기에 많은 시간을 할애했다. 아버지는 교장 선생님께 불려갔고, 교장 선생님이 묘사하는 교내외에서의 내 '프로파간다' 활동에 대해 들어야 했다. 그날 저녁 집에서는 진짜 사이코드라마가 펼쳐졌다. 부모님은 나를 고등학교에서 '자퇴'시키겠다고 위협했다. 어머니는 내가 대입자격시험에서 떨어지지는 않을까 걱정했다.

무엇보다도 부모님은 내가 내 시간을 온전히 학업에
바치지 않는다는 사실을 받아들이기 매우 힘들어했다. 두
분은 내가 그럴 수 있도록 죽도록 열심히 일하고 있는데
말이다. 부모님은 이 점에 분개했고 격노했다. 그들은
나에게 정치를 그만두든지 아니면 학교를 그만두든지
선택하라고 명령했다. 나는 차라리 학교를 그만두겠다고
선언했다. 우리는 더 이상 그 이야기를 입에 올리지
않았다. 어머니가 바란 것은 내가 공부를 계속하는
것이었다.

　　학생으로서의 나는 어머니가 갖고 있는 표상에 한층
어긋났다. 전공으로 철학을 선택한 것은 어머니에게는
너무도 괴상한 일이었다. 내가 철학을 택했다고
이야기하자 어안이 벙벙해했다. 내가 영어나 스페인어를
전공으로 등록했더라면 좋아하셨을 것이다(의학이나
법학은 어머니의 지평에도 나의 지평에도 들어오지
않은 반면, 어학 지망은 고등학교 선생님이 되어 미래를
보장받을 수 있는 최선의 수단으로 보였을 것이다.
어머니는 특히 우리 사이에 깊은 균열이 생겼음을
직감했다. 당시 어머니는 나를 이해하기 힘들어했고, 늘
나를 보고 "별나다"고 말했다. 실상 어머니에게 나는
이상하고 기이하게 비쳤을 것이다. 어머니가 보기에,
나는 점점 더 정상적인 세계, 정상적인 삶을 구성하는
것 바깥에 자리 잡았다. "그래도 ~하는 건 정상적이지
않아"라는 말은 나와 관련된 일에 어머니가 자주 입에

올리는 문장이었다. 아버지도 마찬가지였다.

"정상적이지 않다" "이상하다" "기이하다"… 이 단어들은
직접적이거나 명시적으로 성적인 암시를 담고 있지는
않다. 물론 나에 대한 그들의 지각은 내가 선택한
스타일, 내가 스스로 구축하고자 했던 이미지 일반과
무관하지 않았다—나는 심한 장발이었고, 이는 몇 년
동안 아버지의 분노를 자극했다("당장 머리를 잘라!"
그는 탁자를 내리치며 말했다). 어쩌면 내 스타일이나
이미지 안에서, 머지않아 내가 강력히 주장하게 될
성적 이단성이 읽혔을지도 모른다. 어머니는 내가 속한
범주를 몇 년이나 지나고 나서야 발견했는데, 끝까지
그것을 "너 같은 사람들"이라는 말로밖에는 달리
표현하지 못했다. 경멸적인 어휘를 피하려는 마음과
이 주제에 대한 어머니의 애매한 태도는, 어머니가
단어를 마음껏 사용하지 못하도록 가로막아 이러한 서툰
완곡어법에 의지하게끔 만들었다. 최근에 내가 어머니
집에서 사진 한 장을 들여다보며 사진 속 세 젊은이가
누구인지 물었을 때, 어머니는 이렇게 대답했다. "B의
아이들이란다." B는 내 형의 동거녀였다. 어머니는
덧붙였다. "가운데 있는 아이는 D야. 걔는 너 같은
아이란다." 나는 어머니가 무슨 말을 하려고 하는지
단숨에 이해하지 못했다. 어머니가 이어서 말했다. "걔가
자기 엄마한테 자기가… 그러니까… 내가 무슨 말하는지

너 알지… 걔가 너 같은 사람이라고 알렸을 때… 개
엄마는 걔를 집 밖으로 내쫓았어… 그런데 네 형이 개
엄마 마음을 돌려놨단다. 그런 태도로 자기 친동생을
자기 집에서 어떻게 맞이하겠냐는 말로 말이야…" 형
이야기를 듣고 나는 깜짝 놀랐다. 과거에 형은 그렇게
관용적인 사람이 아니었다. 이 점에서 확실히 그는
많이 변화했다. 하지만 사실 형은 나를 자기 집에서
맞이한 일이 없었다. 내가 형 집에 가려고 한 적이
없었고, 갈 마음도 전혀 없었기 때문이다. 그리고 그
이유는, 내가 이 책을 통틀어 보여주려는 것처럼, 내 성
정체성 못지않게─그 이상은 아니더라도─형의 사회적
정체성과도 관련이 있을 것이다. 형이 내 있는 그대로의
모습을 받아들였음에도 내가 관계 복원을 시도하지 않은
것은, 바로 내가 형의 있는 그대로의 모습을 불편해하기
때문이다. 오늘에 와서는, 형과 내가 만나지 않는 책임이
결과적으로 형보다는 내게 더 많이 있다고 시인하지
않을 수 없다. 역사는 쉽게 지워지지 않는다. 궤적이 이
정도까지 갈라지면 다시 교차하기 힘들다.

　　그러나 이는 또한, 부르디외가 잘 보여준 것처럼,
가족이 안정적으로 주어진 것이 아니라 전략들의
총체임을 드러낸다. 만약 내 형제들이 변호사, 대학교수,
언론인, 고위공무원, 예술가, 작가였더라면, 나는
멀찍이 거리를 두는 식으로라도 그들과 교류했을
것이며, 그들을 내 형제들이라고 말하고 어쨌거나

있는 그대로 받아들였을 것이다. 이는 삼촌과 숙모, 사촌, 조카들에게도 해당되는 이야기이다. 만일 사회관계자본capital social⁶ 가운데 우리가 우선적으로 유지하고 동원할 수 있는 것이 전체 가족관계라면, 나의 궤적―그리고 그것이 이끈 단절들―에서는 이러한 자본이 결핍되었을 뿐만 아니라, 심지어 부정적인 자본capital négatif으로 기능했다고까지 말할 수 있다. 연을 유지하기보다는 파기하는 것이 문제였다. 여느 부르주아지 가족들처럼, 먼 사촌까지 친척이라며 긍정하기는 고사하고, 나는 친형제들을 내 삶에서 지우기에 바빴다. 나는 내가 접어든 길에서 앞으로 나아가며 부딪힐 난관을 극복할 수 있도록 도와줄 사람을 전혀 기대하지 않았고, 기대할 수도 없었다.

내가 스무 살 무렵, 어머니는 나를 "너 같은 사람들" 중 하나로 간주하지는 않았지만, 그럼에도 내가 변하는 모습을 점점 더 놀라워하는 눈으로 바라보았다. 어머니는 나 때문에 당황해하셨지만, 나는 이에 대해 거의 신경 쓰지 않았다. 내가 이미 어머니로부터, 그들로부터, 그들의 세계로부터 충분히 떨어져나왔기 때문이었다.

3


1950년 결혼 후, 부모님은 가구 딸린 방에 정착했다.
그 시절에 랭스에서 살 곳을 구하기는 쉽지 않았다.
부모님은 거기서 공동생활의 초창기 몇 년을 보냈다.
두 아이, 그러니까 형과 내가 세상에 태어났다.
할아버지가 나무 침대를 만들어주셨고, 우리는 거기서
서로 엇갈리게 누워서 잤다. 부모님이 도시의 다른 편
끝자락에 새로 지어진 노동자 주택단지에서 집 하나를
복지기관으로부터 분양받을 때까지 우리는 이 방에서
살았다. 사실 '집'이라는 단어가 그 거주지에 적당한
말은 아니다. 마치 콘크리트 성냥갑들이 다닥다닥
붙어 있는 것 같았다. 그 성냥갑들 옆으로 똑같이
생긴 사잇길들이 나란히 나 있었다. 모두 1층이었고,
거실과 방 하나(예전처럼 우리는 이 방에서 넷이
지냈다)로 이루어졌다. 욕실은 없었지만, 거실에 수도와
개수대가 있어 이 공간은 부엌 겸 간단한 세면을 위해
쓰였다. 겨울이면 석탄 난로 한 대로 거실과 방을 모두
덥혔기 때문에, 우리는 언제나 추위에 얼어 있었다. 몇
제곱미터의 정원이 녹색의 정취를 불어넣어주었다.
아버지는 끈기 덕분에 거기서 몇 가지 채소를 수확하는
데 성공했다.
　　나는 이 시절의 이미지들을 얼마나 간직하고

있는가? 그것들은 듬성듬성하고 흐릿하며 불확실하다.
내 머릿속을 끈질기게 괴롭히는 정확한 하나의
이미지만 제외하면. 아버지가 2~3일 동안 사라졌다가
술에 취해 거의 실신 상태로 집에 돌아왔다("한 주일
일을 마친 매주 금요일 밤이면 너희 아버지는 술집에
가서 흥청망청 놀고 자주 외박했단다." 어머니는 내게
이렇게 이야기해주었다). 아버지는 방 끄트머리에
자리 잡고서, 기름병, 우유병, 포도주병 등 병이란 병은
다 손에 잡히는 대로 하나씩 쥐고서 반대편 벽을 향해
던져 깨뜨리기 시작했다. 형과 나는 어머니 뒤에 바싹
붙어 매달려 울었고, 어머니는 분노와 절망이 뒤섞인
목소리로 되뇌었다. "어쨌든 애들은 다치지 않게 조심해."
아버지가 돌아가시고 얼마 안 돼서 나는 어머니에게
내가 왜 장례식에 가고 싶어 하지 않았는지 설명하기
위해 다른 것들과 함께 이 장면을 상기시켰다. 그러자
어머니는 깜짝 놀란 듯했다. "너 그걸 기억하니? 너 아주
어렸을 때였는데." 그렇다. 기억한다. 아주 오래전부터
기억하고 있었다. 그 기억은 결코 나를 떠나지 않았다.
그것은 '원초경scène primitive'과 관련된 어린 시절의
트라우마처럼, 지울 수 없는 흔적으로 남아 있다.
하지만 이를 특별히 심리학적이거나 정신분석학적인
용어로 이해하지 않는 편이 좋을 것이다. 오이디푸스가
지배하도록 내버려두면, 주체화 과정으로 향하는 시선이
탈사회화·탈정치화된다. 실제로는 역사와 (도시)지리,

즉 사회 계급의 삶과 연관된 문제를 가족주의적 극장이
대체해버린다. 그것은 부권적 이마고imago paternelle[1]의
약화도 아니었고, 아버지—실제적이든 상징적이든—에
대한 동일시의 실패도 아니었다. 평범한 라캉주의적
사유를 뒤집어놓은 이 두 개의 반사적 판본 어느 쪽도
내 동성애 성향의 '열쇠'를 발견하기 위해—열쇠를 바로
그 자리에 가져다놓고—반드시 원용해야 할 필요는
없다. 정신분석학주의의 이데올로기에 의해 만들어지고
그 선전가들에 의해 지겹도록 되풀이되며 어름어름
말해지는 개념들로만 이에 대해 살필 수 있는 것은
절대로 아니다.[2] 그보다는 내가 사회적인 거울 단계stade
du miroir social라고 일컫는 것이 더 중요하다. 그 과정에서
자기에 대한 의식, 그리고 일정한 유형의 행동과 실천이
펼쳐지는 환경에 대한 소속 의식이 확보된다. 하나의
자리와 정체성을 지정하는 계급의 사회학적 상황을
발견함으로써 일어나는 사회적인—심리적이거나
이데올로기적이지 않은—호명의 장면. 우리가 되어야
하는 타자에 의해 되비쳐진 이미지를 매개로 한, 우리의
현재 모습과 미래 모습에 대한 자기 인지… 내게 예정된
미래를 거역하려는 완고하고 집요한 의지가 내 안에
자리 잡고 있었지만, 그와 동시에 사회적 출신의 흔적이
내 정신 속에 영원히 새겨져 있었다. 장차 나라는
존재가 겪을 어떤 전환도, 어떤 문화적 학습도, 어떤
가면이나 책략도 지워내지 못할 "네가 어디에서 왔는지

기억하라"는 주문. 나는 아주 오래된 과거의 이 순간에 회고적일지언정 의미를 부여해볼 수 있다. 물론 이것이 재구성이라는 것을 모르는 바는 아니지만, 다른 모든 해석들, 특히 정신분석적 접근이 내놓는 해석 또한 그럴 터이다. 자기의 귀속과 변형 과정, 정체성의 구성과 거부 과정은 내 안에서 언제나 서로 연계되어 있었고, 뒤얽혀 있었으며, 서로 맞서 싸우며 제약하는 것이었다. 원초적인 내 사회적 정체화identification(자기를 자기로서 인지하기)는 거부된 정체성에서 끊임없이 힘을 얻는 탈동일시에 의해 교란당했다.

나는 아버지가 내 아버지라는 사실을 언제나 원망했다. 아버지는 노동자 세계의 화신이라 할 만했는데, 그 세계에 속하지 않고 그 과거를 살아보지 않았다면, 영화나 소설에서나 볼 법한 사람이었다. "에밀 졸라 풍이지." 어머니는 졸라의 소설이라곤 한 줄도 읽어본 적이 없으면서 내게 이렇게 말했다. 그리고 만일 그 세계에 속하고 그 과거를 살아본 사람이라면, 그것들을 감당하고 자기 것이라 주장하기는 쉽지 않을 것이다. 이 지점에서 나는 내 글쓰기 방식이 사회적으로 위치 지어진 외부성extériorité을 가정하고 있다는 점을 분명히 의식하고 있다. 즉 내가 이 책에서 기술하고 복원하려 애쓰는 삶의 유형들을 늘 살고 있는 사람들과 계층에 대해 사회적으로 외부에 자리한다는 전제를 깔고 있다는

것이다. 마찬가지로 나는 그들이 내 책의 독자가 될
개연성이 거의 없다는 것을 잘 안다. 우리는 노동자층에
대해 잘 이야기하지 않는다. 그에 관해 말을 할 때는
대개 우리가 그로부터 빠져나왔기 때문이며, 그래서
행복하다고 말하기 위해서다. 그리하여 우리는 그들에
관해 말하기를 원하는 순간, 우리가 말하는 대상인
그들의 사회적 정당성 박탈 상태illégitimité sociale를 다시
공고히 하게 된다. 그들에게 지칠 줄 모르고 덧씌워지는
그러한 위상을 고발하기 위해 말하는 것임에도 말이다.

　　근본적으로 내가 공포스럽게 생각한 것은 그런
몸짓들을 실행했던 사람이라기보다는 그런 몸짓들이
가능했던 사회적 환경이었다. 병 던지기는 고작해야 몇
분 정도 계속되었을 것이다. 하지만 그것은 이 비참한
삶에 대한 환멸, 내게 배정된 운명에 대한 거부감, 그리고
비밀스러운 상처를 만들어냈는데, 이 상처의 기억은
영원히 지고 가야 하는 것으로 여전히 선명하게 각인되어
있다. 더욱이 그런 일들이 드물지도 않았다. 내가 네다섯
살쯤이었으니까, 아버지는 스물일곱이나 스물여덟 살쯤
되었을 때일 것이다. 아버지는 성인이 되고서 발견한
모종의 노동자적인(하여튼 남성적인) 사회성을 멀리하지
못했다. 친구들과의 파티와 술자리, 직장에서의 일과
이후 술집 모임 같은 것들 말이다. 아버지가 며칠 동안
집에 들어오지 않는 일도 있었던 것을 보면, 그런 날 밤에
다른 여자와의 동침도 절제하지 않았을 개연성이 크다.

아버지는 스물한 살에 결혼했고, 3년 뒤 벌써 두 아이를 얻었다. 때로 부부생활과 부성이 요구하는 각종 제약에서 벗어나, 뒤늦게나마 자유로운 청춘의 쾌락을 누리고 싶은 마음이 있었을 것이다. 나는 아버지가 청소년기 동안에는 가족의 상황과 자신의 어깨에 지워진 부담 때문에 허용되지 않았던 것들을 즐기고자 했을 것이라 생각한다. 아버지는 한 가족의 장남으로서 져야 할 책임으로부터 또 다른 가족의 남편과 아버지로서 져야 할 책임으로 곧장 옮겨 갔다. 이는 분명 감당하기 어려운 짐이었을 것이다. 그리고 자신의 삶이 앞으로 영영 가족생활의 여러 의무에 의해 구속당할 것이라는 점을 인정하기 힘들었을 터이다. 일탈 행위(이 표현의 부정적인 어감은 그것이 가리키는 복합적인 의미를 모두 고려하지 못한다)[3]는 자신에게 약간의 숨 돌릴 공간과 약간의 쾌락을 주기 위한 방편으로 이해할 수도 있다. 반면 아이들을 돌보아야 했던 어머니는 그 같은 행동을 하는 것이 불가능했고 상상조차 할 수 없었다. 그게 아니더라도 아버지는 자기 아내가 외박하는 것은 고사하고(그랬더라면 아버지는 집안 물건을 모조리 때려 부순 뒤에 아내를 죽였을 것이다), 카페에 들락거리는 것조차 절대로 용납하지 않았다.

노동자의 자식은 자신이 노동 계급에 속해 있다는 것을 피부로 느낀다. 나는 보수 혁명에 관한 책을 쓰면서,[4]

레몽 아롱Raymond Aron의 책 몇 권을 도서관에서
대출했다. 아롱은 1980~90년대 프랑스 지성계에
우파 사유의 헤게모니를 부과하고자 열심이었던
이데올로그들이—당연하게도—자주 원용하던
인물이었다. 거드름이나 피우는 이 지루한 교수의 깊이도
없고 번뜩이지도 않는 산문들을 넘겨보다가 다음과
같은 문장과 마주쳤다. "사회학 교육을 받기 전에 내가
어떠한 '계급의식'을 갖고 있었는지 떠올려보려고 해도,
나는 거기에 어렴풋하게만 다다를 수 있을 뿐이다.
시간적인 간격 때문에 대상이 명료하지 않게 느껴지는
것은 아니다. 달리 말하면, 근대 사회의 개개 구성원이
전체 사회에 내재하는, 계급이라는 이름의 명확히 규정된
집단에 소속 의식을 가진다는 사실은 제대로 입증되지
않은 것처럼 보인다. 계층화된 집단이 존재한다는 것은
이론의 여지가 없는 객관적 현실이지만, 자의식을 가진
계급들의 경우는 그렇지 않다."[5]

　　내가 보기에는 계급 소속감의 부재가 부르주아의
유년기를 특징짓는다는 점이야말로 이론의 여지가
없는 것 같다. 지배자들은 그들이 특정한 세계 안에
위치지어져 있다는 것을 지각하지 못한다(이는 백인이나
이성애자가 스스로 백인이나 이성애자로서의 자의식을
갖고 있지 않은 것과 마찬가지다). 따라서 이러한 언급은
있는 그 자체 명백한 의미를 갖는다. 즉 자신의 사회적
지위를 기술하고 있을 뿐이면서 사회학을 하고 있다고

믿는 어떤 특권층 인사가 내놓은 순진한 고백인 것이다.
나는 이 인물을 평생 딱 한 번 만나본 적이 있다. 그는
내게 즉각적인 반감을 불러일으켰다. 나는 아롱을 보면서,
그의 번지르르한 웃음, 들척지근한 목소리, 신중하고
합리적인 성격인 양 과시하는 방식을 혐오하지 않을
수 없었다. 이 모든 것들은 실상 품위와 이데올로기적
중용이라는 그의 부르주아적 에토스를 표현한 것에 다름
아니었다(반면 아롱의 글들은 어떤 폭력성을 지니고
있었는데, 그의 글이 겨냥하는 사람은 누구나 이를
알아챘다. 다른 것까지 볼 것도 없이, 아롱이 1950년대에
노동자 파업에 관해 쓴 글들만 읽어봐도 충분하다!
사람들은 다른 지식인들이 소련을 지지하는 쪽으로 길을
잘못 들어섰을 때, 그가 반공주의자였다는 이유로 그의
혜안을 칭송했다. 하지만 아니다! 아롱은 노동운동에
대한 증오로 반공주의자가 된 것이었으며, 민중 계급의
열망과 정치적 활동과 관련된 모든 것에 맞서 부르주아
질서의 정치적·이데올로기적 수호자로서 자신을
구축했다. 그의 펜은 기본적으로 돈에 의해 좌우되었다.
그는 지배자들과 그들의 지배에 봉사하는 용병이었다.
1968년 5월에 사르트르가 아롱을 모욕한 것은 천만
번 옳은 일이었다. 아롱은 그런 대접을 받을 만했다.
사르트르의 위대함에 경의를 표해야 한다. 그는 학술적
'토론'에 부과된 규칙들—이는 항상 이단과 비판적
사유에 반대하며, '자명성'과 '상식'에 의존하는 정통에

유리하다—과 과감히 단절했다. 사르트르는 우리가
절대 잊지 않고 금언으로 삼아야 마땅한 장 주네의
멋진 문구가 제안하는 것처럼, "모욕자들을 모욕하기"가
중요해진 바로 그 순간에 그렇게 했다).

    나에 대해 말하자면, 나는 항상 마음속 깊숙한
곳에서 한 계급에 대한 소속감을 느꼈다. 이는 내가 속한
계급 전체가 하나의 계급으로 자의식을 갖고 있었다는
것은 아니다. 어떤 계급 전체가 계급으로서, 또는 명확히
규정된 '집단'으로서 자의식을 갖지 않는다고 해도,
우리는 그러한 계급에 대한 소속감을 느낄 수 있다.
어찌 됐든, 우리가 그 현실을 일상의 구체적 상황들
속에서 경험하는 한 그것은 하나의 집단일 수 있기
때문이다. 예를 들어 어머니는 형과 내가 학교에 가지
않는 날이면 우리를 어머니가 가정부로 일하는 집에
데리고 갔다. 어머니가 일을 하는 동안 우리는 부엌에
머물면서, 주인집 아주머니가 어머니에게 이런저런 일을
시킨다든가 칭찬이나 비난을 하는 소리를 들었다(하루는
아주머니가 어머니에게 말했다. "아주 실망했어요.
당신을 신뢰할 수가 없네요." 어머니는 울면서 부엌으로
왔고, 우리는 그런 어머니의 모습을 보고 깜짝 놀랐다.
그 일을 다시 떠올리면—아, 그 목소리 톤이라니!—
나는 남에게 모욕 주기를 숨 쉬듯 쉽게 하는 이 세계에
새삼 혐오감을 느낀다. 그 시절 권력관계와 위계질서에
대해 느꼈던 증오감이 아직도 내 안에 남아 있다).

레몽 아롱의 집에도 가정부가 있었으리라. 그녀를 마주
대하면서도 아롱은, 그녀가 그가 속한 집단과는 다른
'사회적 집단에 대한 소속 의식'을 가지고 있다는 생각을
결코 떠올리지 못했을 것이다. 아마도 그는, 그녀가 자기
어머니의 지시 아래 그의 셔츠를 다리고 욕실 바닥을
청소하는 동안 테니스 강습을 받았을 것이다. 또 그와
같은 또래인 그녀의 아이들이 이미 공장에 들어갔거나
들어가려고 하고 있을 때, 화려한 출세 가도에 들어서기
위한 장기적인 학업을 준비하고 있었을 것이다. 젊은
시절의 아롱과 그의 가족 사진들에서 자기 만족(다분히
자의식적인 자기 만족)으로 가득 찬 부르주아의 세계가
보인다. 그는 그것을 눈치 채지 못했을까? 심지어
회고적인 시선으로도? 그런 사람을 무슨 사회학자라고
부르랴!

내가 어렸을 때, 부모님이 알고 지내던 부부가
있었다. 남편은 샴페인 보관고에서 일했고, 부인은
건물 관리인이었다. 그 부인이 일하던 곳은 부촌에
위치한 한 개인 저택으로, 랭스에서 샴페인 양조장을
운영하는 대가족이 살았다. 이 부부는 저택 입구 옆에
있는 관리실에서 살았다. 우리 가족은 일요일에 가끔
그 집으로 점심을 먹으러 갔다. 나는 위압적인 건물의
앞쪽에 자리한 뜰에서 부부의 딸과 놀았다. 우리는
돌계단 몇 개를 올라가 상단이 스테인드글라스로 되어
있는 현관문을 넘어서면 다른 세계가 존재한다는

사실을 알고 있었다. 그 다른 세계에 대해 우리는 아주 드물고 산발적인 이미지만을 갖고 있었다. 막 도착한 멋진 자동차, 전혀 본 적 없는 식으로 옷을 차려입은 사람… 하지만 우리는 세계에 대한 즉각적인 관계 속에 자리 잡은 전반성적인 지식savoir pré-réflexif으로 '그들'과 '우리' 사이에 차이가 있음을 알았다. 한편에는 이 집을 차지하고 있는 사람들과 그들을 방문하는 친구들이 있었고, 다른 편에는 두세 칸으로 된 관리실에서 사는 사람들과 그들이 쉬는 날 맞이하는 지인들, 즉 우리 부모님과 형과 내가 있었다. 불과 몇십 미터가 갈라놓았던 두 세계 간의 거리가 그토록 큰데, 어떻게 사회에 계급이 존재한다는 사실을, 그리고 우리가 그 계급 가운데 어느 하나에 속한다는 사실을 의식하지 않을 수 있겠는가? 리처드 호가트Richard Hoggart는 민중 계급에 속하는 이들이 살게 되는 환경의 자명성을 강조한 바 있다.[6] 그의 말이 맞다. 일상생활의 어려움은 이 자명성을 매 순간 일깨우며, 또한 그것을 다른 존재 조건들과 대비시킨다. 다른 이들이 어떠한지, 우리와 얼마나 다른지 보면서 우리가 누구인지 알아차리지 않을 도리가 있을까?

1960년대 초 우리는 막 건설을 마친 HLM 건물에 입주하게 되었다. 어머니가 신청 절차를 밟아둔 덕분에 아파트 하나를 얻는 데 성공했던 것이다. 도시 환경 속에

지어진, 도심 한가운데 자리 잡은 공영주택단지의 좋은
사례였다. 개인주택들이 들어찬 구역에 들어서 있었는데,
4층짜리 세 '블록'—당시에 우리는 그렇게 불렀다— 으로
된 아파트였다. 주변에는 공업 지대와 여러 샴페인
하우스(태탕저, 멈, 루이 뢰데레) 보관고 지대가 있었다.
아파트에는 식당과 주방, 그리고—마침내!—부모용과
자녀용으로 방 두 개가 있었다. 또 하나 새로운 점은
욕실을 쓸 수 있게 되었다는 것이었다. 나는 집에서 멀지
않은 초등학교에 다녔다. 매주 목요일에는 생트잔다르크
성당에서 교리 교육이 있었다. 이를 서민층이 종교적
전통을 준수하는 이상하고 모순적인 현상으로 보아야
할까, 아니면 학교가 쉬는 날 아이를 맡아주는—
돌봐주는—단순한 방편으로 보아야 할까? 아마도 둘
다일 것이다! 부모님은 종교가 없었고, 심지어 교권에
반대하는 입장이었다. 아버지는 성당에 결코 들어가지
않았다. 세례, 결혼, 장례 등 가족 의례가 있을 때면
아버지는 여자들이 성당에 가 있는 동안, 다른 남자들과
함께 성당 앞 광장에 머물렀다. 그래도 부모님은 우리가
세례 받기를 원했고 교리 교육에 등록시켰다. 주임신부는
응당 그렇듯이 소년들을 무릎에 앉혀놓고 다리를
쓰다듬었다(동네에 소문이 나 있었고, 한번은 아버지가
사제들의 품행이 역겹다고 성토하는 소리를 들었다.
"만일 내 자식 놈들을 건드렸다는 소리가 들리기만
해봐라. 내가 죽여버릴 거야"). 우리는 이 종교 교육을

희붐한 새벽, 가슴에 커다란 나무 십자가를 걸고 '장중한 영성체 예식'을 할 때까지 받았다.

　　나는 어머니 집에서, 나와 형을 찍은 꽤 우스꽝스러운 사진들을 발견했다. 할머니 집 앞에서 삼촌과 숙모, 사촌 남동생, 여동생 들과 함께 찍은 것이었다. 예식을 마친 뒤 모두 모여 잔칫날같이 점심을 즐겼다. 아마도 종교적인 관행은 이를 위한 구실 내지는 허가증에 지나지 않았을 것이다. 종교 의례는 역설적인 말일지는 몰라도, 세속적인 모임을 가질 기회를 제공해주었고, 그렇게 형제자매들 간에 관계를 유지하고, 그들의 아이들—내 사촌들—끼리도 관계를 만들어낼 수 있도록 가족 통합의 기능을 수행했다. 이러한 모임은 직업적·문화적 계급 동질성이 너무나도 절대적이었기에, 사회적인 동류로서 서로를 재확인하는 기회이기도 했다. 가족들 가운데 누군가가 그 계급에서 벗어나는 일은 좀처럼 일어나지 않았다. 아마도 그래서 나는 이후 그러한 예식들, 특히 동생들의 결혼식에 참석하기를 꺼려했던 것 같다. 나는 이런 식의 사회성과 문화에 자연스레 스며드는 것이 불가능했다. 그것들은 나를 끔찍할 만큼 불편하게 만들었다. 예컨대, 식사 말미에 식탁에 둘러앉아 있던 이들이 입을 모아 "시몬, 노래해!" "르네, 노래해!" 하고 외치는 의식 같은 것들. 각자 그런 상황을 위해 준비해둔, 웃기거나 신파조인 자기만의 노래가 있었다. 또한 매년 똑같은 음담패설, 똑같은 춤,

똑같은 헛소리가 되풀이되었고, 저녁을 마칠 무렵에는 똑같은 말다툼이 시작되었는데, 이는 대개 배우자의 외도에 대한 의심과 관련된 오랜 불화와 반목이 표면에 떠오르면서 싸움으로까지 변질되곤 했다.

　　우리 가족의 사회적 동질성에서 변한 것은 거의 없었다. 뭐종의 집을 찾았을 때, 나는 가구나 벽에 걸려 있는 사진들을 하나하나 들여다보았다. 나는 어머니에게 이 사람은 누구고 저 사람은 누구인지 일일이 물어보았다. 대가족이었다. 조카, 사촌 여동생, 그녀의 남편, 사촌 동생, 그의 아내 등등. 나는 계속해서 질문했다. "얘는 뭘 해요?" 그 대답으로 오늘날 민중 계급의 지도를 그릴 수 있을 정도였다. "걔는 X 혹은 Y 공장에서 일해" "걔는 주류 보관소에서 일한다" "걔는 벽돌공이야" "걔는 경찰 기동대원이다" "걔는 백수야"… 그 중 세무서에 취직한 사촌 여동생이라든가 비서로 일하는 제수씨 등이 사회적 상승을 체현한 인물이었다. 우리 가족은 내가 어린 시절 겪었던 과거의 비참한 생활로부터 멀리 벗어나 있었다. "얘네들은 불행하지 않지" "얘는 잘 벌어." 어머니는 내가 가리킨 사람들의 직업을 알려준 뒤에, 확실하게 덧붙였다. 하지만 사회 공간 안에서 우리는 동일한 위치로 되돌아간다. 가족집단 전체의 상황과 계급 구조 내에서의 상대적 위치는 조금도 이동하지 않았다.

우리가 정착한 아파트에서 수십 미터쯤 떨어진 곳에,
레오나르 후지타Léonard Foujita가 설계하고 이후
프레스코화들로 장식하게 될, 로마네스크 양식의
성당이 지어졌다. 수년 전 생레미 대성당에서 갑작스레
이루어진, 후지타의 기독교 개종을 기념하기 위한
것이었다.[7] 나는 그 사실을 아주 뒤늦게야 알게 되었다.
우리 식구들은 예술에 대해 거의 관심을 기울이지
않았고, 더구나 기독교 예술이라면 두말할 것도 없었다.
나는 이 책을 쓰면서야 그곳을 방문했다. 예술에 대한
취향은 학습되는 것이다. 나는 배워서 얻었다. 그것은
내가 다른 세계, 다른 사회 계급 안으로 들어가기 위해,
그리고 내 출신 계급으로부터 거리를 두기 위해 수행해야
했던, 나 자신에 대한 거의 완전한 재교육의 일부였다.
예술적·문학적 대상에 대한 흥미는 언제나, 의식적이든
아니든 간에 이에 접근 기회가 없는 사람들과 자신을
차별화하고, 자기-구성적인 간격écart을 만들어낸다는
의미에서 '구별짓기distinction'를 함으로써, 타인들—
'열등한' '교양 없는' 계급—과의 관계 속에서 자기 자신을
바라보는 시선에 의해 스스로를 가치 있게 정의하는
일과 관련되어 있다. 나중에 나는 '교양 있는' 사람으로
살아가며 전시회나 음악회, 오페라 공연에 참석하게
되었을 때, 가장 '고상한' 문화적 실천에 열심인 사람들이
이러한 활동으로부터 자신에 대해 엄청난 만족감과
우월감을 이끌어낸다는 것을 수없이 자주 확인했다.

그러한 사실은 그들의 입을 결코 떠나지 않는 사려 깊은 미소와 몸가짐, 전문가로서 말하고 여유로움을 드러내는 방식 속에서 그대로 읽혔다. 이 모든 것은 '세련된' 예술의 향유를 뽐낼 수 있는 특권적인 세계에 속해 있다는 데서, 또 그 세계의 기대에 부응하는 데서 비롯하는 사회적 기쁨을 표현하는 방식이었다. 나는 그러한 것에 늘 주눅 들어 있긴 했지만, 그럼에도 그들을 닮기 위해, 그들처럼 타고난 듯 행동하기 위해, 미학적인 상황에서 그들만큼이나 느긋하게 보이기 위해서 노력을 기울였다. 말하는 법을 다시 배우는 것도 그 못지않게 필수적이었다. 옳지 않은 표현이나 지역적 관용어구 떨쳐내기(사과는 이제 "시크름하다"가 아니라 "시큼하다"라고 말해야 했다), 북동부의 억양과 서민적 억양 교정, 정교한 어휘 구사, 적절한 문법적 배열 구축… 다시 말해 내 언어와 화술의 끝없는 통제. "넌 꼭 책 읽듯이 말하는구나." 식구들은 내가 새로운 화법을 쓴다는 게 무엇을 의미하는지 잘 알고 있다는 걸 내비치며, 이런 식으로 놀리듯 말했다. 그래서 나는 그 이후로 오늘날까지도 여전히, 내가 그 언어를 잊어버린 지역의 사람들과 만날 때면 서민층에서는 거의 사용하지 않거나 너무 복잡한 표현을 쓰지 않기 위해 매우 주의를 기울인다(예를 들면, "~에 갔다"고 말하기 위해 "주쉬잘레Je suis allé"라고 말하지 않고 "제에테J'ai été"라고 말한다). 나아가 기억 한쪽에 내팽개쳐두고 거의 쓰지

않고 있었지만, 그렇다고 완전히 잊어버린 것은 아닌
억양, 어휘, 표현 들을 되찾으려고 애썼다. 이를 두고
이중언어 구사라고는 말할 수 없겠고, 환경과 상황에
따라 두 개의 언어 계층, 두 가지 사회적 말투 사이에서
게임을 벌인 것이라고 해야 하리라.

나는 가족들과 이 아파트에 사는 동안 '남학생
고등학교lycée'에 입학했다. 그것은 우리 가족의 역사에서
범상치 않은 사건—진정한 단절—이었기 때문에 이
일은 꼭 강조하고 싶다. 나는 실상 우리 가족 가운데
중등교육에 접근한 첫번째 인물이었고, 이것이 그
단절의 출발점이었다. 나는 열한 살이었고, 나보다 두 살
많았던 형은 아직 초등교육을 받고 있었다. 이 시절에는
서로 분리된 두 가지 경로가 공존했고, 학업을 통한
걸러내기가 이에 직접적이고 거칠게 개입했다. 1년 뒤
형은 푸주한 견습생이 될 것이었다.[8] 그는 따분하기
이를 데 없고 시간 낭비로 여겨질 뿐인 학교에 더 이상
가고 싶어 하지 않았다. 어느 날 어머니는 정육점 문
앞에 붙은 '견습생 구함'이라는 작은 공고문을 보고,
형에게 관심이 있는지 물었다. 그는 그렇다고 대답했고,
어머니와 함께 정육점에 들어갔으며, 일이 성사되었다.
그때부터 우리의 궤적은 갈라지기 시작했다. 아니 그
시작은 어쩌면 시간을 좀더 거슬러 올라가야 할 수도
있다. 어쨌든 얼마 지나지 않아, 옷을 입고 머리를

손질하는 방법에서 말하고 생각하는 방식에 이르기까지 모든 것이 우리를 구별지었다. 열대여섯 살 무렵 형은 친구들과 어슬렁대거나, 공을 차고, 여자애들에게 치근덕대며, 조니 할리데이를 듣는 것 등등을 좋아했다. 반대로 나는 집에서 책 읽는 것을 선호했고, 내 취향은 롤링 스톤스나 프랑수아즈 아르디(그녀의 노래 「내 또래 모든 소년과 소녀Tous les garçons et filles de mon âge」는 게이의 외로움을 환기하기 위해 쓰인 것 같았다), 바바라와 레오 페레, 또는 밥 딜런, 도노반, 존 바에즈 같은 '지적인' 가수들 쪽이었다. 형은 우리가 속해 있던 사회세계에 그를 다시 매어놓는 민중적 에토스ethos와 존재 양식, 신체 활용 방식을 계속 체현해갔다. 그리고 나 역시 전형적인 고등학생의 에토스를 만들어나갔고, 이는 우리가 속해 있던 세계로부터 나를 멀리 떨어뜨려 놓았다(열여섯 살에 나는 더플코트를 입고, 클락스 '데저트 부츠'를 신었으며, 머리를 길렀다). 심지어 우리는 정치에 대해서도 서로 딴판이었다. 형은 정치에 전혀 관심이 없었던 반면, 나는 일찍부터 '계급투쟁' '영구혁명' '프롤레타리아 국제주의'에 관해 이야기하기 시작했다.

사람들이 내게 형이 무엇을 하는지 물어볼 때면 마음이 불편했고, 언제나 진실을 말하지 않으려 했다. 형은 내가 '지식인' 청년으로 변신하는 모습을 도무지 믿을 수 없다는 듯이, 크나큰 아이러니 속에서 지켜보았다(게이 청년으로의 변신 역시 그랬는데,

123

그는 절대 이를 놓치지 않았다. 비록 그의 빈정거림이 겨냥한 것이 특정한 섹슈얼리티였다기보다는 나의 전반적인 외양, 즉 민중 계급의 남성적인 가치를 체현하는 데 열심이었던 형의 눈에 '여성적'이라고 감지된 어떤 스타일이었지만 말이다. 나 역시 그 무렵 내 섹슈얼리티의 전조와 당황스러운 충동을 눈치 채고 있었다). 우리는 항상 같은 집에서 지냈고, 1967년 도시 외곽의 HLM 단지에 입주한 후로도 함께 살았다. 우리 방―고등학생이었던 나는 공부를 하기 위해서 혼자 방을 썼다. 형은 동생 한 명과 같이 방을 썼고, 막내는 부모님과 함께 잤다―은 좁은 복도 하나를 사이에 두고 떨어져 있었을 따름이지만, 우리는 매일 조금씩 더 달라져갔다. 우리는 우리의 선택에, 혹은 우리의 선택이라고 생각했던 것에 매우 충실했다. 그 결과, 우리는 둘 다 상대방이 어떻게 되어가는지 지켜보며 당황하지 않을 수 없었고, 그 당혹감의 정도는 점점 커져만 갔다. 형은 우리 것이었던 세계에, 우리에게 제안된 직업에, 우리 몫으로 그려진 미래에 아무런 문제의식이나 거리감 없이 잘 부응했다. 나는 공부와 동성애 성향이 내 삶에 심어놓은 어떤 간극에 대한 강렬한 감정을 머지않아 경험하고 배양하게 될 것이었다. 나는 노동자나 푸주한이 아닌, 그러니까 사회적으로 내게 운명지어진 것과는 다른 사람이 될 것이었다. 형은 군 복무를 마치고 곧바로 결혼했으며(형이 스물한두

살 때였을 것이다), 금세 두 아이를 가졌다. 나로
말하자면, 열여덟 살에 대학에 입학했고, 혼자 자유롭게
살기 위해 스무 살에(그러니까 형이 결혼하고 얼마 안
되어서) 집을 나왔다. 나는 무엇보다도 징병검사에서
탈락해 입대를 면제받길 원했다(이는 몇 년 뒤에
현실이 되었다.[9] 학업을 지속하기 위한 이른바 '징병
유예' 기간을 최대한 쓰고 나서, 나는 자대 배치를 앞둔
'사흘'의 예비 훈련 동안 시력과 청력에 문제가 있는 척
가장했다. 그러자 뱅센느 군영의 의무대장이 나를 불러
물었다. "직업이 뭡니까?/철학 교수자격시험을 준비하고
있습니다./그럼 계속 그렇게 하세요. 그 편이 모두를 위해
좋겠습니다." 그때 나는 스물다섯 살이었는데, 그 순간
기쁨을 감추기는 몹시 어려웠다).

4

나는 어린 시절과 청소년기의 일부를 함께했던 형을 35년 가까이 보러 가지 않았다. 내가 이 책을 쓰는 동안, 형은 벨기에에서 사회보장연금을 받으며 살아갔다. 오랫동안 고깃덩이를 지고 다니느라 어깨가 망가져서, 이제 그 직업(다른 일도 마찬가지다)을 수행할 신체적 능력이 되지 않기 때문이었다. 내가 그와 더 이상 아무런 관계도 맺지 않고 있는 것은, 앞 장에서도 강조했지만, 당연히 내 책임이다.

우리는 함께 살 때도 이미 서로 남남처럼 지냈다. 우리는 집을 떠나고 2~3년 동안은 가족 모임을 기회로 만나곤 했다. 우리는 둘이 함께 보낸 과거, 그리고 형 입장에선 단단하고 내 입장에선 느슨한 부모님과의 관계를 매개로 다시 이어졌다.

내 생각에 형은, 내가 떠나기를 열망했던 모든 것에 만족스러워했고, 내가 싫어했던 모든 것을 열렬히 좋아했다. 나는 존 에드거 와이드먼John Edgar Wideman이 『형제와 보호자Brothers and Keepers』에서 그의 남동생에 관해 썼던 것을 문자 그대로 가져와, 내가 형에게 느꼈던 감정을 묘사할 수 있다. "나의 성공은 내가 우리 사이에 놓은 거리에 의해 재어졌다." 이보다 어떻게 더 잘 설명할 수 있을까? 어떤 면에서 이것은 형이

나에게 암묵적으로 준거점이 되었음을 의미한다. 내가
원했던 것은 다음의 말로 요약된다. 그처럼 되지 않을
것. 와이드먼은 머릿속으로 남동생에게 말을 걸면서
질문한다. "네가 나한테 낯설게 보였던 것만큼이나
나도 너한테 낯설었을까?" 그 시절에 나도 스스로 그런
질문을 했던가? 나는 그 답을 알았고, 그래서 행복했다.
온갖 수단을 동원해 형에게서 낯설어지려고 노력했기
때문이다. 나는 또 와이드먼의 다음과 같은 언급 속에서
내 모습을 발견했다. "우린 형제였기에 여름휴가나
가족 명절은 우릴 같은 순간 같은 장소로 불러들였고,
네 존재는 나를 불편하게 만들었다."[1] 나로 말하자면,
이런 상황을 둘러싼 모든 것들이 나를 불편하게
만들었다. 형은, 이제 더 이상 내 것이 아니지만, 아직 내
것이기도 한 이 세계에 일치하는 인간이었기 때문이다.
와이드먼에게는 "피츠버그, 가난, 흑인성을 떠나" 대학에
가는 것이 자발적인 망명의 길을 표상했기에, 정기적으로
집에 되돌아가기는 분명 힘들었을 것이다. 집으로
돌아갈 때면, 예전에 그로 하여금 떠나고 싶은 마음이
들게 한 그 현실의 변하지 않은 모습을 다시 발견할
뿐이었다. 또한 시간이 지남에 따라, 그로부터 점점 더
성공적으로 멀어지고 있는 자신의 모습을 확인할 수
있었다. 그렇다고 해서 자기 뒤에 남겨둔 사람들에 대한
모종의 죄책감에서 벗어날 수 있었던 것은 아니었다.
죄책감은 공포감에 의해 배가되었다. "공포는 죄책감

127

가까이에 있다. 피츠버그에 돌아갔을 때, 내가 그곳에서 다시 발견한 가난과 위험의 표지들이 내 안에서 일깨우는 공포." 그렇다. "내가 오염될지도 모른다는 공포, 내가 어디로 달아나든 독을 달고 다닐지도 모른다는 공포. 사람들이 내 안의 악마를 발견하고 나병 환자처럼 내칠지도 모른다는 공포." 그가 남동생을 생각하면서 내놓은 조서는 아주 간단하다. "너의 세계. 나를 비난하는 흑인성."[2] 그 시절 내가 형을 바라보던 방식에 대해 나도 같은 단어, 같은 문장 들을 쓸 수 있을 것이다. 너의 세계, 노동자 문화, 나를 비난하던 이 '빈민의 문화,' 필사적인 탈주 속에서도 내게 달라붙어 있을까 봐 두려워하던. 나는 내 안의 악마를 퇴치하고 내쫓아야만 했다. 아니면 적어도 비가시적인 것으로 만들어야 했다. 누구도 그것의 존재를 눈치 챌 수 없도록 하기 위해. 그것이 바로 내가 몇 년 동안 매 순간 벌인 작업이었다.

내가 청소년기, 그리고 그 훨씬 뒤에까지 도처에 지고 다니던 짐을 기술하기 위해서는, 와이드먼의 이 몇 문장을 인용하는 것으로 충분하다. 그것은 바로 내 이야기이다(내가 이러한 바꿔놓기의 한계를 모르는 것이 아님을 적시해두어야겠다. 나는 와이드먼이 자기 가족, 특히 자기 동생과 맺었던 관계의 붕괴, 더 정확하게 말하자면 거리두기와 부정 속에서 이루어진 이 관계의 전환을 묘사하는 부분에서 나와의 공통점을 발견한다. 하지만 그가 기술한 상황은 분명 내 상황과는

매우 다르다. 피츠버그의 가난한 흑인 구역 출신인
와이드먼은 대학교수이자 유명한 작가가 된 반면, 그의
동생은 살인죄로 기소된 후 무기징역을 선고받아 감옥에
수감되어 있다. 그가 이 굉장한 책에서 이해시키려고
하는 것이 바로 이러한 비극적 이야기이다).

선택을 해야만 했고, 결국 선택을 했다는 것을
와이드먼이 강조한 것은 옳았다. 나 역시 선택을
했고, 그와 마찬가지로 나 자신을 선택했다. 그러나
나는 와이드먼이 환기하는 그 죄책감을 간헐적으로
느꼈을 따름이다. 나는 자유의 감정에 도취되었다.
내 운명을 벗어났다는 기쁨, 그것은 후회의 자리를
거의 남기지 않았다. 나는 현재 형이 이러한 것들을
어떻게 생각하는지, 이런 주제에 관해 허심탄회하게
이야기하라면 뭐라고 말할지 전혀 모르겠다. 예를 들어,
내가 텔레비전에 출연한 장면을 보고―되도록이면
출연하지 않으려고 하지만―누군가가 형에게
가족이냐고 물어온다면 말이다.
　　어머니가 두 동생(한 명은 나보다 여덟 살 어리고,
또 한 명은 열네 살 어리다)이 내가 그들을 '버렸다'고
여겼고, 이 때문에 많이 고통스러워했다고―그리고
최소한 한 명은 지금도 그 상처를 갖고 있다고―
알려주었을 때, 얼마나 경악했던지! 나는 이러한
질문을 나 자신에게 던져본 적이 없었다. 동생들은

점점 멀어지더니 결국 완전히 떠나버린 형을 어떻게 생각했을까? 그들은 무엇을 느꼈을까? 그들은 나를 어떻게 이해했을까? 그들에게 나는 어떤 사람이었을까? 그들의 삶에서 나는 유령 같은 사람이었다. 한참 뒤 그들은 아내와 아이들에게 나에 관해 이야기하게 될 것이었다. 제수씨도 조카들도 날 전혀 만나보지 못했지만 말이다. 동생 중 하나가 이혼할 때, 나를 한 번도 본 적이 없는 그의 아내가 이러저러한 슬픔을 표출하는 가운데 그의 면전에 대고 내질렀다. "당신 형 디디에는 가족을 버린 호모일 뿐이잖아." 그 말이 틀렸다고 내가 말할 수 있을까? 그녀는 몇 개의 단어로 진실을 말한 것이 아닐까? 나의 모든 진실을?

　나는 이기주의자였다. 나 자신을 구출하는 것이 문제였고, 내 탈주가 불러올 피해에 주의를 기울이려 들지 않았다—나는 스무 살이었다! 내 동생들은 학교 교육에서 형과 거의 유사한 운명을 겪었다. 그들은 열한 살에 중학교collège에 들어갔는데(이제 교육 경로가 단일해졌으므로) 의무교육이기 때문이었고, 한 명은 기술 고등학교lycée의 '직업'반에서, 다른 한 명은 인문계 트랙에서 지지부진하게 얼마간의 시간을 보내다 졸업할 수 있는 나이인 열여섯 살이 되자 바로 학교를 나왔다(동생 중 하나는 내가 책을 쓰기 위해 최근에 이메일로 보낸 질문들에 답하면서 "학교는 나랑 안 맞았어"라고 선언한 바 있다). 둘 중 누구도 대입자격시험까지 가지 않았다. 큰동생은 기술자가 되고 싶어 했다. 그는 현재 [인도양에 있는 프랑스령 섬인] 레위니옹에서 자동차를 파는데, 돈을 잘 번다고 어머니가 말해주었다. 작은동생은 열일곱 살에 군에 입대해 계속 군인으로 남았는데, 더 정확히 말하자면 헌병대에 들어가서 낮은 직급의 보직을 얻었다. 물론 두 동생 모두 우파에 투표한다. 그들은 아주 오랫동안, 그리고 최근까지도 국민전선Front national의 충실한 유권자였다. 그러니까 내가 극우의 선거 승리에 맞서 시위를 하거나 이민자와 불법체류자 들을 지지할 때, 나는 가족에 맞서 저항하고 있는 셈이다! 이 문장을 그대로 뒤집어놓을 수도 있을 것이다. 나의 가족은 내가 지지하는 모든 것, 내가 방어하는 모든 것, 따라서 그들이 보기에 내가 표상하는 모든 것, 나의 전全 존재(현실과 단절된 채 민중이 맞닥뜨리는 문제들에 무지한 파리 지식인)에 반대해 떨쳐 일어난 셈이라고 말이다. 내 형제들은 이처럼 내게 마음속 깊은 곳에서부터 공포를 불러일으키는 정당에 투표하고, 대통령 선거에서는 이러한 유권자들을 사로잡을 줄 아는 더 고전적인 우파 소속의 후보자에게 투표한다. 그런데 내게는 그것이 사회 법칙에 따른 것, 다시 말해 사회학적 숙명성의 영역에 속하는 일처럼 보여 매우 당혹스럽다—내 정치적 선택들 역시 마찬가지일 것이다. 예전과 달리, 나는 이러한 것들을 어떻게 판단해야 할지 확신이 서지 않는다. 추상적인 수준에서 우리가 국민전선에 투표하는 사람에게 말을 걸거나 악수하지 않겠다고 마음먹기란 쉬운 일이다. 하지만 그것이 자기 가족의 문제라면 어떻게 대응해야 할까? 뭐라고 말해야 할까? 무엇을 해야 할까? 그리고 어떻게 생각해야 할까?

내 두 동생은 우리 부모님보다는 더 나은 조건으로 올라섰다. 이를 두고 사회적 상승 이동을 했다고 이야기할 수도 있을 것이다. 비록 그것이 근본적으로는 출신 계급과 연결되어 있고, 그 정도 역시 출신 계급과 그것에 수반되는 결정요인들에 의해 제한되지만 말이다. 그러한 요인들 가운데는 특히 자발적인 탈교육과 그로 인해 한정되는 일자리 유형 및 직업 경력이 있다. 이 좁은 범위의 직업적 가능성은 교육 제도가 배제한 이들에게 그들 스스로 이러한 배제를 선택했다고 믿게 만들면서 주어진다.

 이후 나는 이런 질문들에 직면했다. 만일 내가 그들에게 관심을 기울였더라면? 그들이 학업을 계속할 수 있도록 도왔더라면? 그들이 책 읽기에 흥미를 갖도록 해주었더라면? 공부의 당위성, 책에 대한 애정, 독서 욕구는 보편적으로 분포된 성향이 아니라, 그와는 정반대로 개인이 속한 환경과 사회적 조건들과 밀접한 상관관계를 맺고 있는 성향이기 때문이다. 그리고 바로 이 사회적 조건들이, 나와 같은 환경에 놓여 있는 사람들

대부분이 그렇듯, 일종의 기적이 나를 추동하는 쪽을
향해 가는 것을 거부하고 포기하도록 부추긴다. 나는
그런 기적이 다시 일어날 수 있다는 자각을 가져야
했을까? 우리 가운데 한 명이 이미 그것을 성취했으니,
그 한 명—바로 나!—이 그를 뒤따르는 이들에게 그가
배운 것, 배우려는 욕망을 전수해주는 일도 개연성이
전혀 없지는 않다고 말이다. 하지만 내가 가족과
긴밀한 접촉을 유지하려면 적지 않은 인내와 시간을
들여야 했을 것이다. 교육 제도에서의 탈락에 내재하는
무자비한 논리를 저지하는 데 그것으로 충분했을까?
사회적 재생산 메커니즘에 맞서 싸우는 일이 우리에게
허용되었을까? 그 메커니즘의 효능이 대부분 계급
하비투스의 관성에 기초해 있는데도? 나는 어떤
면에서도 동생들의 '보호자'가 아니었고, 그 이후로—
때늦은 일이긴 하지만—죄책감을 느끼지 않기는
어려웠다.

이 '죄책감'을 경험하기 한참 전에, 나는 교육 체계
안에서 나 같은 인물이 나온 것이 '기적적'이라고
생각했다. 나는 내가 형이나 동생들과 비슷한 운명을
겪지 않으리라는 것을, 우리가 태어나기 전부터 이미
우리에게 내려진 불리한 사회적 판결이 나보다는 그들을
훨씬 더 폭력적으로 강타할 것임을 일찌감치 알아차렸다.
『파농*Fanon*』이라는 제목의 소설에서, 와이드먼은 이러한

판결의 힘과 이에 대해 그가 늘 갖고 있던 자의식, 그리고 미리 정해진 운명에서 빠져나온 기적적 인물로서 느낀 감정을 탁월하게 일깨운다. 그의 동생은 감옥에 있다. 그는 어머니와 함께 동생을 면회하려고 한다. 그는 자신이 쇠창살 뒤에 있는 사람이 되었을 수도 있었음을 안다. 그는 자신이 왜 감옥에 있는 사람이 아닌지, 그가 어떻게 빈민가의 흑인 청년들에게는 숙명이나 다를 바 없는 삶에서 벗어날 수 있었는지 자문한다. "얼마나 많은 흑인이 얼마나 오랜 형기를 선고받고 감옥에 있는지, 우리는 그 수치에 아연해할 수도, 저주스러운 개연성과 명백한 불균형 앞에서 분개할 수도 있을 것이다. 의미를 파악하기 힘든, 끔찍한 날것의 통계 무더기가 있지만, 나를 압도시키는 데는 하나의 단순한 가능성이면 충분하다. 내가 내 형제의 자리에 있었을 수도 있다. 그것은 조금도 놀라운 일이 아니었을 테고, 어쩌면 그보다 쉬운 일도 없었을 터이다. 맞바꾸어진 운명. 내게는 그의 몫, 그에게는 나의 몫. 같은 식탁에서 함께했던 모든 식사, 한 지붕 아래서 함께 보낸 밤들을 기억한다. 같은 부모와 같은 형제자매, 같은 할아버지 할머니, 같은 삼촌과 고모, 같은 사촌들을 그와 내가 공유하면서. 내가 말하고 싶은 것, 통계가 폭로하는 것은 내가 지금 감옥에 있다 하더라도 전혀 놀랍지 않다는 점이다." 와이드먼은 우리에게 다음과 같은 주장을 인정하도록 요구한다. 어떤 이들이—아마도 상당수일 텐데—'통계적' 경로들을 벗어나고 '숫자'의 끔찍한 논리를 피해 간다는 반박 불가능한 사실이, '개인 능력'의 이데올로기가 믿게 만들고자 하는 것과는 달리, 그 통계치가 폭로하는 사회학적 진실을 조금도 무효로 되돌리지 않는다는 것이다. 만약 내가 형제들과 같은 경로를 갔더라면, 나도 그들처럼 되었을까? 그러니까 나도 국민전선에 투표했을까? 나 역시 우리나라에 난입해서 "자기 나라에 있는 양" 구는 "외국인들"에 맞서서 항의했을까? 사회, 국가, '엘리트' '권력자' '타자'가 그들에 반대해 벌이는 영원한 공격이라고 간주하는 것에 맞서서, 나도 그들과 같은 반응을 하고, 같은 방어 담론을 공유했을까? 나는 어떤 '우리'에 속해 있었을까? 어떤 '그들'과 대립했을까? 한마디로 내 정치학은 어떠했을까? 세계의 질서에 저항하는, 혹은 부응하는 방식은?

와이드먼은 망설임 없이 흑인들에 맞서 벌어지는 전쟁에 관해 이야기한다(그가 이런 시선으로 미국 사회를 바라본 첫번째 인물도, 유일한 인물도 아니다. 이러한 시각 뒤에는 오랜 사유와 경험의 전통이 있다). 그는 이에 대해 어머니에게 말한다. "전쟁이 진행 중이에요. 그 전쟁은 세계 전역에서 우리 같은 사람들에 맞서서 이루어지고 있어요. 이 감옥의 면회실은 그런 전쟁터 가운데 하나예요." 그의 어머니는 그가 과장하고 있다고, 그녀는 그런 식으로 사태를 보지 않는다고 대꾸한다.

그녀는 이 모든 드라마의 전개에서 개인적인 책임을
부각하는 편을 선호한다. 하지만 그는 자기 입장을 계속
내세운다. "우리 가운데 많은 사람이 적으로 여기지 않는
적이 주도하는 전쟁이에요. 무자비한 적대자가 지배하는
전면전이지요."[3] 이 소설은 바로 이러한 인식을 무대에
올려놓는다. 소설에서 와이드먼은 인종적으로 분리된
미국에 관한 정치적 성찰과 프란츠 파농에 관한 명상을
함께 엮어 넣는다. 그는 파농의 삶과 저작이 흑인 의식,
자기 긍정, 자부심, 자기의 정치학, 혹은 더 단순히 '검은
분노'에 갖는 중요성, 그리고 그에 따른, 적의 전능성 및
편재성에 맞선 저항에 갖는 중요성을 논한다. 게다가
그의 동생은 체포당하기 훨씬 전이었던 청소년기에
언젠가 읽겠노라며 호주머니 속에 『검은 피부, 하얀
가면*Peau noire, masques blancs*』 한 권을 넣고 다녔다. 어떤 책은
우리가 그것을 읽기도 전에 커다란 의미를 띨 수 있다.
그것이 우리가 가깝다고 느끼는 타자들에게 중요했다는
사실을 아는 것만으로도 충분한 것이다.

앞에서 내 이야기로 치환해 이야기했던 것을 계속 밀고
나가, 일반적으로 민중 계급에 맞서 사회가 수행하는
무자비한 전쟁에 관해 말할 수 있을까? 부르주아지가,
지배 계급이, 보이지 않는—또는 너무 잘 보이는—적이
가장 일상적인 사회적 메커니즘의 가장 평범한 작동
속에서 수행하는 전쟁 말이다. 프랑스나 유럽의 교도소

수감자 통계만 들여다봐도 이 말을 충분히 납득할 수 있을 것이다. '숫자'는 혜택받지 못한 교외 지역의 젊은이들―특히 '이민자 출신'으로 규정된 이들―이 철창 뒤에 있게 될 '불길한 개연성'을 웅변한다. 오늘날 프랑스 도시 주변의 '시테들'을 잠재적인 내전의 무대로 기술하는 것은 결코 과장이 아니다. 이러한 도시의 게토들이 처한 상황은 사람들이 특정한 범주의 인구 집단을 어떻게 대하는지, 그들을 어떻게 사회적·정치적 삶의 주변부로 밀어내고 어떻게 가난과 불안정성과 부재하는 미래로 내몰았는지를 분명하게 보여준다. 이 '구역들'을 주기적으로 뜨겁게 불타오르게 만드는 거대한 반란은, 포효 소리가 결코 잦아들지 않는 수많은 파편적 전투들이 응축되어 급작스럽게 폭발한 것에 불과하다.

그런데 여기서 나는, 민중 계급이 겪는 교육 체계로부터의 체계적 배제라든지, 그러한 메커니즘의 힘에 의해 민중 계급에 운명지어진 사회적 열등성과 분리의 상황과 같은 통계적 현실도 다르게 해석될 수 없다고 말하고 싶은 유혹을 느낀다. 물론 이렇게 말하면, 제도 속에 감춰진 기능이나 악의적 의도가 있다고 보는 사회적 음모론에 물들어 있다는 비난을 피하기 어려울 것이라는 사실을 잘 안다. 그것은 정확히 부르디외가 알튀세르Louis Althusser의 '이데올로기적 국가기구' 개념을 질책하며 했던 이야기이기도 하다. 그 개념이 "최악의 것을 향한 기능주의"라는 관점에서 사고하는 경향이 있다는 것이다. 부르디외는 기구가 "어떤 목표들을 달성하기 위해 프로그램된 사악한 기계"가 된다고 쓰고는, "이러한 공모에 대한 환상, 사회세계에서 일어나는 모든 일에는 이 악마적 의지가 책임이 있다는 관념이 비판적 사유를 사로잡고 있다"고 덧붙인다.[4] 아마도 그의 말이 맞을 것이다! 알튀세르의 개념이 우리를 마르크스주의의 오래된 극작술—혹은 오래된 말잔치—로 몰아넣는다는 것을 부인할 수 없다. 거기서 대문자 실체들은 연극 무대에 선 것처럼 (순전히 스콜라적으로) 격돌한다. 그런데 우리는 부르디외의 정식 가운데 어떤 것들은 놀랍게도 그가 그토록 기피하고자 했던 것에 근접한다는 점을 주목할 필요가 있다. 비록 그의 관심사는 감춰진 의지보다는 '객관적 결과'를 지목하는 것이라 할지라도 말이다. 예를 들면, 그의 다음과 같은 문장을 보라. "민중 계급의 아이들, 그리고 그보다는 정도가 덜하지만, 중간 계급의 아이들을 학업 과정 내내 학교에서 제거하는 방식으로 작동하는 교육 체계의 진짜 기능은 무엇일까?"[5]

"진짜 기능!" 확실하다. 부인할 수 없다. 어머니가 온당한 견해를 내세웠음에도 불구하고, 세계에 대한 자신의 직관을 포기하지 않으려고 했던 와이드먼처럼, 나는 학교 체계가 우리 눈앞에서 작동하는 모습 속에서 진정 사악한 기계를 보지 않을 수 없다. 민중 계급의 아이들을 배척하고, 계급적 우위 및 직업이나 사회적 지위에 대한

138

차별적인 접근 기회를 영속화하고 정당화하는 것. 그 기계는 설령 이러한 목표를 달성하도록 프로그램되어 있지는 않다 하더라도, 객관적으로 이러한 결과에 다다른다. 학교는 피지배자들에 맞선 전쟁이 벌어지는 전장 가운데 하나다. 교육자들은 최선을 다한다! 하지만 그들이 사회질서의 거역할 수 없는 힘에 대항해 할 수 있는 일은 거의 없거나, 있다손 치더라도 아주 미미하다. 그 질서는 은밀한 동시에 모두가 볼 수 있게 작동하며, 모든 것에 대하여, 그리고 모든 것에 맞서서 부과된다.

3부

# 1


나는 앞에서 어린 시절엔 우리 가족이 모두
'공산주의자'였다고 말했다. 공산당이 우리가 정치와 맺는
관계의 가장 확고한 지평이자 그 조직 원리를 구성했다는
의미에서 말이다. 우리 가족은 어떻게 해서 우파
혹은 극우파에게 표를 주는 일이 가능하고, 심지어는
자연스러워 보이는 지경에 이르렀을까?

　　노동자층에서 계급의 적으로 간주하는 이들이
텔레비전에 출연하면 마음속 깊은 곳에서 즉각적으로
혐오감이 차올라 욕을 퍼붓던—우리의 현재 모습과
생각을 공고히 하는, 이상하지만 효과적인 방식이었다—
수많은 사람들이 그 후 국민전선에 투표하게 되기까지
무슨 일이 일어났던 것일까? 확신컨대, 내 아버지가 그런
경우였다. 나중에 그들 가운데 도저히 무시할 수 없는
수의 사람들이 결선투표에서, 예전에 욕하던 고전적인
우파 후보들에게 표를 주기까지(아예 예선투표에서부터
부르주아 경영자층의 우스꽝스러운 대표자에게 표를
주어 그를 공화국의 대통령으로 당선시키는 데 이르기
전이었다)[1] 무슨 일이 일어났던 것일까? 공식 좌파는 이
과정에서 어떤 막중한 책임이 있는가? 1960~70년대의
정치 참여를 젊은 시절의 분별없는 짓으로 치부해버리고,
권력의 핵심부에 다가선 이후로는 우파 사상을 불어넣기

위해 동분서주했던 이들에게는 어떤 책임이 있는 것일까? 이들은 좌파의 필수적인 관심사이자 19세기 중반 이래 좌파의 토대를 놓은 특징 중 하나인 사회적 억압과 적대에 대한 관심, 또는 아주 간단히 말해 정치 공간에서 피지배자들의 자리를 만들려는 의지를 역사의 지하감옥으로 보내버리려고 시도했던 것이다. 정치와 지식 담론, 그리고 공적인 무대에서 사라져버린 것은 노동운동의 전통과 투쟁만이 아니라, 노동자들 자체, 그리고 그들의 문화와 삶의 조건과 열망이기도 하다.[2]

내가 좌파(트로츠키주의자) 고등학생이었을 때, 아버지는 "우리에게 무엇을 해야 하는지 말하고 싶어 하고" "10년 뒤에는 우리에게 명령을 내리러 올" "대학생들"에 대해 줄곧 분노를 드러냈다. 즉각적인 만큼이나 완고한 그의 반응은 당시의 내게는 '노동 계급의 역사적 이해관계'에 상충하는 것으로 보였고, 이는 스탈린주의에서 제대로 탈피하지 못한 채 혁명의 필연적인 도래를 이야기하는 데만 급급한 낡은 공산당이 노동 계급을 장악하고 있는 탓으로 비췄다. 지금에 와서 내가 어떻게 아버지가 틀렸다고 생각할 수 있겠는가? 내전을 격찬하고 프롤레타리아 봉기의 신화에 심취했던 그들이 지금 어떻게 되었는지 보면 말이다! 그들은 늘 그래왔듯 열렬하고 자신감에 넘치지만, 그것은 오늘날 민중 계급이 조금이라도 항의를 하려는 기미만 보여도 이를 비난하기 위해서다. 그들은 그들에게 사회적으로

144

약속된 것에 다시 합류했고, 결국 되어야 할 사람이
되었으며, 그로 인해 어떤 이들의 적이 되었다. 그들이
과거에 그 전위를 구현한다고 자처하면서, 너무 소심하고
너무 '부르주아화'되었다고 비판했던 이들의 적 말이다.
마르셀 주앙도는 68년 5월에 학생들의 행렬이 지나가는
모습을 보며 이렇게 일갈했다고 한다. "집으로들
돌아가세요! 20년 뒤에 당신들은 모두 공무원이 될
테니까." 완전히 상반된 이유에서이긴 하지만, 내
아버지도 어느 정도 비슷한 생각을 품었다. 그리고
실제로 그렇게 되었다. 그들은 공무원은 아닐지 몰라도,
의심의 여지없는 유력자가 되었다. 때로는 아연실색할
만큼 화려한 궤적을 거친 후 정치적·지적·개인적으로
높은 지위에 올랐고, 사회질서를 안락하게 여기며, 있는
그대로의 세계를 수호했다. 그 세계는 현재 그들의
모습에 완벽하게 어울리는 것이었다.

1981년 프랑수아 미테랑François Miterrand이 좌파의
승리에 대한 기대를 불러일으키며, 공산당 투표층 4분의
1가량의 지지를 획득하는 데 성공했다. 공산당 후보는
예선투표에서 1퍼센트의 지지밖에 얻지 못했다. 1977년
국회의원 선거에서는 공산당이 유권자 20~21퍼센트의
지지를 끌어낸 바 있었다. 장차 도래할 붕괴의 전주와도
같았던 이러한 쇠락은 상당 부분 소비에트 정권과 단절한
후 진화하지 못했던 '노동 계급 정당'의 무능력에 의해

설명된다(사실 공산당은 소비에트 정권으로부터 상당한 재정 지원을 받았다). 그러한 무능력은 68년 5월의 영향 아래 발전했던 새로운 사회운동들을 고려하지 못한 데서도 나타났다. 노동 계급 정당은 1960~70년대를 특징지었던 사회 변혁과 정치 혁신의 의지에 거의 부응하지 못했던 것이다. 어떤 의미에서 1981년은 그러한 의지의 성과이자 결말이었다.³ 그런데 좌파의 승리는, 공산주의자들이 내각 구성에 참여하게 되었음에도, 곧 서민층이 환상에서 완전히 깨어나는 상황으로 귀착했다. 서민층은 신뢰를 보내고 투표했으나, 결국은 이 정치인들에게 홀대받고 배신당했다고 느끼고 애정을 거둬들이기에 이르렀다. 당시에 나는 다음과 같은 말을 자주 들었다(어머니는 내게 말할 기회가 있을 때마다 이 말을 되뇌었다). "좌파나 우파나 아무 차이가 없어. 모두 똑같은 놈들이야. 늘 당하는 사람들만 당하는 거지."

사회주의 좌파는 해가 갈수록 강도를 더하는 근본적인 전환의 경로에 들어섰고, 미심쩍은 열정과 함께 신보수주의 지식인들의 영향력 아래 놓이기 시작했다. 그들은 좌파의 사상을 갱신한다는 미명하에 좌파를 좌파이게 했던 모든 것을 지우려 애썼다. 실제로 이루어진 것은 지적인 준거의 갱신만이 아닌, 에토스의 전반적이고 심층적인 변환이었다. 이제 사람들은 더 이상 착취와 저항이 아니라 '불가피한 근대화'와 '사회적 재정립'에 관해, 계급관계가 아니라 '더불어 살아가기'에 관해, 사회적 운명이 아니라 '개인적 책임'에 관해 말하게 되었다. 지배라는 개념, 그리고 지배자와 피지배자의 구조적 대립이라는 관념은 공식 좌파의 정치적 정경에서 사라져버렸고, 그 자리에 '사회계약' '사회적 협정pacte social'이라는 중화된 관념이 들어섰다. 이러한 틀 안에서 '법적으로 평등하다'고 규정되는 개인들('평등하다'고? 웬 질 낮은 농담이란 말인가!)은 '특수한 이해관계'를 잊도록(즉 입을 닥치고서 통치자들이 원하는 대로 통치하게끔 내버려두도록) 요청받는다. 미디어 장, 정치 장, 지식 장의 끝에서 끝까지, 우파에서 좌파에 이르기까지 널리 퍼지고 찬사받은 이 '정치철학'의 이데올로기적 목표는 무엇이었을까? (그 주창자들은 좌파의 동의 아래 좌파를 우파 쪽으로 끌어당기며 좌우파 사이의 경계를 지우기 위해 전력을 기울였다.) 내기물은 감춰져 있을 뿐이었다. 새로운 정치철학은 '자율적인 주체'를 예찬하고, 역사적·사회적 결정요인들을 중시하는 사유에 종말을 고하고자 했다. 이러한 사유의 주된 기능은—'계급' 같은—사회집단들이 존재한다는 관념을 해체하고, 이렇게 해서 **복지국가와 사회보장의 파괴**를 정당화하는 데 있었다. 노동권과 연대 및 재분배 체계의 개인화(혹은 탈집단화, 탈사회화)가 불가피하다는 미명 아래 말이다. '집단주의'에 맞서 개인적 책임을 앞세우는 이 낡은 담론과 기획은 이전까지 우파의 것으로, 우파에 의해 강박적으로 지겹게 되풀이되어왔는데, 이제 좌파 역시 상당 부분 공유하게 되었다. 사실상 우리는 상황을 다음과 같이 요약할 수 있을 것이다. 여러 좌파 정당과 좌파 지식인들, 즉 당 지식인과 국가 지식인들은 그 후로는 더 이상 피치자들의 언어가 아닌, 통치자들의 언어로 생각하고 말하게 되었다고 말이다. 그들은 더 이상 피치자들의 이름으로(그리고 그들과 더불어)가 아니라, 통치자들의 이름으로(그리고 그들과 더불어) 스스로를 표현하게 되었다. 그리하여 그들은 세계에 대해 통치자들의 관점을 취하고, 피치자들의 관점을 멸시하며(이는 그것을 당한 이들에게는 거대한 담론적 폭력으로 경험되었다) 밀어내기에 이르렀다. 이러한 신보수주의 담론의 기독교적 혹은 박애주의적 판본 속에서, 이 지식인들은 과거의 피지배자와 피억압자 들—그리고 그들의 투쟁—을 고작 오늘날의—수동적이라 가정되는—'배제된 자들'로 대체하고, '불안정성 증가'와 '사회적 탈락'의 '피해자'와 '빈민'을 지원하려는 기술관료제적 정책의 조용한 잠재적 수취인으로서만 그들에게 관심을 기울였다. 이는 억압과 투쟁, 사회 구조의 재생산과 변형, 계급 적대의 관성과 동학이라는 차원에서의 접근을 파기하려는, 교활하고 위선적인 또 다른 지적 전략에 지나지 않았다.[4]

이러한 정치 담론의 이행은 사회세계에 대한 지각을 변화시켰고, 그에 따라 사회세계 그 자체도 수행적으로 변화했다. 사회세계는 상당 부분 그것을 바라보는 이들이 의존하는 사유 범주들에 의해 생산되기 때문이다. 하지만 '계급'과 계급 관계를 정치 담론에서 사라지게 만든다고 해서, 또 그것들을 인지적·이론적 범주에서 지워버린다고 해서, '계급'이라는 단어가 지칭하는 객관적 조건을 살아가는 사람들이 '사회적 관계'의 효용을 설교하는 사람들에게뿐 아니라, 경제적 탈규제의 '불가피성'과 사회국가 붕괴의 '불가피성'을 설파하는 사람들로부터 버림받았다고 집단적으로 느끼는 것을 막을 수는 없는 일이다.[5] 그리하여 모든 분야의 가장 박탈당한 계층은 정치적 카드가 재분배될 때 일어나는 거의 자동적인 효과에 의해, 유일하게 그들에게 관심을 쏟는 듯 보이는, 그리고 어떤 식으로든 그들의 체험에 애써 의미를 부여하려는 담론을 제공하는 정당 쪽으로 향하게 된다. 비록 이 정당의 지도부가, 공산당과는 달리, 민중 계급 출신으로 이루어져 있지 않음에도 불구하고 말이다. 공산당에서는 유권자들이 자신과 비슷한 사람이라고 생각할 수 있는 노동 계급 출신의 활동가들을 선발하기 위해 주의를 기울였다. 어머니는 늘 다른 주장을 해왔지만, 국민전선에 투표한 적이 있다고 결국 시인했다("딱 한 번이었어." 어머니는 이렇게 강조했는데, 이 말을 믿을 수 있을지는 잘 모르겠다. "세상이 제대로 안 굴러가니까, 한번 혼내주려고 그런 거야." 어머니는 고백의 껄끄러움이 가시자 이런 식으로 변명했고, 예선에서 장-마리 르펜Jean-Marie Le Pen에게 지지표를 던졌던 것에 대해서는 다음과 같은 묘한 설명을 덧붙였다. "사람들이 르펜을 원해서 그에게 투표한 건 아냐. 결선에서는 다들 정상적으로 투표했다고"[6]).

공산당에 대한 투표가 스스로 책임을 지고 공개적으로 내세울 수 있는 투표라면, 극우에 대한 투표는 감춰야 하는, 즉 '외부'(내 가족의 눈에는 나도 그 일부였다)의 판단 앞에서 그 사실을 부인해야 하는 것이었다. 그럼에도 불구하고, 그것은 충분한 심사숙고를 거쳐 내린 확고한 결정이었다. 전자의 경우, 사람들은 '노동자 정당'에 대한 지지라는 정치적 몸짓을 통해 자신의 계급 정체성을 구성하고, 자랑스럽게 이를 긍정했다. 후자의 경우, 사람들은 제도권 좌파의 지도층에게 멸시까지는 아닐지라도, 아무튼 무시당하는 이 정체성에 머물러 있기를 침묵 속에서 옹호했다. 제도권 좌파들은 모두 기술관료 체제의 권력을 양성하는 국립행정학교ENA나 기타 부르주아 학교들, 그러니까 '지배 이데올로기'가 생산되고 교육되는 장소들에서 나왔다. 이 지배 이데올로기는 이제 정치를 넘어선transpolitique, 일반적인 것이 되었다('근대주의적modernist'―그리고 종종 기독교적인―좌파의 소수 엘리트 집단이 이 우파의 지배 이데올로기를 정교화하는 데 엄청나게 기여했다는 것은 아무리 강조해도 지나치지 않을 것이다. 그러므로

전前 사회당 대표—프랑스 북부 출신으로, 다른
사회적 출신 배경과 정치 문화를 갖고 있었다—가
2002년 대선 때 동지들에게 '노동자'라는 단어가 "욕이
아니'라는 것을 환기할 필요성을 느꼈다는 점은 놀랍지
않다[7]). 역설적으로 보일지는 몰라도, 나는 국민전선을
지지하는 표가 부분적으로는 자신들의 집합적 정체성을
지켜내려는 서민층의 마지막 호소로 해석되어야 한다고
믿는다. 항상 짓밟힌다고 느껴왔고, 이제는 한때 자신들을
대표하고 방어하던 자들에 의해서까지 짓밟히고 있다고
느끼는 이들의 존엄성을 수호하려는 호소 말이다.
존엄성은 그 자체 취약하고 불확실한 감정이다. 그것은
신호와 보증을 필요로 한다. 사람들은 통계나 회계 파일
속의 단순한 요인이나 무시할 만한 양, 그러니까 정치적
결정을 말없이 감수해야 할 대상으로 여겨지지 않기를
요구한다. 모종의 신뢰를 보내던 이들이 더 이상 그럴
만한 가치가 없어 보일 때, 사람들은 다른 이들에게로 그
신뢰를 돌린다. 그때그때 새로운 대표자들 쪽으로 방향을
바꾸는 것이다.[8]

결과적으로 마지막 호소가 그러한 얼굴을 하고 있을
때 잘못은 누구에게 있는가? 이런 방식으로 유지되거나
재구성된 '우리'의 의미가 '부르주아'에 대립하는
'노동자'보다는, '외국인'에 대립하는 '프랑스인'을
가리키는 지경으로 변화했다면, 아니 더 정확하게 말해
'부르주아'와 '노동자'의 대립이 '가진 자' 대 '못 가진

사'라는 대립 형태로 이어지면서(이는 결코 같은 것이
아니며, 동일한 정치적 결과를 가져오지도 않는다)
민족적·인종적 차원을 통합했다면, 과연 잘못은 누구에게
있는가? 가진 자는 이민을 부추기는 것으로 비추어지고,
못 가진 자는 모든 악의 근원인 이민 때문에 일상생활
속에서 고통받는다는 식의 구도가 만들어진 것이다.

　우리는 공산당에 대한 투표가 긍정적인 자기
확인을, 국민전선에 대한 투표가 부정적인 자기 확인을
표상한다고 가정해볼 수 있다(전자의 경우 지지 구조,
대변자, 정치 담론의 일관성, 계급 정체성의 일치 등
상관관계가 매우 강력하고 또 결정적인 데 반해, 후자의
경우에는 상관관계가 부차적이거나 거의 부재한다).
하지만 두 경우 모두 원했던 것은 선거 결과가, 한 집단이
자신의 목소리가 들리도록 개인적이자 집합적으로 표를
던짐으로써 스스로를 집단으로서 동원하는 집합적
표명이 되게끔 하는 것이었고, 실제로 그렇게 되었다.
공산당을 둘러싸고서는, 객관적인 존재 조건과 정치적인
전통 모두에 뿌리박은, 자의식을 가진 집단의 집합적
투표가 조직되었다. 여기에 또 다른 범주의 집단들이
결집할 수 있다. 그들은 세계에 대한 지각 방식이나
정치적 요구가 일치할 때, 지속적으로 혹은 잠정적으로,
스스로를 계급–주체로 표명하는 '노동 계급'에 합류한다.
좌파의 정치 담론에서 상호 갈등하는 사회 집단들이라는
관념을 삭제함으로써(이는 노동자들의 요구를 지지할

수밖에 없는, 사회의 구조적 갈등을 확인하는 입장을 사회운동에 비난을 가하는 입장으로 대체하는 데까지 나아갔는데, 사회운동은 그 지지자들과 함께 '낡은 것'이라는 꼬리표가 붙었고, 과거의 잔재 혹은 통치자들이 복구해야 할, 사회관계의 붕괴 신호로 간주되었다), 한때 함께 투표했던 사람들이 자신들이 공통의 관심사와 이해관계로 단단히 묶인 집단이라고 생각할 가능성 자체를 빼앗는 데 성공했다고 여기는 이들도 있었다. 의견들은 개인화되었고, 예전에 그것이 가졌던 힘이 사라지면서 무기력 상태에 빠져들었다. 하지만 이러한 무기력은 분노가 되었다. 그 결과는 피할 수 없었다. 집단은 다른 방식으로 다시 형성되었고, 좌파의 신보수주의 담론에 의해 해체된 사회 계급은 자신의 관점을 알리고 스스로를 조직할 수 있는 새로운 수단을 발견했다.

사르트르는 선거 기간과 투표가 의견을 개인화·탈정치화—'집렬체성sérialité'의 상황—한다고 간주하면서, 운동이나 동원 과정에서 이루어지는 사유의 정치적·집합적 형성—'집단'—과 대비시킨 바 있다.[9] 그런데 그가 제시한 이 탁월한 분석은 앞의 논의와 관련하여 그 한계를 드러낸다. 확실히 사르트르가 든 사례는 인상적이다. 68년 5월의 대파업에 참여했던 노동자들은 한 달 뒤 우파 후보들에게 투표함으로써 드골 체제를 구제했다. 하지만 이 때문에 다음과 같은 점을 간과해서는 안 될 것이다. 즉 선거 행위는 겉으로는 그 근본에서부터 개인적인 것처럼 보이지만, 집합적 동원 양식이나 타인들과 공동으로 수행하는 행동 양식으로 경험되기도 한다는 것이다. 이러한 의미에서 그것은, 개인들의 목소리의 총합이 개별 의지들을 초월하는 '일반 의지'의 표현으로 귀착한다고 여겨지는 '보편 선거' 체제의 원리 그 자체를 위반한다. 내가 방금 언급한 사례(공산당이나 국민전선에 대한 투표)에서는 정반대 현상이 벌어진다. 투표함을 수단으로 계급 전쟁이 일어나고 투표 때마다 충돌이 발생하는데, 거기에서 우리는 하나의 사회 계급—혹은 그 일부—이 다른 계급들에 대해 자신의 존재감을 드러내고 세력관계를 정초하려 애쓰는 모습을 본다. 메를로-퐁티Maurice Merleau-Ponty는 "투표가 직업과 생활 바깥에서, 휴식 중인 사람들의 의견을 묻는다"는, 그러니까 개인화와 추상화의 논리를 따른다는 점을 강조하면서 "우리의 투표는 폭력적"이라고 주장한다. "우리는 각자 다른 이들의 투표를 거부한다."[10] 노동 계급은 인민의 '일반 의지'가 무엇인지에 대한, 만인에 의한 만인의 규정을 내리는 데 협력하려고 하지 않으며, 합의를 정교화하려 한다든지 소수파가 승복하기를 기대할 만한 다수파의 출현에 이바지하지도 않는다. 그렇기는커녕 노동 계급 혹은 노동 계급의 일부는 이 '다수'의 관점을 노동 계급의 이해에 맞서, 그들 자신의 이해관계를 수호하려는 적대 집단의 것으로 간주하고 있음을 상기시키면서, 선거에서의 다수가 '일반적' 관점을 대표한다는 주장을 반박한다(이는 다른 계급들도 마찬가지인데, 우리는 좌파가 권력을 잡을 때면 매번 부르주아지가 그러한 반응을 보이는 것을 관찰할 수 있다). 국민전선에 대한 투표의 경우에는, 이러한 스스로의 정치적 구축 과정이 예전이라면 '적'으로 여겨졌을 사회 계층들과의 연합— 선거 기간 중에 한정된 것일 수도 있겠지만—을 통해 이루어졌다. 정치 담론에서 '노동 계급'과 노동자들— 한마디로 민중 계급 일반—의 실종은 '좌파'의 기수라 할 노동계와 다른 몇몇 사회 범주(공공 부문 급여생활자, 교사 등등) 사이의 오랜 동맹을 해체하는 효과를 가져왔다. 그람시Antonio Gramsci의 용어를 쓰자면, 취약성과 불안정성이 증가한 서민 계층의 상당수를 소상인 집단이라든가 프랑스 남부의 부유한 은퇴자층, 나아가 파시스트 군인이나 전통주의적 구식 가톨릭 가족과 같은, 우파 혹은 극우에 광범위하게 뿌리박은 사람들과 연합시키는 새로운 '역사적 블록'이 조성된 셈이다.[11] 하지만 이는 아마도 특정한 시기에 좌파 권력에 맞서, 아니 더 정확히는, 좌파 정당들이 구현하는 권력에 맞서 압력을 가하기 위함이었고, 그렇게 압력을 가하는 것이 중요했기 때문이었다. 그렇다. 이러한 몸짓은 그들에게 남아 있는 유일한 수단으로 간주되었다. 하지만—예전에 공산당에 대한 지지표로 결집했던 집단의 일부로 구성된—이 집단은 명백하게 옛날과는 다른 무엇이 되었다. 그 집단을 구성하는 사람들은 자기 자신에 대해, 그들의 이해관계에 대해, 사회적·정치적 삶과 맺는 관계에 대해 완전히 다른 식으로 생각한다.

국민전선 지지층의 상당수는 아마도 이전 공산당 지지층과 겹치지 않을 것이다. 국민전선 지지층은 더 불규칙적이고 덜 충실했으며, 그 집단을 정치 무대에 존재하도록 만들어줄 이들, 즉 대변자들에게 지속적으로 강력하게 자기 목소리를 위임하거나 스스로를 위탁하지 않았다. 개인들은 공산당에 대한 투표를 통해서 분리되고 집렬체화된 존재 양식을 넘어섰다. 그 결과로 나온 집합적 여론은, 당의 매개를 거쳐 표현될 뿐 아니라 당의 매개를 거쳐 형성되기에, 결코 유권자 개개인의 분분한 의견들의 반영에 불과한 것이 아니었다. 국민전선에 대한 투표에서 개인들은 그들의 원래 모습 그대로 남아 있었고, 그들이 생산하는 여론은 자생적 편견들의 총합으로서 정당의 담론이 포획해서 일관된 정치 프로그램 안에 통합하고 형식화한 의견에 지나지 않았다. 그리고 국민전선에 투표한 사람들이 이 프로그램에 전부 찬성하지 않는다고 해도, 이렇게 이들의 지지가 부여한 힘으로 말미암아 이 정당은 지지자들이 정당의 모든 담론에 동의한다고 믿게 된다.
　　이에 대해 심층적으로 집렬체성에 의해

특징지어지는 집렬적 집합체un collectif sériel의 문제라고 말하려는 유혹을 느낄 수도 있을 법하다. 왜냐하면 여기서 지배적인 것은 공통의 숙고된 이해관계와 실천적 행동 속에서 정련된 의견들이기보다는 즉각적인 충동과 공유된 통념들이고, 정치화된 견해(지배에 대한 투쟁)이기보다는 소외된 비전(외국인에 대한 배척)이기 때문이다. 그럼에도 불구하고, 이 '집합체'는 특정 정당에 대한 투표를 수단으로 하나의 '집단'으로서 구성된다. 자신들의 목소리를 들리도록 할 목적으로 그 정당을 도구화했던 사람들이 선택하고 이용한 표현 수단을, 이 정당은 그들의 동의 아래 다시 도구화한다.[12]

어쨌든 우리는 투표가 대개 우리가 표를 주는 정당이나 후보자의 담론 혹은 프로그램에 대한 부분적이거나 삐딱한 지지에 지나지 않는다—그리고 이는 모든 이들이 마찬가지다—는 점을 인정해야 한다. 어머니가 낙태한 적이 있음을 알고 있었던 나는, 르펜에 투표함으로써 그녀가 낙태의 권리에 결사반대하는 정당을 지지한 셈이라고 지적했다. 그러자 어머니는 대답했다. "아! 그건 아무 관계없어. 내가 르펜에게 투표한 건 그래서가 아니야." 이 경우에 우리가 지지 결정에 고려하고 영향을 끼친 요인들과 의식적으로 한쪽에 제쳐둔 요인들을 어떻게 구별할 수 있을까? 아마도 핵심은 개인적으로 혹은 집합적으로, 비록 불완전하거나 불충분할지언정, 우리가 지지하는 사람들에 의해 지지받고 대표된다는 것을 알거나 그렇게 믿는 감정에 있을 것이다. 선거에서의 이러한 몸짓과 단호한 행동을 통해, 정치적 삶에서 존재감과 중요성을 인정받는다는 감정 말이다.

이 적대적인 두 가지 정치적 비전(공산당에 대한 투표에서 구현된 것과 국민전선에 대한 투표에서 구현된 것), 자신을 정치의 주체로 구성하는 두 가지 양식은 사회세계를 지각하고 분할하는 상이한 범주들에 의존한다(게다가 이 범주들은 상이한 시간성과 장소, 우리가 편입되어 있는 일상생활의 구조에 따라 한 사람 안에서 공존할 수 있다. 이를테면, 공장 안을 지배하는 것이 실천적인 연대감인지 아니면 일자리 보존을 위한 경쟁의식인지, 학교에 아이를 데리러 가는 학부모들의 비공식적 네트워크에 소속감을 느끼는지 혹은 동네의 팍팍한 생활에 분개하는지 등이 변수가 될 것이다). 그것들은 사회적 실재를 재단하고 통치자들의 정치적 지향에 압력을 가하는 대립되는 혹은 상충되는 방식들이며, 하나가 다른 하나를 반드시 배제하는 것도 아니다. 바로 그런 이유로, 국민전선의 지지층 내부에서 작동하는 연합들이 그렇게 당황스럽게 지속되다가도, 그 정당의 후보자에게 투표하는 사람들 가운데 일부—오직 일부이다—가 가까운 장래에 극좌파에게 투표하고 나서는 상황은 결코 실현 불가능한 것이 아니다.

그렇다고 이 말이 극좌와 극우가 같은 지평 위에 놓일 수 있음을 의미하는 것은 아니다. 정당한 정치에 대한 정의를 독점하면서 이를 수호하려 애쓰는 자들은 재빨리 그렇다고 선포하고 있지만 말이다. 그들은 자신들의 규정에서 벗어나는 모든 관점과 자기 확인을 체계적으로 '포퓰리즘'이라고 비난한다. 하지만 그러한 비난은 그들의 '이성'과 '지혜'를 따르는 데 동의하지 않는 민중의 이른바 '비합리성' 앞에서 그들이 드러내는 ― 계급적 ― 몰이해의 지표 이상도 이하도 아니다. 그런데 투표라는 수단을 통해 결집된 집단 ― 노동계와 민중 계급 ― 은 총체적(국가적 혹은 국제적)인 상황이 변화하면, 정치적 체스판 위의 자리가 근본적으로 뒤바뀔 수도 있고, 또 다른 '역사적 블록'의 틀 안에서 다른 사회적 분파들과 결집할 수도 있다. 하지만 그와 같은 재조직화가 도래하려면 아마도 중대한 사건들 ― 파업, 동원 등 ― 이 다수 일어나야 할 것이다. 왜냐하면 우리는 오랫동안 마음속 깊이 자리한 정치적 소속감 ― 그것이 불안정하고 불확실할지라도 ― 으로부터 쉽게 떨어져 나올 수 없기 때문이다. 또 다른 소속감, 그러니까 자기가 타자와 맺는 또 다른 관계, 세계에 대한 또 다른 시선, 세상사에 대한 또 다른 담론은 하루아침에 만들어지지 않는다.

2

나는 국민전선의 담론과 성공이, 다양한 측면에서
1960~70년대 민중 계급에 활기를 불어넣었던 감정들에
의해 조장되고 심지어 호출되었다는 점을 모르지
않았다. 만일 누군가가 이 시절에 좌파에 투표했던
우리 가족이 매일 떠들어댔던 주장들로부터 하나의
정치 프로그램을 연역해내고자 한다면, 그 결과는
1980~90년대 극우 정당의 미래 선거 플랫폼으로부터
그리 멀리 떨어져 있지 않을 것이다. 이민자 추방과
일자리와 각종 복지수당에서의 '프랑스인 우대,' 억압적인
형벌 정책의 강화, 사형제도 지지와 확대 적용, 의무교육
연한 14세 등등. 과거 공산당 지지층(또는 별 고민
없이 국민전선에게 투표하는 젊은 유권자층. 노동자의
자녀들은 윗세대에 비해 더 쉽고 더 체계적으로
국민전선에 투표한다[1])을 극우 정당이 장악한 현상은
마음속 깊이 자리한 인종주의에 의해 가능해지고
촉진되었다. 이러한 인종주의는 백인 서민층과
노동자층의 지배적인 특징 가운데 하나이기도 했다.
1980년대에는 마그렙[2] 이민자 가족들을 반대하는
말들이 횡행하게 되었다. "우리는 침략당했어. 더 이상
우리나라가 아니야"라든지 "다 그놈들 차지야. 그들은
가족수당으로 생활하는데, 우리한테는 이제 아무것도

없어"라는 등의 이야기가 지겹도록 이어졌는데, 이런 식으로 마그렙에서 온 노동자들을 바라보고 말하고 대하는, 근본에서부터 적대적인 방식은 최소 30년이 넘게 이어져온 것이었다.³ 이러한 적대감은 이미 알제리전쟁 중에("독립을 원하면, 자기네 나라에 머물러야지"), 그리고 알제리가 독립을 쟁취한 이후에도("그놈들은 독립을 원했고 얻어냈어! 그렇다면 이제 자기네 나라로 돌아가야지") 나타났는데, 1960~70년대에는 한층 심해졌다. 마그렙 이민자들에 대한 프랑스인들의 경멸은 특히 그들을 겨냥한 체계적인 멸칭을 통해 드러났다. 사람들은 마그렙 이민자들을 부를 때 '염소새끼'나 '쥐새끼' 같은 단어들을 사용했다. 그 시절에 '이민자'는 대개 단체 기숙사나 비위생적인 호텔에서 묵는 혼자 사는 남성이었다. 숙박업소 주인은 이민자들에게 열악한 생활환경을 제공하고 돈을 벌었다. 새로운 이민자 세대가 대거 들어오고 이민자들이 아이를 낳아 가족을 이루게 되자 상황은 변화했다. 외국 출신의 인구 집단은 모두 준공한 지 얼마 되지 않은 HLM 단지들에 정착했다. 이 단지들은 그때까지만 해도 프랑스인이나 유럽에서 온 이민자들이 거주하던 곳이었다. 1960년대 중반 부모님이 도시 변두리에 위치한 HLM 단지에 아파트를 얻었을 때만 해도, 그 건물에는 백인들만 살았다. 나는 열세 살부터 스무 살 무렵까지 거기서 살았다. 1970년대 말 즈음—내가 이미 그곳을 떠난 후였다—마그렙 가족들이 정착했고, 모든 동네에서 그들이 다수가 되었다. 이러한 변화는 인종주의적 충동을 극적으로 격화시켰으며, 이는 일상적 대화 속에서 그대로 드러났다. 하지만 마치 아주 드물게만 교차하는 두 가지 의식 수준의 문제라도 되는 양, 그러한 인종주의의 심화가 심사숙고된 정치적 선택과 충돌하지는 않았다. 그 선택이 알제리전쟁에 맞서 투쟁했던 정당—'노동자당'—에 대한 지지 투표이든, 공식적으로 인종주의를 비난하는 조합 가입이든, 아니면 더 일반적으로 좌파 노동자로서의 자기 인식이든 말이다.[4]

사실 사람들이 좌파에 투표했다는 것은 어떤 식으로든 이러한 유형의 즉각적 충동에 대항해, 그러니까 자기 자신의 일부에 대항해 투표했다는 것이다. 이 인종주의적 감정은 분명 강력했고, 가증스럽게도 공산당은 기회가 생길 때마다 지체하지 않고 그 감정에 아첨했다. 하지만 그것이 침전해 정치적 관심의 본거지를 구성하지는 않았다. 그리고 사람들은 핵가족보다 넓은 범위의 모임에 있을 때면 그러한 감정에 대해 변명해야 한다는 의무감을 느끼곤 했다. 따라서 "난 절대 인종주의자는 아니지만…"으로 문장을 시작하거나, "그렇다고 해서 내가 인종주의자는 아니야"로 문장을 끝내는 일이 드물지 않았다. "어디나 그렇지만, 그 나라에도 좋은 사람들은 있지…" 같은 말을 대화 사이사이에 넣는다거나, 공장에 있는 이런저런 '녀석'의 사례를 언급하는 사람들도 있었다. 평범한 인종주의의

일상적인 표현들이 직접 이데올로기적인 요소들로
응집하고, 사회세계를 지각하는 헤게모니적 양식으로
변환되는 데에는 시간이 필요했다. 이러한 과정은 그러한
표현들을 독려하고 공적인 무대에서 의미를 부여하기
위해 진력하는 조직된 담론의 영향 아래 진행되었다.

부모님이 그동안 살던 아파트를 떠나 뮈종의 분양주택에
입주하기로 결정한 것은 동네를 지배하게 된 새로운
환경을 참을 수 없었기 때문이었다. 부모님은 이렇게,
한때 자신들에게 속했으나 이제는 박탈당하고 있다고
느끼는 세계에 갑작스레 침입한, 그들에게 엄청난
위협으로 지각되는 것을 피해 달아났다. 어머니는
이 새로운 이주자들에게 딸린 아이들의 '행렬'에
대해 불평을 늘어놓기 시작했다. 이 아이들은 계단에
똥오줌을 싸질렀고, 청소년이 되어서는 온갖 사소한
비행을 일삼으면서 주택단지가 치안 부재와 공포 속에서
동요하게 만들었다. 어머니는 건물 파손에 대해서도
분개했는데, 파손은 계단 아래 작은 창고의 벽에서부터
지하실 개인 저장고의 문, 현관 우편함—수리하자마자
다시 부서졌다—, 너무도 자주 사라져버리는 우편물과
신문 등에 이르기까지 광범위했다. 거리에 세워둔
자동차가 손상되는 건 말할 필요도 없었다. 백미러가
부서졌고, 차체는 긁혀 칠이 벗겨졌다. 어머니는 다른 집
부엌에서 나는 끝없는 소음과 냄새를 참을 수 없었고,

아이드 알카비르 축제[5]를 준비한답시고 윗집 욕실에서
양의 멱을 따는 소리 또한 견딜 수 없었다. 그녀의 묘사
대로 이런 일들이 실제로 일어났을까? 아니면 환상
속에서 벌어진 일인가? 아마도 두 가지 모두일 것이다.
나는 부모님과 함께 살지 않았고, 그들을 만나러 온 적도
없기에 이에 대해 판단할 위치에 있지 못하다. 어머니와
통화하며 과장하는 것 아니냐고 하자—어머니는
인종주의 말고 다른 화젯거리는 별로 없었다—, 그녀는
이렇게 대답했다. "너희 동네에선 그러지 않는다는 것
잘 안다. 네가 사는 구역에선 그런 일이 없겠지." 내가
여기에 무슨 답을 할 수 있었겠는가? 나는 이웃의 다양한
문제—참으로 고통스러울 것이다—를 세계관과 정치적
사유 체계로 변환시키는 담론들이 어떻게 형성되는지
스스로 질문해보았다. 그것들은 어떤 역사에 닻을
내리고 있을까? 어떤 사회적 심연으로부터 나올까? 그
담론들은 정치적 주체성을 구성하는 새로운 양태로부터
출발하여, 예전 같았으면 격렬한 분노 반응만 촉발했을
유형의 지도자와 극우 정당에 투표하는 형식으로
굳어지고 구체화되는 것일까? 그 양태가 이렇게
정치-미디어 공간 내에서 승인받고 반향을 일으키는
순간부터, 이 자생적 지각 범주들과 그 위에서 작동하는
분할들('프랑스인' 대 '외국인')은 점점 거대한 '자명성'을
부여받고, 매일 핵가족과 대가족 안에서 이루어지는
평범한 토론이나 상점, 거리, 공장에서 나누는 대화 속에

깊이 자리 잡는다. 이렇게 해서 우리는 한때 공산당이
지배적이었던 사회정치적 계층에게서 인종주의적 감정이
응결되고, 이와 함께 그것이 민중의 목소리와 민족
감정의 공명에 불과하다는 주장과 정치적 제안 쪽으로
기울어지는 뚜렷한 경향을 마주한다. 사실 나쁜 충동과
원한의 정동에 일관된 담론적 틀과 사회적 정당성을
제공함으로써 민중의 목소리와 민족 감정을 지금과
같은 모습으로 생산해낸 것은 바로 그 정치적 제안이다.
'프랑스' 민중 계급이 공유하는 '상식'은 심층적인 전환을
맞이하게 된다. 정확하게 말하자면, 민중 계급에게
'프랑스인'이라는 특질이 '노동자'라든가 '좌파' 남성 혹은
'좌파' 여성이라는 특질을 대체하는 주요 요건이 되었기
때문이다.

우리 가족의 예는 1960년대에 민중 계급에 널리 퍼진
일상적인 인종주의와 1970~80년대에 더욱 강경해진
인종주의의 양태를 구체적으로 보여준다. 식구들은
북아프리카에서 단신으로 넘어온 노동자들이나,
그들과 합류하러 온 가족이나 그들이 현지에서 꾸린
가족에 대해, 그리고 프랑스에서 태어났기에 실상
프랑스인이지만 '이민자' 혹은 '외국인'으로 지각되는
그들의 아이들에 대해 경멸적이고 모욕적인 어휘를
끊임없이 사용했다(어머니는 지금도 마찬가지다).
이 모욕의 단어들은 언제 어느 순간이든 튀어나올 수

있었고, 그 날카로운 적대감이 증폭되도록 악센트가 실렸다. '북아프리카놈' '아랍놈' '깜둥이'… 내 피부색은 짙은 갈색이라, 청소년 시절 어머니는 이렇게 말하곤 했다. "너는 아랍놈을 닮았어" "네가 멀리서 다가오는 모습을 보고 깜둥이인 줄 알았다" 등등. 이 시절 출신 환경이 주는 공포는, 매일매일 하루에도 몇 번씩 듣게 되는 이런 부류의 말들이 내 안에 불러일으켰던 경악과 불쾌감과도 관련되어 있었다. 최근에 나는 어머니를 파리에 초대해 주말을 보내시도록 했다. 어머니와의 대화는 내가 드물게만 접하던 '깜둥이' '검둥이' '짱개' 따위의 어휘를 끝없이 실어 날랐다. 사실 내가 그런 어휘를 드물게 접했던 것은, 그럴 수 있도록 내가 내 삶을 구축했기 때문이었다. 할머니가 사시던 바르베스 가—꽤 오래전부터 인구 대다수가 아프리카와 마그렙 출신인 동네—에 관해 이야기를 나누게 되었을 때, 어머니는 당신이라면 거기 살고 싶지 않을 것이라고 말하면서 다음과 같은 이유를 댔다. "그 사람들 사는 데는 우리 사는 데 같지 않아." 나는 짜증을 억누르고 짧게 반박했다. "그런데 엄마, 바르베스도 우리가 사는 데예요. 파리의 한 구역이라고요." 어머니는 간단하게 대꾸했다. "그럴지도 모르지. 어쨌든 내 생각은 그래." 나는 중얼거릴 수밖에 없었다. "난 아니에요." 이 말을 하며, 그때 이미 작업을 시작했던 『랭스로 되돌아가다』의 여정이 쉽지 않을 것이며, 어쩌면 영영 끝나지 않을

정신적·사회적 여행이 될 것이라고 마음속으로
결론지었다. 그때의 일을 다시 돌이켜보면, 다음과 같이
자문하게 된다. 어머니의 인종주의와 어머니(이민자의
딸!)가 이주 노동자들 일반과 특히 '아랍인들'에 대해
공공연히 드러내는 지독한 경멸은 혹시, 열등하다는
낙인이 찍힌 사회적 범주에 속하는 어머니가 자기보다 더
심하게 박탈당한 사람들에 대해 우월감을 느끼는 하나의
방편이 아니었을까 하고 말이다. 그것은 타자의 가치에
대한 평가절하를 우회 수단으로 삼아, 스스로에 대해
가치 있는 이미지를 만들어내는 하나의 방식, 그러니까
자기만의 시선으로 존재하는 한 가지 방식이었는지도
모른다.

1960~70년대 부모님의 담론, 특히 어머니의 담론에는
이미 '그들'과 '우리'를 분리하는 두 가지 형식,
그러니까 계급적 분할(부자와 가난한 자)과 인종적
분할('프랑스인'과 '외국인')이 뒤섞여 있었다. 하지만
모종의 정치적·사회적 정황이 둘 중 어느 한쪽으로
방점을 옮겨놓을 수 있었다. 68년 5월 대파업은 출신과
관계없이 '노동자들'을 '기업가'에 맞서 연대하게 했다.
"프랑스 노동자든 이주 노동자든 동일 고용, 동일
투쟁"이라는 멋진 슬로건이 기세를 떨쳤다. 뒤이어
벌어진 제한적이고 국지적인 파업에서도 마찬가지
관점이 우세했다(그런 상황에서 경계는 파업 참가자들과

'기업가 편에 선 이들,' 즉 '어용' 사이에 그어졌다).
사르트르는 다음과 같은 사실을 꿰뚫어보았다. 파업
전에 프랑스 노동자는 자연스러운 인종주의자로서
이민자들을 불신하지만, 일단 행동의 방아쇠가 당겨지면
이러한 악감정들은 사라지고 연대(부분적이고 잠정적인
것일지라도)가 지배한다는 것이다. 인종주의적 분할이
계급적 분할을 대신하게끔 만드는 것은 바로 이와
같은 결집의 부재, 또는 결집·연대하는 사회집단에
속해 있다는 자의식(정신적으로는 항상 결집되어
있고, 잠정적으로 언제든 결집 가능하다는 지각)의
광범위한 부재이다. 좌파가 자의식의 지평이 되어주었던
결집을 파기해버리자, 이번에는 집단이 다른 원리, 즉
민족적 원리를 중심으로 구성된다. 그것은 빼앗기고
추방당했다고 느끼는 영토의 '정당한' 점유자로서의 자기
확인으로, 이제 그들이 사는 동네가 작업장과 사회적
조건을 대체해, 그들 자신을 규정하고 그들이 타자와
맺는 관계를 규정한다. 또한 그들의 자기 확인은 더
일반적으로 국가의 당연한 주인이자 소유자로서, 국가가
시민에게 부여하는 권리들에 대해 배타적인 수혜를
주장한다. '타자들'이 이 권리들—실제로는 거의 갖고
있지 않은데—을 통해 혜택을 본다는 생각은, 그것들을
나눠 가져야만 하고 그리하여 각자에게 돌아가는 몫이
줄어드는 것처럼 비칠수록, 참을 수 없는 것이 된다.
즉 이러한 자기 확인은 '민족국가Nation'에의 정당한

168

소속이나 동등한 권리 부여를 부정당하는 이들[즉
이주민, 난민 등]에 대해 적대적으로 작동한다. 그런데 그
권리는 대문자 권력과 우리의 이름 아래 발언하는 자들이
문제 삼는 순간, 우리가 우리 자신을 위해 유지하고자
하는 권리인 것이다.

아직 분석을 한 단계 더 밀어붙이는 편이 좋을 것이다.
민중 계급이 왜 이러저러한 순간 우파에 투표하는지
설명하고자 할 때, 그들이 사실 늘 좌파에 투표하는 것은
아니며 그것이 가능하지도 않음에도 불구하고, 민중
계급이 좌파에 투표하는 행동이 자연스럽다고—이
전제를 의문에 부쳐보지도 않고—전제하는 것은 아닌지
말이다. 공산당이 선거에서 '노동 계급의 정당'으로
번창하며 좋은 성과를 거두었을 때조차, 30퍼센트의
노동자만이 공산당에 투표했다. 전체적으로 보자면,
우파에 투표하는 노동자의 수는 좌파에 투표하는
노동자의 수보다 더 많지는 않더라도, 그에 못지않게
많았다. 그리고 이는 투표에 한정된 현상만은 아니었다.
역사 속에서 노동자나 민중의 동원과 공동 행동이 우파에
뿌리내린 경우가 많았고, 어떤 식으로든 좌파의 가치에
등을 돌릴 수 있었다. 20세기 초의 '황색조합Jaunes'
운동[6]이라든지 같은 시대에 프랑스 남부에서 일어난
인종주의적 폭동이나 외국인 노동자 고용에 반대하는
파업 등이 그 예라 할 수 있다.[7] 오래전부터 많은 좌파

이론가들이 이러한 현상을 해석하려고 노력해왔다. 이를테면 그람시를 떠올릴 수 있는데, 『옥중수고*Cabiers de prison*』에서 그는 1차 세계대전이 끝날 무렵 사회주의 프롤레타리아 혁명이 발발하기 위한 조건들이 갖추어진 듯 보였던 이탈리아에서 왜 혁명이 유산되었는지, 더 정확하게 말하자면 혁명이 왜 파시스트 혁명의 형태로 일어났는지 질문을 던진다. 빌헬름 라이히Wilhelm Reich의 경우, 1933년에 나온 『파시즘과 대중심리*La Psychologie de masse du fascisme*』에서 민중 계급이 파시즘을 욕망하도록 이끈 심리적 과정에 대한 분석을 시도한다. 그렇다면 '노동 계급'과 좌파 사이의 자명해 보이는 관계는 우리가 믿고 싶어 하는 것만큼 자연스럽지는 않으며, 이론들(예컨대, 마르크스주의)에 의해 역사적으로 구성된 표상에 달려 있다고 할 수 있다. 다른 이론들과 경쟁해 우위를 차지한 이론들이 사회세계에 대한 우리의 지각과 정치적 범주를 주형한 것이다.[8]

　　부모님은 그 세대의 다른 친척들처럼, 극우나 우파에 (불규칙하게) 투표하기 전까지는 좌파를 자처했다("우리는 좌파야…" 이러한 말은, 마치 다른 가능성은 상상할 수도 없는 일이라는 듯, 가족 모임에서 자주 흘러나왔다). 내 형제들은 그 세대의 친척 가운데 몇몇처럼—오랫동안 극우에 투표하고 나서—스스로 우파임을 자처했으며, 다른 이들이 그 사실에 놀랄 수 있다는 점을 이해하지 못했다. 그들은 투표 연령이

되기가 무섭게 좌파에 반대해 투표했다. 옛날에 좌파,
특히 공산당의 보루였던 노동자 지역들은 선거에서
극우의 존재감을 뚜렷이 보장해주었으며, 지금도
마찬가지다. 나는 지식인들이 自계급 중심주의를
드러낸 채, 자기들이 귀 기울여 그 목소리를 듣고
그들의 입장에서 말한다고 주장하는 사람들의 머릿속에
지식인 특유의 사고방식을 투사하며 민중 계급에겐
[좌파 성향의] '자생적 지식'이 있다고 떠들어대지는
않을지—19세기 텍스트를 읽을 때가 아니고는,
지식인들이 일상에서 민중 계급에 속한 사람을 만날
일이 좀처럼 없는데, 그럴수록 열광이 커진다[9]—, 준엄한
반증과 잔인할 만큼 실망스러운 사실을 마주할 위험을
외면하려고 하지는 않을지 우려스럽다. 바로 이러한
신화와 신비화에 기초해서 어떤 지식인들은, 앞서
언급한 신보수주의적 일탈자들만큼이나 열심히, 좌파를
해체해야 한다고 끊임없이 주장한다(새로운 급진성의
담지자라는 찬사를 받기 위해서 말이다). 좌파를 붕괴로
이끈 현상들을 이해하고 장차 그것들을 막아내고자
희망한다면 그래야만 한다는 것이다. 피지배자들의
'자생적 지식' 같은 것은 없다. 더 정확히 말하자면,
'자생적 지식'은 이런저런 정치 형식과 연계된 고정적
의미를 갖지 않는다. 사회세계와 노동 조직 안에서
개인의 위치는 '계급 이해'나 이에 대한 지각을 결정하는
데 충분하지 않다. 운동이나 정당이 세계를 바라보는

*171*

시각을 제안하는 이론들의 매개가 필요한 것이다. 이런저런 계기에 우리의 경험에 형태와 의미를 부여하는 것은 바로 이러한 이론들로, 동일한 경험도 그것이 어떤 이론 또는 담론을 향하거나 등지는지에 따라 상반된 의미를 띨 수 있다.[10]

　　이런 이유에서 만인의 원초적인 '평등'을 예찬하고 각 개인이 다른 사람과 똑같은 '능력'을 갖추고 있다고 되뇌면서 자족하는(비록 그 저자들은 그렇게나 '깜짝 놀랄 만한' 사유를 내세우는 데 대해 스스로 경탄하지만) '민주주의'의 철학은, 의견의 형성 양태와 이 '능력'에 따른 결과의 변화 양상에 관해서 스스로 질문하지 않는 한 절대 해방의 사유라고 할 수 없다. 그 '능력'으로부터 비롯한 것은 동일한 사람이나 사회집단일지라도 장소나 국면 혹은 담론적 배치에 따라 완전히—최선을 위해서든 최악을 위해서든—뒤집힐 수 있다. 예를 들면, 똑같은 편견도 어떤 담론 안에 배치되어 있느냐에 따라 절대적인 우선권을 가질 수도 있고, 정치적 대역폭에서 멀리 떨어져 있을 수도 있는 것이다.[11] 나는 내 어머니나 형제들이 다른 사람과 평등한 '능력'을 가졌다는 미명 아래 '추첨을 통해' 정치공동체Cité를 통치하는 일에 선발되기를 바라지 않는다—그들 역시 그런 요구를 하지도 않겠지만. 그들의 선택은 그들이 투표로써 드러내는 선택과 다르지 않을 것이다. [추첨의 경우, 투표일 때와 달리] 그들이 다수일 수 있다는

172

점만 제외하면 말이다. 나의 이런 주저하는 태도가 민주주의의 아테네적 원천으로의 회귀를 추종하는 사람들의 기분을 언짢게 한다 해도 어쩔 수 없는 일이다. 그들의 행동이 공감할 만한 것으로 보일 수 있을지라도, 그로부터 생겨날지도 모르는 결과는 내게 극심한 우려를 불러일으키기 때문이다.[12] 다른 한편으로 어떻게 '사회 계급'과 사회적 분쟁conflictualité, 그리고 앞 장에서 내가 말했던 객관적 '전쟁'의 실천적 존재를 고려할 수 있을까? 대문자 '계급투쟁'에 대한 마술적—신화적 갈구에 빠지지 않으면서 말이다. 한데 오늘날 '마르크스주의로 돌아가자'고 주장하는 사람들은 그러한 '계급투쟁'을 찬미한다. 마치 정치적 위치가 단일하고 필연적인 방식으로 사회적 위치에서 파생하며, '소외'로부터 빠져나와 사회주의에 대한 욕망으로 자극받은 '노동자 계급'과 '부르주아 계급' 간의 의식적이고 조직적인 충돌로 불가피하게 이끈다는 듯이 말이다. 대문자 '계급투쟁'의 찬미는 이러한 물화된 개념과 환상적인 표상 들이 함축하는 온갖 맹목, 그리고 그것들이 재현하는 각종 위험을 수반한다.

　　이와는 정반대로 우리는 민중 계급이 왜, 어떻게 자기들 삶의 조건을 때로는 기어코 좌파에 연계시키면서, 또 때로는 당연하다는 듯 우파에 위치시키며 생각할 수 있는지 이해하려고 노력해야만 한다. 다양한 요인이 고려 대상이 되어야 한다. 전 지구적·지역적 경제 상황은 물론, 노동의 변화, 그러한 변화가 구축하고 해체하는 개인 간 관계 유형, 그리고 특히 강조하고 싶은 것은 정치 담론과 담론적 범주들이 정치적 주체화를 틀 짓는 방식이다. 정당은 여기서 근본적이지는 않을지 몰라도, 중요한 역할을 수행한다. 왜냐하면 우리가 보았듯, [정치적] 대변자들이 그들을 위해, 즉 그들의 입장에서 그들에게 유리하게 말하지 않았더라면 스스로 말하지 않았을 사람들이 바로 정당이라는 매개를 통해서 말할 수 있기 때문이다.[13] 이는 사실 근본적인 역할이다. 조직화된 담론이야말로 지각 범주들을 생산하고, 정치적 주체로서 자기 이해 방식을 산출하며, 사람들이 자기의 고유한 '이해관계'에 대해 갖는 관념과 그로부터 비롯하는 투표 행위를 규정하기 때문이다.[14] 따라서 민중 계급의 불가피한 자기 위임의 특성—드문 투쟁의 순간들을 제외하면—과 대변자들에 의한 [발언권] 박탈 상태의 거부 사이에 존재하는 대립에 관해 끊임없이 성찰하는 편이 바람직하다. 우리가 대변자들에게서 더 이상 우리 모습을 확인할 수 없게 되면 또 다른 대변자들에게서 그것을 찾고 위임하게 되는 것이다. 그렇기 때문에 더욱이 정당들이 정치적 삶에 헤게모니를 구축하려는 자연스러운 경향, 또 정당 지도자들이 정당한 정치 장의 경계를 만들어 그 안에서 헤게모니를 구축하려는 자연스러운 경향을 경계하고 항상 정당들을 의심하는 일이 엄청나게 중요해진다.[15] 여기서 우리는 누가 말할

권리를 가지고 있는지, 누가 결정 과정에 어떤 식으로
관여하는지, 달리 말해 해결책의 정교화 과정만이
아니라, 중요하고 정당한 문제들에 대한 집합적 규정에
어떤 식으로 관여하는지 하는 질문으로 되돌아간다.
좌파가 다양한 문제 제기가 이루어지며 욕망과 에너지가
투자되는 공간 내지 용광로로서 조직되기엔 무력한
실상을 드러낼 때, 우파나 극우가 그러한 문제 제기, 욕망,
에너지를 유인하고 수용한다.

　　그러므로 다음과 같은 과제가 사회운동과 비판적
지식인에게 주어진다. 사회체 내에서, 특히 민중
계급 내에서 작동하는 부정적인 열정을 없애지는
못할지라도―이는 불가능한 과업이다―최대한 중화할
수 있는, 현실에 대한 정치적 지각 양식과 이론적 틀을
구축하기. 다른 관점들을 제공하고, 다시 한 번 새롭게
좌파라고 불릴 만한 미래를 스케치하기.

# 4부

# 1

고등학교에서 보낸 초반 몇 해는 얼마나 힘들었던가!
나는 우수한 학생이었지만, 늘 학업을 완전히 포기하기
직전 상태에 놓여 있었다. 만일 내가 다녔던 학교의 학생
대부분이 부르주아지나 프티부르주아지 출신이 아니라,
나와 같은 환경 출신의 아이들이었다면(실제로는 그
반대였다), 나는 자체 탈락의 톱니바퀴에 덥석 물리게끔
스스로를 내버려두었을 것이라고 생각한다. 나는 모든
종류의 소란에 끼어 있었다. 불손했고, 선생님들의 훈계를
반박하고 조롱했다. 내가 말하고 행동하는 방식이나 내가
쓰는 표현들은 모범생보다는 문제아에 가까운 녀석들
쪽에 속하도록 만들었다. 내가 어떤 재간을 부렸었는지는
잘 기억나지 않지만, 내가 내뱉은 말에 행정관의
아들이었던 같은 반 친구의 성난 반응이 돌아왔다. "말
좀 가려서 해!" 그는 익숙지 않은 서민층의 노골적인
어법에 아연실색해했다. 하지만 부르주아 가족의 언어
레퍼토리에서 길어 올린 것이 명백한 친구의 반응과
어조는 내게 그로테스크하게 비쳤고, 나는 한층 더
거칠고 빈정거리는 방식으로 대응했다. 무자비한 사회적
논리가 나를 이런 인물로 변화시켰고, 순진하게도 나는
그런 스스로의 모습에 의기양양했다. 모든 것이 나로
하여금 오래전부터 짜인 운명대로, 미리 할당된 역할에

지나지 않는 것을 선택하도록 북돋아주는 것 같았다. 교육 제도에서의 때 이른 퇴장 말이다. 중학교 1학년 때 한 선생이 내게 공언했다. "넌 중등교육 이상은 못 받을 거다." 그러한 평가는 나를 불안하게 만들었고, 덕분에 그 학년을 마치고 그 이상으로 나아갈 수 있었다. 하지만 이 바보 같은 선생은 어떤 통찰력을 드러냈던 셈이다. 나는 거기서 더 나아갈 수 없도록 예정되어 있었고, 어쩌면 원래 거기까지도 갈 수 없게 되어 있었을 것이다.

부르디외가 타계하기 한 달 전 집필을 마치고 독일 출판사에 보낸 소책자 『자기 분석에 대한 초고*Esquisse pour une auto-analyse*』 속에서 나는 내가 경험했던 것의 대략적인 이미지를 다시 발견했다. 그는 거기서 자신을 "일탈에 가깝게 늘 반항적"이었던 소년, 청소년으로 묘사하면서, 이 "끈질긴 분노"의 태도로 인해 계속해서 일어났던 "징계 대상이 된 분란들"을 일깨운다. 이 때문에 그는 대입자격시험을 치르기 직전 고등학교에서 퇴학당할 뻔했다. 동시에 그는 공부에 매달리는 매우 예외적인 학생이었는데, 몇 시간씩 조용히 앉아 책 읽는 것을 좋아했다. 이때만은 그가 거의 빠짐없이 연루되어 있었던 소란이라든가, 종종 주모자 노릇을 했던 소동을 잊을 수 있었다.[1]

안타깝게도 부르디외는 여기서 자기 분석을 충분히 멀리까지 밀어붙이지 않는다. 책머리에서 그는 "사회학의 관점에서 관여적 특성들"[2]을 제시할 것이고, 부르디외

자신과 그의 저작을 이해하는 데 필수적인 "것들만"을
제시할 것이라고 예고한다. 하지만 독자들이 그의
기획의 탄생과 사유의 발전을 주재한 성향과 원리 들을
이해하는 데 필요로 하는 요소들이 무엇인지를, 그가
어떻게 독자들 대신 결정할 수 있는지 질문하지 않을
수 없다. 특히 다음과 같은 인상을 떨쳐내기 힘들다.
즉 청소년기와 관련해 부르디외가 제시하는 요소들과
그 방식이 그의 접근을 사회학보다는 심리학의 층위로
되돌린다는 것이다. 마치 그에게는 사회적 힘의 논리가
아니라 개인적인 성격―까다로움―의 특징들을
기술하는 것이 더 문제라는 듯이 말이다. 그래서 그는
너무나 조심스럽고 신중한 태도로 쓴다. 아마도 그가
미리 내놓은 언급은 이처럼 말을 최대한 아끼는 그의
조심성을 변호하는 데 주된 기능이 있을 것이다. 그는 더
과감하게 자신을 드러내지 않는다. 그가 제공하는 정보는
단편적이고, 확실히 여러 핵심적 측면을 무시한다. 그는
많은 것을 고백하는 만큼이나 많은 것에 침묵한다.

　　예를 들면, 부르디외는 학교 환경의 요구에
고분고분하지 못한 사회적 부적응성과 공부하고
성공하고자 하는 욕구 사이의 긴장 또는 모순을
마침내 어떻게 관리할 수 있었는지, 또 후자가 전자를
어떻게 능가할 수 있었는지 설명하지 않는다(이후
그가 지적인 삶을 꾸려간 방식에는 부적응성의 흔적이
간직되어 있었다. 이는 특히 부르디외가 교수 생활을

지배하는 부르주아적 예의범절을 대놓고 존중하지 않았다는 점에서 잘 드러난다. 그러한 예의범절은 실제 정치적 투쟁이 쟁점이 될 때조차 모든 이에게 '학문적 토론'이라는 제도화된 규범에 복종하도록—'학자 공동체'에서 배척당하는 형벌을 받지 않으려면— 강제하는 경향이 있다). 부르디외는 또 어떻게 해서 그가 온갖 어려움을 극복하고 지식인 세계에서 버틸 수 있었는지 설명하지 않는다. 부르디외는 그 세계를 온몸으로 거부한 동시에, 벗어나지 않길 열망했다(그는 스스로 "마음속 깊은 곳에서 혐오했던 이 세계에 역설적이지만 잘 적응했다"[3]고 묘사하지 않았던가?). 바로 이러한 양가성 덕분에, 부르디외는 나중에 그가 되었던 사람이 될 수 있었고, 그의 모든 지적 기획과 궁극적인 여정을 실현할 수 있었다. 지식이라는 수단에 의해, 그 수단 속에서 이어졌던 반항—"끈질긴 분노." 푸코라면 그것을 "성찰적 비순종indocilité réfléchie"이라고 불렀을 터이다.[4]

부르디외는 그가 읽었던 어떤 책도 언급하지 않고, 그가 교양과 사유를 완전히 거부하는 길로 빠져들 수도 있었을 때 그에 대한 취향을 주었거나 중요한 역할을 한 사람들에 관해 어떤 정보도 제공하지 않는다. 사실 부르디외에게는 민중 계급의 남성 중심적이고 스포츠를 중시하는 가치가 예정되어 있었을 것이다. 그는 그러한

182

가치에 자신이 전적으로 애착을 느끼고 있었다는 사실을 숨기지 않는다. 비록 그러한 가치를 공유하던 이들의 반지성주의는 거부했지만 말이다.[5] 더욱이 부르디외는 그와 동일한 사회적 환경 출신으로 동일한 가치에 동조했던 이들이, 해가 갈수록 하나둘씩 학교 현장에서 사라져가는 광경을 보았다고 강조한다.[6] 그는 왜, 어떻게 살아남았는가? 그가 결국 어떤 사람이 되었는지 우리가 안다고 해서, 책의 마지막 부분 몇 페이지에 젊은 시절의 그가 벌인 공격적인 돌출행동들을, 그가 공부와 독서, 지식에 대한 취향 역시 실제로 갖고 있었다는 것에 대비해 이야기하는 것만으로 과연 충분할까? 이러한 초상화는 뭔가 불완전하다. 명료하지가 않다. 여러 해가 지나면서 부르디외 안에서 일어난 전환에 관해 어떻게 생각하는가? 학교에서 "모종의 문화적 특징들"을 발견하고 불편하게 여겼던 베아른 시골 마을의 소년이, 파리 제일의 엘리트 그랑제콜 입시 준비반에 들어가고 윌므 가의 고등사범학교에 입학하는 학생으로 변모한 것이다.[7] 이러한 변환은 왜, 어떻게 일어났을까? 일단 파리에 도착하자 (사회적 출신 성분과 출신 지역에 대한 뒤섞인 수치심 속에서) 고치기로 마음먹은, 긴 대화 중에 종종 튀어나오던 이중언어(아버지와는 베아른어, 학교에서는 프랑스어)와 억양에 관해서는 어떻게 생각하는가? 섹슈얼리티에 관해서는? 이성애는 그에게 너무나 당연해서 아예 뭐라고 표명하거나 문제시할 필요조차 없는 것이었을까? 섹슈얼리티와 관련된 부르디외의 논의는, 바이올린을 켜고 "동성애자로 여겨지던" 한 급우가 다른 학생들로부터 괴롭힘을 당했던 것을 잠깐 언급하는 간접적인 방식으로만 등장할 뿐이다. 다른 학생들은 그러한 박해를 통해 자신이 동성애자가 아님을 드러냈는데, 이는 심미주의자esthètes 대 운동선수athlètes라는 아주 고전적인 대립 구도에 따라 이루어졌다(부르디외의 이야기에서 이 운동선수-박해자들은 그가 함께 럭비를 즐겼고 점차 교육 과정에서 탈락하는 모습을 지켜보았던 친구들 이다[8]).

부르디외는 같은 책 앞부분에서 푸코를 '심미주의자'라고 약간 경멸적으로 지칭한다. 이러한 꼬리표는 부르디외 자신이 마지막 장에서 정초한, 구조화하는 양극성polarités structurantes에 따라 '운동선수'와 '동성애자', 럭비팀과 음악애호가 사이의 대립으로, 나아가 모종의 사회적·성적 무의식으로 우리를 이끈다. 따라서 나는 부르디외가 이런 말을 할 때, 큰 틀에서 그가 아주 오래전에 자기 존재 안에 이미 각인된 것과 크게 다르지 않은 지각 양식, 혹은—이렇게 말하는 것이 더 나을 수도 있을 텐데—성향에 의해 생각하고 말하는 데 머물러 있다는 혐의를 떨쳐버릴 수 없다. 그가 책의 초고를 읽어봐달라고 부탁했을 때, 나는 거기에 드러난 그의 사회적·성적 무의식과, 그가 자기 텍스트의 동성애 혐오적인 성격을 간과하지 못한다는 데 놀랐다.[9] 이 점에서도 부르디외는 자기 분석을 좀더 멀리까지 밀어붙일 필요가 있었다. 이 책에서 부르디외는 푸코에 대해 이야기하며, "그가 객관적으로나 주관적으로 어떻게 위치지어져왔는지" 설명하려고 노력하면서, 자신 역시 "거의 모든 관여적 속성을 그와 공유한다"고 강조한다. 그러면서도 부르디외는 다음과 같이 적시한다. "거의 전부를 공유하지만, 두 가지는 제외해야 한다. 그는 지방의 부르주아지 집안 출신에, 동성애자였다. 그런데 이 두 가지는 내가 보기엔 그의 지적 기획의 구성 과정에서 아주 커다란 중요성을 가지고 있었다." 부르디외는 여기에 세번째 요소, 즉 "그[푸코]가 철학자였고, 그렇게 자처했다는 사실"을 덧붙이는데, 부르디외에 따르면 이는 "선행 요인들의 효과"에 지나지 않는 것이다. 내 생각에 이러한 언급들은 아주 적절하며, 반박 불가능해 보인다. 하지만 그 반대도 틀림없는 진실일 것이다. 그러니까 부르디외가 선택한 사회학이라는 학문, 그의 저작이 지닌 외적 특징까지도 그의 사회적 출신 배경과 섹슈얼리티에 관계되어 있다는 것. 우리는 이를, 무엇보다도 부르디외가 철학 일반에 대해 내리는 평가에서 확인할 수 있다. 사회학과 '과학'의 이름 아래 철학에 맞서면서, 부르디외는 남성적인 것과 여성적인 것의 대립으로 구조화된 온갖 어휘를 동원한다. 카빌리에 관한 연구[10]라든지 대학 장과 그 분과학문별 분리에 관한 분석에서 이러한 이항 대립을 훌륭하게 연구했던 만큼, 부르디외는 이 문제를 충분히 의식하고 있었을 것이다.[11]

나는 부르디외가 책의 후반부에서 청소년 시절을 회고한 내용에서 여러모로 나 자신의 모습을 보았다. 그의 청소년 시절을 특징지은, 교육 체계에 대한 애착과 부적응의 심화 사이를 가로지른 긴장 말이다. 그럼에도 고등학교 시절의 나와 그의 경로를 구분짓는 것은, 나의 경우 중등교육을 받던 초창기, 내 출신 계층을 구현하는 가치가 내게 부과한 모델에 부응해보려고 몇 차례 시도해보았지만 오래가지는 않았다는 점이다. 남성성을 긍정하는 역할 게임(나는 형과 우리 집안 남자들의 싸움꾼 기질—사실 여자들도 크게 다르지 않았다—을 흉내 내려 했지만, 내게는 별로 어울리지 않았다)을 금세 내팽개치고, 거꾸로 민중 계급의 젊은이를 특징짓는 존재 방식들로부터 벗어나고자 했다. 말하자면 애초에 나는 부르디외의 이야기에 나오는, 학교 문화를 거부하고 말썽을 피우는 아이들과 닮아 있었지만, 그때까지 스포츠에 열성을 다하면서도 정작 '운동선수' 집단에 속하는 것은 원하지 않는 '심미주의자,' 바이올린을 켜는 아이와 닮으려고 애쓰게 되었다(나는 지식인의 외양이 실제 어떻고 또 어떠해야만 하는지 그 당시 갖고 있었던 이미지처럼 내 몸을 호리호리하고 허약하게 유지하는 대신, 운동으로 몸을 변화시킨 것을 씁쓸한 마음으로

186

후회하면서, 내가 원했던 모습에 완전히 부응하기 위해 얼른 스포츠를 포기했다). 달리 말해, 나는 민중적이고 남성적인 가치에 맞서서 문화를 선택했던 것이다. 문화가 '구별짓기'의 벡터, 즉 자신과 타자의 차별화, 타자에 대한 거리두기와 제도화된 격차의 벡터이기에, 문화에 대한 애착은 젊은 게이, 특히 민중 계급 출신의 젊은 게이에게 매우 중요한 주체화 양식을 이루는 경우가 많다. 그 양식은 그의 '차이'에 버팀목과 의미를 제공할 수 있게 해주고, 그에 따라 하나의 세계를 구축할 수 있게 해주며, 그의 출신 환경에서 나온 것과는 다른 에토스를 주조할 수 있게 해주는 것이다.[12]

학교 문화[13]와 그와 관련된 모든 것들이 요구하는 학습의 과정은 느리고 혼란스럽게 여겨졌다. 그것은 정신뿐만 아니라 신체에 대해서도 강력한 훈육을 요구했던바, 전혀 생래적인 것이 아니었다. 어린 시절부터 별생각 없이 자연스럽게 체득하는 행운을 얻지 못한다면, 그러한 학습을 위해 상당한 시간을 쏟아야 한다. 내게 그것은 진정한 수행修行, ascèse이었다. 나 자신에 대한 교육, 더 정확하게는 과거의 내 존재를 만든 학습으로부터의 탈피를 경유하는 재교육. 다른 이들에게는 당연하게 여겨지는 것을, 나는 시간, 언어, 타자에 대한 모종의 관계 형식을 일상적으로 접하면서 나날이, 다달이 쟁취해야만 했다. 그것은 내 전 인격, 내 하비투스를 심층적으로

변화시켜갔고, 매일 저녁 가족적 환경에서 내가 점점 더
돌출적인 위치에 놓이도록 만들었다. 단순하게 말하자면
이렇다. 학교식 교양이 부과하는 자기에 대한 관계
형식은 집에서의 내 모습과 양립할 수 없었다. 성공적인
학교 교육은 그것을 가능하게 만든 조건들 중 하나로서
내 안에 단절, 더 나아가 유배의 계기를 심어놓았고, 그
단절선은 점점 더 두드러지면서 나를 나의 출신 세계이자
내가 여전히 살아가고 있는 세계로부터 떼어놓았다.
그리고 모든 유배가 그렇듯, 어떤 형태의 폭력을
포함했다. 그 폭력은 내 동의에 따라 행사된 것이기에,
나는 그것을 폭력으로 인지하지 못했다. 나 자신을
교육 체계로부터 축출하지 않으려면—혹은 축출당하지
않으려면—내 가족과 내 세계로부터 나 자신을 축출하지
않으면 안 되었다. 두 영역을 동시에 유지하는 것, 충돌
없이 이 두 세계에 속하는 것은 거의 불가능했다. 몇
해 동안이나 나는 하나의 대역에서 다른 대역으로,
하나의 세계에서 다른 세계로 옮겨 다녀야 했다. 내 두
가지 인격, 내가 맡아야 했던 두 가지 역할, 내 두 가지
사회적 정체성은 시간이 갈수록 연관성과 양립 가능성이
줄어들었고, 둘 사이에서 이러지도 저러지도 못하는
상태는 내 안에서 견디기 힘든 긴장을 자아내 나를 매우
불안정하게 만들었다.

나는 도시의 고등학교에 입학하면서 부르주아지의

자녀들(대개는 부르주아지의 아들들이었다. 교육기관이 그제서야 남녀공학으로 변화하고 있었기 때문이다)과 직접적으로 접촉하기 시작했다. 우리 반의 다른 남학생들이 그곳에서 말하는 방식, 복장 그리고 특히 문화—즉 정당한 문화[14]—에 대해 드러내는 친숙성은 내가 있어야 할 자리에 있지 않은, 일종의 틈입자라는 사실을 일깨웠다. 아마도 음악 수업은 가장 기만적이면서도 적나라한 테스트였을 것이다. '문화'라는 말이 의미하는 것에 과연 우리가 숙달해 있는지, 그것과 자명한 관계를 맺고 있는지 아니면 이방인의 관계를 맺고 있는지 확인하는 계기 말이다. 선생은 음반을 가져와서 이런저런 작품 일부분을 연이어 듣게 했다. 부르주아지 출신의 학생들이 음악이 주는 영감에 취해 몽상 어린 표정을 하고 있는 데 반해, 민중 계급 출신의 학생들은 목소리를 낮춰 바보 같은 농담을 주고받는다든가, 참지 못하고 큰 목소리로 떠들거나 웃음을 터뜨렸다. 이 모든 것이 자신들은 이에 속하지 않으며 그 바깥에 있다는 감정을 심어주는 데 공모했다. 그들은 교육 체계가 톱니바퀴처럼 맞물려 돌아가는 장치를 통해 내리는 사회적 명령을 따르는 데 어려움을 겪었다. 사실상 내게는 두 갈래의 길이 펼쳐졌다. 하나의 길은, 딱히 고의는 아니었지만, 어쨌든 고집스럽게 말을 듣지 않는 태도, 부적응, 오만불손, 반감과 냉소, 완강한 거부 등으로 표현되는 자발적인 저항을 계속하는 것이었다. 결국 나

189

이전의 수많은 아이들이 그랬듯, 나 역시 이 체계에서
소리 소문 없이 추방당하면서 마무리될 터였다. 어쩔
수 없는 구조적 힘 때문이지만, 마치 내 개인적 행동의
단순한 결과라는 모양새를 띠고서 말이다. 다른 하나의
길은 학교의 요구에 맞춰 점차 나를 굽히는 것, 학교에
날 적응시키는 것, 학교의 주문을 수용하는 것, 그리하여
학교의 벽 안쪽에 끝까지 남아 있는 것이었다. 저항은
나를 잃는 길이었고, 복종은 나를 구하는 길이었다.

## 2

열서너 살 무렵, 나는 고등학교 같은 반 친구 한 명과
깊은 우정을 나눴다. 그는 당시 우리 도시에 설립된 지
얼마 되지 않은 대학에서 근무하던 교수의 아들이었다.
내가 그 애와 사랑에 빠졌다고 말할 수 있을 것 같다.
나는 그 나이 또래의 다른 아이들처럼, 그를 사랑했다.
하지만 우리 둘 다 소년이었기 때문에, 그에게 내
감정을 표현하는 것은 불가능했다(다른 생애 주기에도
마찬가지겠지만, 이는 청소년 시절 동성애적 매혹에
사로잡혔을 때 트라우마를 유발하는 가장 큰 어려움
가운데 하나다. 즉, 우리는 동성 상대에게 느끼는 감정을
표현할 수 없다. 이는 만남의 장소가 왜 필요한지
설명해준다. 우리가 그 장소의 존재를 알게 되고 그곳을
드나들 나이가 되면, 세상의 자명한 이치는 뒤집히는
것이다). 나는 방금 "그에게 내 감정을 표현하는 것은
불가능했다"고 썼다. 물론 그렇다. 하지만 그보다도 우선,
그 감정을 그런 식의 단어로 나 자신에게 공식화하는
것이 불가능했다. 그때 나는 너무 어렸고, 모든 문화는
우리가 그 나이 대에 '우정'의 범주를 통해서가 아니라면
그런 강렬한 정서적 애착을 이해하고 명명할 만한
담론, 이미지, 참조 체계를 이용할 수 없도록—아주
광범위하게—조직되어 있었다. 어느 날엔가 음악

선생이 우리에게 연주곡을 들려주고는 무슨 곡인지
맞혀보라고 말했다. 그는 잠시 고민하더니 손을 번쩍
들고 의기양양하게 외쳤다. "무소륵스키Modest Petrovich
Musorgsky의 「민둥산에서의 하룻밤」이요!" 이 광경을
보고 나는 어안이 벙벙해졌다. 나한테는 그 수업이
그저 우스꽝스러울 뿐이었다. 이런 부류의 음악은 참을
수 없었고, 너무 쉽게 조롱거리를 찾아낼 수 있었다.
하지만 그의 마음에 들고 싶어 하던 나는 그러한 그의
모습이 당황스러웠다. 그가 잘 알고 좋아한 것은, 내
눈에는 조소와 거부의 대상에 불과한 것, 우리 집에서는
"잘난 척하는 음악"이라고 불리던 것이었다. 어쩌다가
그런 음악이 나오는 방송이 잡히면 우리 가족은 서둘러
라디오를 끄면서 이렇게 말했다. "우리가 미사에 온 건
아니잖아."

　　그는 멋진 성姓을 가지고 있었다. 반면 내 성은
평범했다. 그것은 어떤 의미에서 그와 나 사이의 사회적
격차를 상징했다. 그는 도심 부근의 부유층 구역에 있는
대저택에서 가족과 함께 살았다. 그의 집을 보고 나는
깜짝 놀랐고 위축되었다. 나는 내가 도시 외곽의 새로
조성된 집단주택단지에 산다는 사실을 그가 알아차리지
않기를 바랐기 때문에, 그가 이와 관련해 질문을 해오면
대강 얼버무리곤 했다. 그러던 어느 날 그는 내가 어디서
어떻게 사는지 궁금했는지, 예고도 없이 찾아와 우리 집
초인종을 눌렀다. 그의 이러한 행동에는 호의와 친절이

담겨 있었음에도 불구하고, 내가 부끄러워해야 할
이유가 전혀 없음을 그가 그런 식으로 알려준 데 상처를
받았다. 파리에서 공부 중인 형과 누나 들이 있었던
그는 작가나 영화감독의 이름을 많이 알고 있었는데,
가족들과 대화를 나누며 자연스럽게 습득한 것이었다.
그는 내게 고다르Jean-Luc Godard의 영화나 베케트Samuel
Beckett의 소설에 관해 이야기했고, 나는 나 자신이 매우
무지하다는 느낌을 받았다. 그는 내게 이러한 것들을
가르쳐주었고, 특히 이러한 것들을 배우고 싶다는
갈망을 가르쳐주었다. 그는 나를 매료시켰고, 나는 그를
닮고자 열망했다. 그리고 나 역시 고다르와 베케트에
관해 말하기 시작했다. 고다르 영화나 베케트 소설을 본
적도 없는데 말이다. 당연히 그는 모범생이었고, 학교
세계에 대해 딜레탕트적 거리를 과시할 기회가 있으면
절대 놓치지 않았다. 나는 그와 동일한 으뜸패를 들고
있지도 않으면서, 그와 마찬가지의 게임을 하려 들었다.
나는 속임수 쓰는 법을 배웠다. 내가 갖고 있지도 않은
지식을 내 것인 양 주장했다. 진실이 뭐가 중요하겠는가?
중요한 것은 내가 전력을 다해 나 자신에게 만들어주고자
한 외양과 이미지뿐이었다. 나는 심지어 그가 쓰는
방식까지 흉내 냈다(그의 필체 말이다). 오늘날 내가
쓰는 글자체는 이 과거의 관계가 남긴 하나의 자취인
셈이다. 그러나 관계는 오래 지속되지 않았고, 곧 그를
보지 못하게 되었다. 당시는 1960년대 말이었고, 이

시대는 두 젊은 영혼에게 아주 깊은, 하지만 근본적으로
다른 흔적을 남겼다. 그는 대입자격시험을 치르기 한참
전에 고등학교를 그만두고, '정해진 길을 밟으러' 떠났다.
그는 잭 케루악Jack Kerouac을 숭배했고,[1] 기타 연주를
즐겼으며, 히피 문화에서 동질감을 느꼈다. 그와 달리
나는 68년 5월 혁명과 정치적 저항의 영향을 받았다.
1969년에—그때 고작 열여섯 살이었다—트로츠키주의
활동가가 되었고, 이후 수년간 이는 내 삶에서 주요한
부분을 차지했다. 나는 스무 살 무렵까지 트로츠키주의
활동가로 지내며, 열성적으로 마르크스, 레닌, 트로츠키를
읽었다. 이는 내게 결정적인 지적 경험으로 작용했는데,
그 경험이 결국 나를 철학으로 인도했기 때문이다.

　　그럼에도 이 우정이 끼친 영향과 그 친구가
의식하지 못한 채로 내게 준 도움들은 아주 중요한
영향을 미쳤다. 내 계급 하비투스는 처음에 내가 학교
문화와 그것이 요구하는 훈육에 저항하게끔 이끌었다.
나는 소란스러웠고, 순종적이지 않았다. 자칫했다간,
거역할 수 없는 힘이 나를 학교 교육을 완전히 거부하는
방향으로 떠내려가도록 만들 수도 있었을 것이다. 그는
정반대였다. 문화는 줄곧 그의 세계였다. 그는 환상 문학
범주의 소설을 썼다. 나는 그의 경로를 뒤따라가고자
했고, 그와 마찬가지로 글을 쓰기 시작했다. 그에게는
필명이 있었다. 나 역시 필명을 만들기로 결정했다.
하지만 내 필명을 털어놓자 그는 비웃었다. 내 필명은

전부 완전히 꾸며낸 것이었는데(지나치게 멋을 부려 괴상하게 들렸다), 그의 필명은 그의 두번째 이름과 자기 어머니의 결혼 전 성을 조합해 지은 것이었다. 그가 날 한 방 먹인 셈이다. 나는 그의 경쟁 상대가 되지 않았다. 계속해서 열등한 나 자신을 마주해야 했다. 의도한 것은 아니었지만, 그는 자신도 모르게 잔인했고 내게 상처를 주었다. 그 이후로도 비슷한 상황이 자주 있었다. 그러한 상황에서는 계급 에토스가 행동과 반응의 원리로서 작동하며, 이 행동과 반응은 사회 구조와 위계질서가 특정한 상호작용의 순간 현실화된 것에 다름 아니다. 우정도 역사라는 중력을 벗어나지 않는다. 두 친구는 공존을 시도하는 두 개의 체화된 사회적 역사이다. 얼마나 친밀하든 간에, 관계가 진행되는 동안 하비투스의 관성 효과에 의해 두 계급이 맞부딪힌다. 태도나 발언은 엄밀한 의미에서 공격적이거나 의도적으로 무례하지는 않다 할지라도, 본의 아니게 상대에게 그렇게 받아들여질 수 있다. 예를 들어, 부르주아나 평범한 중산층 정도의 환경에서 지내다보면, 우리도 그와 같은 부류의 사람일 것이라는 추정에 맞부딪힌다. 이는 이성애자가 자기와 대화하는 상대가, 자신이 조롱하고 비방하는 낙인찍힌 종에 속할 수도 있다는 상상은 해보지도 않고 동성애자에 관해 말하는 것과 유사하다. 마찬가지로 부르주아지의 구성원들은 자신이 교분을 나누는 사람에게, 마치 그 역시 예전부터 자신과 동일한 실존적·문화적

경험을 해왔다는 듯이 말한다. 그들은 바로 그렇게
전제함으로써 상대를 공격하고 있다는 사실을 알아채지
못한다(비록 그것이 상대를 우쭐하게 하고, 실상과 다른
존재—부르주아지의 아이—로 '여겨진다'는 자부심—
그렇게 되기까지에는 상당한 시간이 필요하기에—을
불러일으킬지라도 말이다). 이런 일은 가장 가깝고
가장 오래된, 가장 충실한 친구들과의 관계에서 종종
일어난다. 아버지가 돌아가셨을 때, 나는 한 친구에게
장례식에는 참석하지 않을 작정이지만 어머니를 보러
랭스에 가야 한다고 말했다. 그러자 그—상속자!—는
이렇게 대꾸했다. "그래, 어쨌든 공증인사무소에서
유언장을 개봉할 때 네가 그 자리에 있어야 하겠지."
조용하면서도 확실한 어조로 말해진 이 문장은, 심지어
우정 관계에서조차 평행선들이 결코 만날 수 없다는 것을
내게 일깨워주었다. "유언장 개봉"이라니! 세상에! 무슨
유언장을 말하는 건가? 유언장을 작성해서 공증해두는
관행이 우리 집안에 있기라도 하다는 듯이 말이다. 대체
무엇을 남겨주려고? 민중 계급에서는 세대 간에 어떤
것도 상속되지 않는다. 가치도, 자본도, 집도, 아파트도,
고가구도, 귀중품도…² 부모님은 저금통장에 한 해 한
해 어렵게 집어넣은 아주 적은 액수의 저축 말고는
아무것도 가지고 있지 않았다. 게다가 어머니는 그것이
당신 것이라고 여겼다. 그 돈은 어머니와 아버지가 두
사람의 수입에서 필요한 액수만을 남기고 "따로 떼어둔"

196

것이었기 때문이다. 이 돈이 어머니 자신이 아닌 다른 누군가에게 갈 수 있다는 생각은, 그 누군가가 설령 자식이라 하더라도, 그녀에게는 참을 수 없이 몰상식한 것이었다. "그 돈은 내 거야! 만일의 경우를 대비해서 그걸 모으느라 우리가 얼마나 쪼들리며 살았는데…" 부부의 공동 계좌에 있는 몇 천 유로를 자식들과 나누어야 하며, 따라서 어머니에게는 매우 작은 몫이 돌아갈 것이라고 은행에서 통지했을 때, 어머니는 엄청 분개한 목소리로 이렇게 외쳤다. 어머니는 우리에게 이 '상속분' 소득을 넘긴다는 문서에 서명하라고 요구했다.

어쨌거나 내가 고등학교에서 짧은 교분을 나눴던 소년은 나로 하여금 책에 대한 취향을 갖게 하였으며, 글에 대해서도 이전과는 다른 관계를 맺을 수 있게 해주었다. 또한 문학과 예술을 신뢰하도록 만들었다. 처음에는 장난처럼 시작되었지만, 하루하루 조금씩 실제가 되어갔다. 사실 중요했던 것은 열광이자, 모든 것을 발견하려는 욕망이었다. 내용은 그다음이었다. 이 우정 덕분에 학교 문화에 대한 자발적 거부—이는 내 사회적 출신에서 기인한 것이었다—는 문화 일반에 대한 거부로 귀결되지 않았고, 지성, 급진성, 아방가르드와 관련된 모든 것에 대한 열정으로 전환되었다(처음에는 뒤라스와 베케트가 나를 사로잡았으나, 곧 사르트르와 보부아르가 내 마음속 우위를 놓고 그들과 겨루게 되었다. 어느 시점부터는 이러한 저자와 책 들을 스스로 발견해야 했는데, 내가 이들에게로 관심을 돌린 것은 이러저러한 청원서—특히 68년 5월 혁명 기간과 그 이후—하단에서 그들의 이름을 자주 보았기 때문이었다. 그렇게 나는, 1969년의 내겐 마술처럼 보였던 미뉘 출판사의 표지를 달고 나온 [뒤라스의]『파괴하라고 그녀가 말한다*Détruire dit-elle*』를 출간 직후 구입했다. 그리고 보부아르의『회고록*Mémoires*』에도 열광했다). 나는 중간 단계 없이 아동용 독서—고등학교에 들어가기 전 한 권 한 권에 매료당했던 '분홍 총서Bibliothèque rose'의 클럽데생크Club des cinq 시리즈—에서 동시대 문학과 지성계의 열렬한 발견으로 이행했다. 나는 나의 교양 없음과 고전에 대한 무지, 다른 아이들이 내 나이쯤에 읽은 책들—『전쟁과 평화』『레미제라블』…—을 나는 대부분 읽지 않았다는 사실을, 그들의 순응주의를 조롱하는 불손하고 건방진 태도로 위장했다. 아이들은 나를 '속물' 취급했고, 당연하게도 나는 이 사실을 기쁘게 받아들였다. 나는 나 자신에게 하나의 인격personnalité과 하나의 인물personnage을 만들어줌과 동시에 하나의 문화를 발명해준 것이었다.

　내가 그렇게나 많은 빚을 졌던 그는 어떻게 되었을까? 몇 달 전 인터넷 검색을 시도해보기 전까지는 그에 대해 아무것도 모르고 있었다. 우리는 같은 도시에 거주하고 있었지만, 서로 다른 세상에 살고 있었다.

*198*

그는 음악에 꾸준히 관심을 기울였고, 성공을 거둔 몇몇 앨범을 '편곡'하여 상송계에서 상당한 명성을 얻은 것으로 보인다. 그렇다고 무슨 미련이 남아 있는 것은 아니다. 청소년기 우정의 시간이 지나가버린 후에도 우리가 서로 이야기를 나눌 수 있어야만 했을까? 그래봤자 이 관계는 3~4년밖에 유지되지 않았을 것이다. 게다가 나는 그 관계가 내게 중요했던 만큼이나 그 애에게도 중요했을지 확신이 없다.

내가 학업적으로 내린 결정들에도 나의 빈곤한 사회적 출신 환경의 흔적이 남아 있다. 우리는 진로 선택과 관련해 필요한 정보를 전혀 갖고 있지 못했고, 고상하고 유망한 전문과정을 밟아가려면 어떻게 해야 하는지 아무런 전략도 숙지하지 못하고 있었다. 좋은 선택은 이과 쪽이었는데, 난 문과로 방향을 잡았다(그 시절에는 이과가 선택받은 학급이었는데, 사실 나는 고등학교 입학 직전인 중학교 4학년 때 이미 수학을 포기했고 '문학'이 내 관심을 끌었다). 중학교 1~2학년 때 탁월한 성적을 거뒀던 희랍어 과목은 3학년 때 포기했다. 아무런 쓸모가 없다고 생각해서이기도 했지만, 그보다는 내가 앞서 말했던 소년이 희랍어를 포기하기로 마음먹었기 때문이었다. 난 무엇을 하고 무엇을 하지 말아야 하는지, 그와 같은 반에 쭉 머물러 있으면서 그의 판단을 그대로 따랐다. 그래도 라틴어 수업은 계속 들었는데, 그에 대한 흥미도 점점 덜해져갔다.

제2외국어를 선택할 때는 내 '가이드' 역할을 했던 아이와는 달리, 독일어 대신 생활 스페인어를 선택했다. 부모가 부르주아지거나 전문직인 아이들은 대개 독일어 쪽으로 갔고, 스페인어 수업에는 학교에서 가장 학업적으로 뒤떨어진 아이들, 무엇보다도 가정 형편이 어려운 아이들—이 두 집단은 통계적으로 연관되어 있었다—이 모여들었다. 이러한 선택은 실상 어느 정도 장기적인 견지에서 [유망한 교육 과정으로부터 특정 계급 아이들의] 직접적 제거나, [교육] '민주화'로부터 탄생한 후진 전문과정들 중 하나에 유배를 예고하는 한 가지 사례에 불과했다. 그 전문과정들은 민주화가 상당 부분 허상에 지나지 않는다는 것을 선명하게 보여주었다. 물론 나는 이러한 사실을 전혀 알지 못했다. 나는 내 취향에 따라 움직인 것이었다. 나는 남유럽에, 스페인에 끌렸고, 스페인어를 배우고 싶었다(최근에 내가 안달루시아에 대한 어머니의 생물학적 환상을 비웃자, 어머니는 내게 이렇게 대꾸했다. "하지만 너도 어렸을 적엔, 가보지도 못한 스페인에 대해 계속 떠들어대지 않았니. 거기엔 분명 무슨 이유가 있을 거다"). 반면에 독일과 독일어는 반감과 혐오감을 불러일으켰다. 이 점에서 난 니체를 읽기도 전에, 그러니까 『이 사람을 보라 *Ecce homo*』와 『바그너의 경우 *Le Cas Wagner*』를 알기도 전에 이미 니체주의자였던 셈이다. 나의 지평은 지중해, 차가움보다는 따뜻함, 무거움보다는 가벼움,

진지한 경신보다는 생동감, 저녁의 슬픔보다는 한낮의
기쁨이었다. 나는 내 스스로 선택했다고 믿었지만, 실은
나를 기다리고 있었던 것에 의해 선택당한 것이었다.
아니 포획당했다고 표현하는 편이 맞으리라. 내가 이러한
사실을 알아차린 것은 내 뛰어난 학업적 성취를 눈여겨본
문학 선생님이, 내가 스페인어를 선택한 탓에 이류
전문과정에 들어섰고, 학교에서 제일 뒤떨어진 학생들과
공부해야 한다고 지적해주었기 때문이다. 어쨌거나
나는 선생의 지적을 아주 빨리 알아들었다. 그것은
학업적으로 나와 비슷한 학생들은 가지 않는, 사회적으로
나와 비슷한 아이들이 따르게 되는 경로였다(이는 민중
계급의 아이는 설령 성적이 아주 우수하더라도 잘못된
방향을 택해 나쁜 경로로 가게 될 가능성이 크다는 것,
그리하여 학업적 궤도에서뿐만 아니라 사회적 수월성의
궤도에서 언제나 아래쪽으로 비켜나 있을 가능성이 매우
크다는 것을 의미한다).

　　'문과' 최종반[고3반]에 이르렀을 때, 내가 받아야
할 철학 교육은 안타깝게도 괴로운 정도를 넘어
어이없는 수준이었다. 중등교원자격증CAPES을 딴 지
얼마 되지 않은 젊지만 지루한 선생님이 각 주제별로
한 문단씩 정성스럽게 정리되어 있는 수업 내용을
받아쓰게 하면서, 강의 프로그램에 들어 있는 개념들을
다뤘다. "소문자 a, 베르그송의 테제, 소문자 b, ~의
테제." 그는 각 주제에 관해 준비해온 노트를 우리에게

읽어주며, 그 자신도 틀림없이 교과서를 통해서만 익혔을 학설과 저작들을 무미건조하게 요약했다. 문제 설정도, 쟁점도 전혀 없었다. 그것은 전혀 흥미롭지 않았고, 따라서 철학에 관심을 갖기란 불가능했다. 그는 우스꽝스러운 책들에 높은 평가를 내리며 학생들에게 추천했다(그는 우리 중 몇몇에게 루이 포벨Louis Pauwels의 『마술사들의 아침Le Matin des magiciens』 유의 바보 같은 책들을 빌려주었다!). 사상과 성찰적 사고에 입문하게 되어 뜨겁게 열광할 준비가 되어 있었던 내게, 밋밋한 타성적 교습은 찬물을 끼얹었다. 이제 내가 철학에 싫증 낼 차례였다. 나는 평생 기억에 남을 강의로 학급 전체를 감동시키는 선생님, 학생을 특정 저자들에게 입문시켜 그들의 저작을 탐독하도록 이끄는 선생님을 만나는 행운을 누리지 못했다. 그저 단조롭고 지루할 뿐이었다. 그래서 나는 최대한 강의를 '빼먹었다.' 내게 있어 철학은 마르크스주의와 마르크스가 인용한 저자들을 의미했다. 나는 마르크스를 통해서 철학사에 대한 열정을 품게 되었다. 나는 혼자 많은 책을 읽었고, 그 결과 대입자격시험에서 우수한 성적을 거뒀다. 다른 과목들에서도 마찬가지였다(역사 과목에서는 스탈린에 관한 질문을 받았는데, 트로츠키주의자였던 나는 모든 것을 알고 있었다!). 아무 문제없이, 심지어 아주 너끈하게 시험에 합격했다. 부모님이 전혀 상상하지 못한 일이었다. 두 분은 놀라 입을 다물지 못했다.

나는 문학과 인문학이 있는 문과대에 등록할
작정이었다. 전공 하나를 선택해야 했는데, 영문학과
철학 사이에서 망설이다 철학을 택했다. 그편이 내가
생각하는 나 자신의 이미지에 잘 맞았다. 이제 철학은
내 삶을 사로잡고 나라는 사람을 주형해갈 것이었다. 나
자신의 선택이 꽤 만족스러웠다. '철학 전공 대학생'이
된다는 생각은 나를 순진한 행복감에 젖어들게 했다.
그랑제콜 입시 준비반이라든가 고등사범학교 선발시험을
치르기 위해 거쳐야 하는 입시 준비반에 대해서는
아무것도 알지 못했다. 고등학교 최종반일 때도 그러한
준비반의 존재조차 몰랐다. 과거나 현재나, 그리고 아마도
미래에는 한층 더 그렇게 될 텐데, 이러한 기관들에
들어갈 가능성은 (나아가 그러한 가능성이 존재한다는
사실 그 자체에 대한 단순한 지식조차) 민중 계급 출신이
아닌 학생들에게만 제한적으로 주어져 있다. 따라서
내게는 질문의 여지조차 없었다. 나는 대학에 입학하고
나서야 이와 관련된 이야기를 들었는데, 그때에도
대입자격시험에 붙은 뒤에도 [그랑제콜 입시 준비반에
들어가] 고등학교의 틀 안에서 계속 공부하는 학생들이
이상해 보였고, 그들에 대해 우월감까지 느꼈다—얼마나
순진했던가! 내 눈에는 '대학에 가는 것'만이 모든 학생이
마땅히 열망해야 하는 것으로 보였기 때문이었다. 교육의
위계서열 구조에 무지하고 선발 메커니즘에 숙달되어
있지 못한 학생은 가장 역효과를 내는 선택, 가장 나쁜

결과가 예정된 경로를 고르도록 이끌린다. 미리 알고 있는 누군가는 조심스럽게 피해 가는 것에 다가가는 스스로에 감탄하면서 말이다. 빈곤층은 이전에는 배제되었던 것들에 비로소 접근할 수 있게 되었다고 믿는다. 그런데 실상은 다르다. 그들이 어느 위치에 접근하게 되었을 때는 이미 그 위치가 체계의 이전 단계에서 갖고 있던 위상과 가치를 상실한 뒤다. 유배는 더 느리게 이루어지고 배제는 더 나중에 일어나겠지만, 지배자와 피지배자 사이의 격차는 그대로 남아 있다. 그것은 자리를 옮겨가며 재생산된다. 부르디외는 이를 "구조의 평행이동translation"이라고 불렀다.[3] 우리가 '민주화'라는 이름으로 가리키는 것, 그 변화의 외양 바깥에서, 경직된 구조는 전과 다름없이 유지, 영속되며 평행이동을 한다.

3

내가 대학에 입학한 후, 어머니는 자신의 결심을 알리기 위해 오랫동안 고민한 듯한 목소리로 이렇게 말했다. "네 대학 학비를 2년은 대줄 수 있다. 하지만 그 뒤에는 너도 일을 해야 한다. 2년 정도만 공부해도 괜찮은 거야." 어머니가 보기에는(아버지가 보기에도) 스무 살 때까지 대학 공부를 계속할 수 있다는 것은 커다란 특권이었다. 당시에 나는 지방대에서의 인문학 공부가 일종의 귀양살이나 다름없다는 것은 알지 못했지만, 공부 2년이 전문직 일자리를 찾기에 너무 짧다는 것 정도는 알고 있었다. 학사licence학위를 따는 데만도 3년, 석사maîtrise학위를 따는 데는 4년이 걸렸다. 학위 이름은 마냥 멋져 보였다. 그 가치가 송두리째 사라지고 있다는 것은 알지 못했다. 하지만 나는 고등학교 교사가 되고자 했고, 따라서 중등교원 임용시험인 CAPES와 아그레가시옹agrégation을 치기 위해서는 그 전에 이 학위들을 따야만 했다.[1] 또한 철학에 대한 열정에 사로잡혀 있었기 때문에, 대학을 그렇게나 빨리 떠나겠다는 생각은 할 수 없었다. 물론 내가 열정을 느낀 것은 대학에서 배운, 먼지 풀풀 날리고 졸음이 오게 만드는 그런 철학이 아니라, 그즈음 독학했던 철학, 주로 사르트르와 메를로-퐁티의 철학이었다.

나는 동유럽 국가의 휴머니즘적 마르크스주의자들에
대해서도 열정을 쏟았는데, 특히 카렐 코지크Karl Kosik의
『구체성의 변증법*La Dialectique du concret*』에 묘한 매력을
느꼈다. 그런데 지금은, 그때 당시 이 책이 너무나 마음에
들어서 2~3년 동안 처음부터 끝까지 몇 번을 되풀이해
읽었다는 사실만이 이 책에 대한 유일한 기억으로 남아
있다. 나는 또 『역사와 계급의식*Histoire et conscience de classe*』의
초기 루카치György Lukács(『이성의 파괴*La Destruction de la
raison*』에서 사르트르와 실존주의에 맞서 스탈린주의적
공격을 퍼부었던 1950년대의 후기 루카치는 혐오했다),
칼 코르쉬Karl Korsch를 비롯해 뤼시앵 골드만Lucien
Goldmann같이 교조적이지 않은, 열린 마르크스주의를
주창했던 몇몇 저자들을 우러러보았다(오늘날
부당하게도 완전히 잊혀버린 사회학자 골드만은
당시에는 매우 중요한 저자였으며, 그가 쓴 『숨은 신*Le
Dieu caché*』과 『인문학과 철학*Sciences humaines et philosophie*』은
내가 보기에 예술 사회학의 정점을 이뤘다). 나는
소논문들을 이 저자들의 참고문헌으로 빼곡하게
채웠는데, 이는 내 논문을 읽은 반동적인 교수들(그중 두
사람은 『낙태, 하나의 범죄*Un crime, l'avortement*』라는 제목의
책을 막 공저한 참이었다)의 눈에 상당히 무례하게
보였을 것임에 틀림없다. 그들 중 한 사람은 내게, 내가
그들이 가르쳤던 학생들 가운데 가장 뛰어나며, 한참
앞서 있다고 공공연하게 말했다. 그랬음에도 그들은

내 소논문들에 20점 만점에 10점 이상을 매기는 법이
없었는데, 그래도 '성찰의 독창성'을 높이 평가한다는
논평을 붙여 돌려주었다. 이렇게 늘 10점을 예약하고
있다가도, 라벨Louis Lavelle, 네동셀Maurice Nédoncelle,
르센René Le Senne 등등 그들이 편애하는 저자들을
인용하며 기꺼이 그들의 게임에 참여하면 가끔
12점까지도 올라갔다. 내가 빛을 발한 것은 철학사
과제물에서뿐이었다. 비록 내가 재구성한 플라톤이나
칸트 역시, 그들의 눈에는 내게 영감을 준 사상가들의
독해에 지나치게 영향을 받은 것으로 비쳤지만 말이다.

문과대의 다른 전공들이 특유의 생기로 가득 차 있었던
것과는 대조적으로, 철학과는 정치의식을 약화하고
사기를 저하하는 무감각 상태가 지배했다. 철학과는 바깥
현실의 소음과 색채가 차단된 폐쇄적인 소세계의 중심
같았다. 그곳의 시간은 흐르지 않고 영원 속에서 응고된
것처럼 보였다. 철학과에는 68년 5월도, 이 거대한
저항운동을 함께하고 뒤따랐던 사회적·정치적·이론적
비판도 존재하지 않았다. 나는 과거와 현재의 사유를
발견하고 배울 수 있기를, 그것이 주변 세계와 맺는
관계를 포착할 수 있기를 열망했다. 그런데 우리는
저자와 텍스트 들에 관한 단조롭고 불필요한 설명에
짓눌려 있었다. 그 내용을 이해하고 중요성을 더 잘
이해하기 위해서는 철학을 해설하며 월급을 받는 이들의

수업을 듣는 것보다는 혼자서 읽는 편이 나았다. 이 모든 것에는 가장 슬프고도 애석한 의미에서의 교과서적인 정신이 스며들어 있었다. 그 시절에는 프랑스 전역에서 대학들이 새로 창립되거나 개편되었는데, 당시 교수로 임용되는 사람들의 수준에는 세심한 주의를 기울이지 않았던 것으로 보인다. 그리고 이는 일종의 체념을 불러일으켰다. 학생들의 수는 다달이 감소했고, 첫해가 끝날 무렵 나 역시 이러한 이탈의 물결에 휩쓸릴 뻔했다. 게다가 이는 더 일반적인 현상이 확대된 것에 지나지 않았다. 모든 학문 분과에서 똑같은 운명이, 그때까지 살아남는 데 성공한 민중 계급 출신 학생들 상당수를 기다리고 있었던 것이다. 각종 제약이 가해지던 고등학교를 떠난 후 스스로 자기 일을 꾸려가야 하는 처지에 내맡겨지면서, 그들은 근면 성실한 태도를 갖추는 데 실패했다. 가정환경은 그들이 학업을 이어가도록 하는 압력이 되기보다는, 오히려 그 정반대의 상황을 이끌었다. 이렇게 배제 기계는 아주 빠르게 작동했다. 그 핵심 메커니즘은 무관심과 포기라는 원심력이었다.

　나는 이 불확실성의 시기를 거치며 첫해를 마쳤는데, 9월의 재시험에만 합격했다. 이러한 결과에 정말이지 소스라쳐 놀랐다. 정진해야겠다고 결심하는 동시에, 앞서 말한 교수들에 대해 모종의 감정을 느꼈다. 그들은 대학의 범속성을 온몸으로 희화화해 구현하고 있었다. 나는 내가 그들에 대해 느끼는 감정이, 폴 니장Paul

Nizan이 1920~30년대 소르본의 대가들에 관한 책에서
기록했던 바와 비슷하다고 생각하곤 했다. 하지만
그것은 부르주아지의 '경비견들' 앞에서 느끼는 분노로,[2]
이들과는 아무런 관련성이 없었다. 니장이 그토록
비난했던 철학자들은 모두 탁월한 정신의 소유자이자
훌륭한 교수들이었다. 그들은 지배 계급의 젊은이들을
향해 말했으며, 기성 질서의 유지에 유리한 세계관을
강화하기 위해 애썼다. 하지만 나를 가르친 교수들은
대체 뭐란 말인가! 재능 없는 보습강사나 다름없는
그들은 문화에서 모든 실질을 비워버리고 무용하게
만드는 데 열중했다. 그들은 그것이 무엇이든 간에
보존하는 데 무능력했다. 학생들에게 아무것도 전수하지
않았기 때문이다. 학생들은 언젠가 권력이 있는 지위에
접근할 기회를 갖고 있지 않았다. 그들에게는 아무것도
없었다! 그 학생들 가운데 고작 몇 명이, 본의 아니게
혹은 자기 자신에 맞서, 다른 곳을 보러 가고 다른 것을
읽으려는 욕망 정도를 품고 있었을 뿐이다.

나의 지적 지평을 구성하던 것들은, 당연하게도 나를
가르치던 교수들의 시야 너머에 있었다. 따라서 웃지
못할 장면이 펼쳐지기도 했다. 예를 들면 어느 날
내가 발제문에서 프로이트를 인용했을 때, 한 교수는
프로이트가 "모든 것을 인간의 가장 저급한 본능으로
환원한다"며 반박했다. 또 언젠가 내가 시몬 드

보부아르를 언급하자, 엄청나게 독실한 가톨릭 신자이며 철학과에 군림하고 있던 그 교수는 내 말을 가로막더니 퉁명스럽게 내뱉었다. "당신은 마드무아젤 드 보부아르가 자기 어머니에게 존경심이 없다는 사실을 모르는 모양이군요." 이는 보부아르의 너무도 아름다운 저작인 『아주 편안한 죽음*Une mort très douce*』을 암시한 말이었을 것이다.[3] 그 책에서 보부아르——'마드무아젤'이라니! 이런 식으로 그녀를 지칭한 데 대해 몇 달간 웃음을 참을 수 없었다——는 삶과 죽음 그리고 어머니에 대해 이야기한다.

우리는 플로티노스Plotinos와 맨드비랑Maine de Biran에 관한 강의를 들을 수는 있었지만(나는 뭔가 흥미로운 점을 발견해보려고 머리를 쥐어뜯었지만 아무것도 이해하지 못했다), 스피노자Baruch de Spinoza나 헤겔Georg Wilhelm Friedrich Hegel, 후설Edmund Husserl에 관한 강의는 전혀 들을 수 없었다. 그들은 마치 존재한 적 없는 철학자들 같았다. '동시대 철학'으로 말하자면, 실존주의 이상으로는 나아가지 않았다(한 교수는 아주 교과서적이지만 강의 틀 안에서 제법 충실하게 '베르그손Henri Bergson과 실존주의'를 다루었는데, 사르트르가 베르그손 철학에 얼마나 많은 것을 빚지고 있는지 보여주었다). 철학과에서 보낸 4년 동안, 레비-스트로스Claude Lévi-Strauss나 뒤메질Georges Dumézil, 브로델Fernand Braudel, 벤베니스트Émil Benveniste,

라캉 등에 관해서는 단 한 번도 들어보지 못했다.
이들의 중요성은 이미 한참 전부터 알려져 있었는데
말이다. 알튀세르, 푸코, 데리다Jacques Derrida, 들뢰즈,
바르트 등과 같은 저자들에 대해서는 아예 말할 필요도
없을 것이다. 이들은 이미 큰 명성을 얻고 있었지만
그것은 파리에서였고, 우리는 랭스에 있었다. 우리는
수도에서부터 150킬로미터밖에 떨어져 있지 않았지만,
어떤 심연이 우리를 지적인 삶에서 갈라놓았다. 그때
파리에서는 지적인 삶이 전후 어떤 시기와도 비교할 수
없을 정도로 강력하게 재발명되고 있었다. 내가 청년기에
심취했던 이런저런 철학들은 심층에서 내 출신 계급과
지역적 상황에 연결되어 있었을 것이다. 나는 어떤
유형의 철학적 사유를 스스로 선택했다고 믿었지만,
사실 그것은 내 사회적 위치에 의해 추동된 결과였다.
내가 파리의 대학생이었더라면, 혹은 이론과 사유의
새로운 노선들이 정교화되는—또 높이 평가받는—중심
가까이에 있었더라면, 내 선택은 사르트르가 아닌
알튀세르, 푸코 또는 데리다에게로 향했을 것이다. 어쩌면
사르트르를 경멸적으로 바라보았을지도 모른다. 내가
나중에 알게 된 파리 지식사회의 규칙대로 말이다. 그
사회에서는 사르트르보다는 메를로-퐁티를 선호했다.
메를로-퐁티는 '속세'에서 덜 유명하기에 더 진지하다고
평가받았다(알튀세르는 사후에 출간된 회고록에서 이
점을 강조한다).[4] 하지만 나는 오늘날까지도 사르트르가

메를로-퐁티보다 훨씬 더 강력하며 독창적인 사상가라고 확신한다. 메를로-퐁티는 교수였고, 아주 고전적인 대학인이었다. 더욱이 그의 사유 방식은 사르트르와 결별하기 전까지 오랫동안 사르트르의 사상에서 영감을 받았다. 일반적인 경우였다면, 나는 당대 지성의 가장 선진적인 작업을 좇는 데 심혈을 기울였을 것이다. 하지만 그 시기, 그 장소에서 내가 맹목적으로 따를 수 있는 이는 사르트르밖에 없었다. 내게는 사르트르가 진정 성스러운 존재였다.[5] 돌이켜보건대, 나는 이 과거의 열광을 후회하지 않는다. 내가 알튀세르주의자가 아니라 사르트르주의자였던 것이 다행이라고 생각한다. 이 지적인 첫사랑들과의 긴 단절기 후 내가 나만의 고유한 작업을 해나가게 되었을 때, 다시 내 안에 '실존주의적' 성향이 떠오르게 되었다. 그 작업에서는 뒤늦게 이루어진 푸코와 부르디외에 대한 독서가 사르트르에 대한 참조와 뒤섞이고 결합하게 될 것이었다.

그러나 나를 매료시켰던 이 사상가에 대한 관심을 계속 이어나가기 위해서는 돈을 벌어 생계를 꾸려야 했다. 대다수의 학생들이 생활비를 벌기 위한 직업 활동을 학업과 병행했는데, 나 역시 그들 같은 상황을 감수하는 것 말고는 다른 선택지가 없었다. 지적인 삶에 대한 내 열망이, 가족들이 거의 매일같이 일깨워주었던 (경제적) 현실 원리의 벽에 부딪혀 그 자리에서 산산 조각나는 일을 피하고자 한다면 말이다.
하지만 우연히 다가온 요행이 필연성을 부숴버렸다.
이 가능성을 내가 어떻게 알게 되었는지, 내 운을
시험해보겠다는 강렬한 생각을 어떻게 갖게 되었는지는
기억나지 않는다. 하여간 대학 2학년이 끝나갈 즈음
IPES(중등교육연구원Institut pédagogique de l'enseignement
secondaire의 약자일 것 같은데, 확실하지는 않다)에
지원하여 시험을 치렀다. 필기시험은 일반 논술과 텍스트
논평이었다. 논술의 주제가 뭐였는지는 기억이 나지 않아
이야기할 수가 없다. 논평 텍스트는 쇼펜하우어Arthur
Schopenhauer의 『의지와 표상으로서의 세계Die Welt als
Wille und Vorstellung』 발췌문이었다. 그즈음 나는 니체,
특히 니체와 쇼펜하우어의 관계에 관한 책들을 여러 권
읽은 참이어서, 최신 지식으로 무장한 채로 어렵지 않게
실력을 펼칠 수 있었다. 다른 지원자들은 이 이상하고
난해한 발췌문에 당황한 나머지 시험을 잘 치르지 못했던
것 같다. 결과가 공지되고 1차 합격자 명단에 내 이름만
올라 있는 것을 확인한 나는 기쁨을 감출 수 없었다.
두 번의 구술시험이 남아 있었지만, 경기장에 혼자
올라가는 것이니만큼 이미 승리한 것이나 다름없었다.
사회학에서는 딱 중간 점수를 얻었으나, 언어에서는—
영어를 선택했다—별다른 실수 없이 마르쿠제Herbert
Marcuse의 텍스트와 내 논평을 번역할 수 있었다. 내
시험관이었던 영문과 교수는 내 답변—개인의 '원자화'에

대한 마르쿠제의 발상을 사르트르의 집렬체 개념과
연결지었다—을 듣고서 찬사를 보냈고, 상당히 높은
점수를 주었다. 그렇게 장애물을 넘어갔고, '교생'이 될
수 있었다. 최소 2년간 월급을 보장받고, 석사논문에서
최우수 등급의 평점을 받으면 3년까지 연장되는
조건이었다(실제로 그렇게 되었다).

가장 놀라웠던 것은 학업 기간에 이에 상응하는 어떤
대가도 요구하지 않는다는 것이었다. 의무사항이라면
단지 교원임용시험(CAPES와 아그레가시옹)에 합격할
경우 그 후로 10년간 중등교육에 종사해야 한다는
것뿐이었다. 하지만 그 시절에는 중등교원 자리가 너무
적어서 내 합격 가능성은 희박했다(나는 아그레가시옹을
두 번 치렀다. 첫해에는 선발 인원이 16명, 두번째
해에는 14명이었는데, 지원자 수는 1,000명이 넘었다).
합격하려면 고등사범준비반과 고등사범학교라는 왕도를
거쳐야만 했다—그 이래로 변한 것은 아무것도 없다.
오히려 정반대일 것이다. 내 실패는 미리 정해져 있었다.
나는 그 사실을 나중에야 발견하게 될 것이었다. 당장은
내 앞에 펼쳐진 새로운 상황과 그로 인한 행복만이
중요했다. 나는 학업에 전념할 수 있게 해줄 월급을 받게
될 터였으니 말이다.

　　나는 은행 계좌를 개설하여 돈이 들어오자 도심
가까운 동네에 방을 얻었다. 부모님은 당연히 기꺼워하지

않았다. 그들은 내심 내가 함께 살면서 "급료를 내놓길" 원했을 것이다. 어머니는 부모님이 그동안 내 생활비를 지원해왔는데, 이번에는 내가 그들을 도와주기는커녕, 돈을 벌기 시작하자마자 집에서 나간다는 사실을 받아들이기 매우 힘들어했다. 어머니는 이런 상황을 혼란스러워했고, 어떻게 대처해야 할지 잠깐 망설이셨던 것 같다. 하지만 당시 내가 미성년자였는데도 불구하고(성인은 21세부터였다), 어머니는 체념했는지 나를 막지 않았다. 그 후로 얼마 지나지 않아, 나는 파리에 정착하기로 결정했다. 내 나이 스무 살이었다. 정말이지 오랫동안 꿈꿔온 일이었다. 나는 보부아르가 『회고록』에서 묘사한 모든 것들에 매혹당한 나머지, 그녀와 그녀의 지인들이 자주 다니던 장소들, 그녀가 말한 거리들, 그녀가 말한 구역들을 모두 가보려고 했다. 오늘날 나는 그것이 일종의 전설이며, 신화화된 시각으로 채색된 것임을 안다. 하지만 당시 나는 이 전설에 도취되어 있었다. 그야말로 지적인 삶의 시대, 그리고 그러한 삶이 정치적·사회적·문화적 삶과의 관련 속에서 우리를 자석처럼 끌어당기고, 사유의 세계에 참여하려는 욕망을 불러일으키는 시대였다. 우리는 위대한 지식인들을 떠받들었고, 그들과 스스로를 동일시했으며, 그러한 창조적 활동에 참여하고 싶어 안달했다. 우리는 지식인의 형상에 미래의 자기 모습을 투사했다. 책을 쓰고, 다른 사람들과 열띤 토론을 하며 아이디어를 교환하고, 이론적으로뿐만 아니라 실천적으로도 정치에 개입하는 사람 말이다. 시몬 드 보부아르의 책들과 동성애자로서 자유롭게 살고자 하는 욕망이 내가 파리에 정착하게 만든 두 가지 큰 이유였던 것 같다.

나는 여전히 랭스 대학에 등록되어 있었다. 내가 받는 월급이 이 아카데미의 대학 본부에서 나왔기 때문이다. 따라서 나는 강의를 듣기 위해서라기보다는 그냥 출석을 하기 위해 거의 매주 랭스 대학으로 되돌아갔고, 거기서 석사학위를 받았다. '프랑스 실존주의에서 자아와 타자'에 관한 논문을 썼는데, 내 관심은 『존재와 무L'Étre et le néant』까지의 사르트르의 초기 저작, 그리고 그와 후설, 하이데거의 관계였다. 논문을 갖고 있지 않아서 내용을 아주 흐릿하게만 기억하고 있을 뿐인데, 서론 끝부분에서 내가 구조주의, 특히 레비-스트로스와 『말과 사물Mots et les choses』의 푸코를 공격했다는 정도만 기억이 난다. 당시 내 눈에는 '역사를 부정'하는 것이 그들의 주된 결함으로 보였다. 나는 그때 레비-스트로스도 푸코도 읽지 않았지만, 그들에 반대해서 내가 참조점으로 삼은 마르크스주의 저자들, 그중에서도 뤼시앵 골드만과 사르트르가 풍부하게 제공했던 일반적 논거들을 지껄여댔다. 사르트르는 구조주의 사상에 맞서 주체의 자유를 끊임없이 재확인했다. 그는 1960년대의 텍스트들에서 그 자유를 '실천praxis'으로 다시 명명하고,

『존재와 무』에서 규정했던 철학적 원칙들을 유지하는
동시에 그것들을 마르크스주의에 대한 차후의 지지와
화해시키기 위해 다시 정교화했다. 이는 역사의 무게,
체계의 논리, 규칙, 구조 등으로부터 의식의 근본적인
분리라는 존재론적 관념을 유지하면서도 역사적
결정요인들에 일정한 자리를 부여하는 작업이었다.

　　결국 나는 우등으로 학위를 받았고, IPES에서
지원금을 1년 더 연장해준 덕분에 그 시절 확실히 삼류에
불과했던 이 대학을 마침내 떠났다. 나는 아그레가시옹을
준비하면서 소르본(파리1대학)의 박사예비과정DEA에
등록했다. 지금 와서는 잘 이해할 수 없는 이유로 인해,
나는 계속해서 랭스 아카데미의 재정 지원을 받으면서도
그 도시의 대학에 등록해야 할 의무는 지지 않았다.
아마도 DEA가 박사학위 논문의 첫해를 구성하기 때문에
더 이상 '학군'의 지리적 배정을 준수할 의무가 없었기
때문이었을 것이다. 나는 이미 두 해 전부터 파리에
살고 있었고, 드디어 파리의 대학생이 될 수 있었다.
랭스는 내 뒤에 있었다. 이제 더 이상 그곳으로 돌아갈
이유가 없었고, 더 이상 가지 않았다. 나는 파리지앵으로
살았고, 행복했다. 소르본에서는 탁월한데다가 심지어
흥미진진하기까지 한 교수들을 만났다. 랭스의 교수들과
비교하면 하늘과 땅 차이였다. 나는 2~3년간 여러
교수들의 강의를 열성적으로 수강하러 다녔다. 어떤
면에서 바로 이때서야 철학도가 된 셈이다. 나는 지체된

부분을 따라잡아야만 했고—소르본 강당 의자에 나란히 앉아 친하게 지내던 학생들과의 비교를 통해 매일 내가 어느 정도인지 확인할 수 있었다—, 그래서 책을 읽으며 시간을 보냈다. 이를 지연된 철학 교육이라고 말할 수도 있을 것이다. 나는 앞뒤 가리지 않고 열심히 몰두했다. 플라톤, 데카르트, 칸트가 고유한 색깔을 되찾았고, 마침내 스피노자와 헤겔을 제대로 발견하게 되었다.

나는 니체와 언어에 관한 소논문을 완성하며 DEA를 성공적으로 마쳤다(내가 거기서 뭐라고 했는지는 이제 기억나지 않는다. 그 논문을 가지고 있는지도 확실하지 않다). 그리고 나는, 이는 당연한 귀결이었는데, 아그레가시옹에 떨어졌다. 결과를 예상하고 있었기에 충격을 받지는 않았다. 내가 이런 종류의 시험에 붙을 수준이 안 된다는 것을 잘 알고 있었다.

그 후 박사논문 과정에 등록했고, 헤겔에서부터 『변증법적 이성 비판Critique de la raison dialectique』의 사르트르에 이르는 역사철학들에 관한 작업을 하기로 마음먹었다. 푸코와 그때 막 출간된 『감시와 처벌Surveiller et punir』까지 다뤄보겠다는 아이디어는 전혀 떠오르지 않았다. 그 책을 읽고 싶은 마음도 없었고, 그런 생각이 아예 들지도 않았다. 하지만 오래 지나지 않아, 나는 당시 새롭게 부상하던 부르디외의 저작과 이미 입지가 확고했던 푸코의 저작을 발견하게 된다. 내 이론 세계는 동요하기 시작했다. 그 결과 사르트르는

머리 한구석으로 밀려났는데, 이로부터 15년쯤 후에야
사르트르는 내 머릿속 연옥으로부터 벗어나게 된다.
하지만 이즈음 나는 논문을 계획대로 잘 준비하고
아그레가시옹에 재응시하기 위해서, 당장 직장을 찾아야
했다. 아그레가시옹에 실패한 후, DEA를 수료한 해
말엽부터 내 생활 조건에도 변화가 생겼다. 더 이상
월급을 받는 처지가 아니었고, 알아서 돈을 벌어야 했다.
나는 렌느 가에 있는 호텔에서 일주일에 며칠씩 야간
경비원 노릇을 하기로 했다(오전 8시에 퇴근해서 곧장
소르본에 강의를 들으러 갔다가, 오후에 집에 돌아와
밀린 잠을 잤다. 너무 고단해서 이러한 리듬을 몇 개월
이상 지속할 수 없었다). 그 후 가까운 교외 지역에 저녁
6시부터 자정까지 근무하는 저녁 일자리를 발견했다.
당시에는 커다란 철제 캐비닛 같았던 컴퓨터들을 지키고,
기계 속에서 웅웅거리는 데이터를 필름 통 크기의
자기테이프에 저장하여 백업하는 일이었다. 자정이 되면
파리로 가는 마지막 기차를 잡기 위해 서둘러 역으로
갔다. 전혀 흥미로운 일은 아니었지만, 이 일은 적어도
책 읽을 시간이 있었다. 나는 사무실에 갇혀 있어야
하는 시간을 이용해 강의 프로그램에 있던 저자들을
열심히 공부했다(저녁 내내 데카르트와 라이프니츠를
읽던 생각이 난다). 필기시험에서 좋은 점수를 받고서도
두번째 치른 아그레가시옹에서 또 떨어지자, 나는 크게
좌절했다. 이 시험과 중등교원이 되겠다는 생각에 많은

희망과 에너지를 쏟아왔지만 소용없는 일이 되고 말았다. 국립 학제에서는 내가 고등학교에서 가르치기를 원하지 않는 모양이었다. 그리하여 나는 10년간 교원으로 일해야 하는 의무에서도 해방되었다. 내게 '보조 교사,' 즉 정직이 아닌 비상근 대체 교사의 자리도 주어지지 않았던 것이다. 대학에서 일할 만한 경력을 쌓기 위해 학업을 더 지속할 만한 경제력도 없었다. 사회적·경제적으로 특권을 가진 '상속자들'만이 그런 직업을 가질 수 있다는 것은 너무도 자명한 사실이었다. 나는 내 사회적 환경으로부터 도망쳐 나왔지만, 내 출신에 다시 덜미를 잡힌 셈이었다. 박사학위 논문도, 지적인 야심과 그것을 지탱시켜온 환상도 단념해야 했다. 나 자신과 관련해 그동안 부인해온 진실이 다시 떠올랐고, 그것의 법을 강제했다. 이제 진짜 일자리를 찾아야만 했다. 하지만 어떻게? 어떤 일자리를? 여기서 우리는 학위의 가치가 사회적 위치와 밀접히 연관되어 있음을 알 수 있다. 다른 사람들에게는 DEA가 박사학위 논문에 접근하는 길이었지만, 내게는 그렇지 않았다. 그러려면 논문을 쓸 동안 생활비를 감당할 수 있어야 한다(그렇지 않으면, 우리는 논문을 쓸 수 있다고 믿기를 고집하다가 결국 명백한 사실에 굴복하게 된다. 시간과 에너지를 잡아먹는 일자리에 붙들려 있는 한, 논문을 쓰지 못한다는 것을). 뿐만 아니라 학위는 우리가 사회관계자본을 얼마나 보유하고 있는지, 또 졸업장을 전문직으로 다시 전환하는

*220*

전략에 필요한 정보를 얼마나 갖고 있는지에 따라서 다른 가치와 가능성을 제공한다. 이는 의심의 여지없는 너무도 명확한 진실이어서 시간을 들여 입증할 필요조차 없다. 그런 상황에서는 가족과 친지의 도움이나 친분 관계, 인적 네트워크 등이 모두 노동시장에서 학위에 진정한 가치를 부여하는 데 이바지한다. 그리고 나는 그런 사회관계자본을 거의 가지고 있지 않았다고 분명히 말할 수 있다. 아니 더 정확히 말하자면, 나는 사회관계자본을 가지고 있지 않았다. 정보도 마찬가지였다. 따라서 내 학위는 아무런 가치가 없었다. 어쨌든 별다른 의미가 없었다.

5부

# 1

청소년 시절을 돌이켜볼 때, 랭스는 내가 다른 존재가 되기 위해 떠나야 했던 가족적·사회적 정박지로만 기억되지는 않았다. 랭스는 내게 모욕[1]의 도시이기도 했다. 그것은 내 선택을 이끈 또 다른 결정적인 이유였다. 나는 얼마나 자주 '호모새끼'라든가 그 비슷한 단어들로 불려야 했던가? 말도 못할 정도다. 처음 맞닥뜨린 이후로, 그런 말은 끝없이 나를 따라다녔다. 아, 나는 오래전부터 당연히 그것을 눈치 채고 있었으니… 어떻게 모를 수 있겠는가? 우리는 언어를 배우면서 욕설을 배운다. 나는 그것이 무엇을 의미하는지 알아차리기도 전에, 집안과 집 밖에서 그 욕설을 들었다.

앞에서 나는 아버지가 텔레비전을 보다가 자주 정치인들에 대해 분노를 표출했다고 이야기했다. 이는 그가 혐오하는 섹슈얼리티가, 혹은 그렇게 추정되는 인물이 화면에 등장하는 것을 볼 때도 마찬가지였다. 장 마레Jean Marais[2]가 어느 영화의 출연진 자막에 이름을 올렸던 것일까? 아버지는 5분마다 되풀이해서 말했다. "저 놈은 남색이야." "저 놈은 끼순이야." "저 놈은 보갈이야." 어머니는 기회가 있을 때마다 그 사람이 잘 생겼다고 말했기 때문에, 아버지는 들으라는 듯 더 세게 이야기했다. 어머니는 이런 종류의 표현을 좋아하지 않았고, 일관되게 아버지에게 이렇게 대꾸했다. "그런 게 당신이랑 무슨 상관이야?" 혹은 "사람들은 다 자기 하고 싶은 대로 하는 거야. 당신이 웬 참견이람…" 때때로 어머니의 말투는 조롱조가 되기도 했다. "그럴지도 모르지. 그래도 당신보다 부자인데 뭘." 내 욕망이 무엇인지, 내 섹슈얼리티가 어떤 것인지 차츰 발견해가는 일은 내가 이 모욕어들의 사전적 의미와 낙인찍힌 범주 안에 들어가는 과정이었다. 또한 그것은 평생 그러한 말들에 노출될 위험이 있는 사람들에게 가해지는 공포의 효과를 경험하는 과정이었다. 모욕은 과거로부터 나온 인용이다. 그것은 이전에 수많은 발화자에 의해 반복되었다는 바로 그 사실 때문에 의미를 지닌다. 장 주네의 시구가 잘 표현하고 있듯, 그것은 "시대 깊숙이에서 온, 현기증 나는 단어"이다. 그런데 모욕어는 또 그것이 겨냥하는 사람들에게는 미래를 표상하는 것이기도 하다. 이 말들과 거기 담겨 있는 폭력이 그들이 살아가는 내내 따라붙을 것이라는 끔찍한 예감. 게이가 된다는 것은 표적이 된다는 것이다. 그리고 실제로 그렇게 되기도 전에, 즉 그러한 의식을 갖기도 전에, 그동안 숱하게 들어왔고 오래전부터 그 모욕적인 힘이 얼마나 큰지 알고 있는 그 어휘를 통해 스스로가 이미 잠재적인 표적임을 알아차리는 것이다. 우리에 앞서, 낙인찍힌 정체성이 있다. 우리는 그 속으로 들어가 거기에 신체를 부여하며, 그것과 함께 어떤 식으로든

226

세상을 헤쳐나가야 한다. 그것과 더불어 살아나갈 수 있는 방식은 다양할 테지만, 거기엔 하나같이 모욕하기의 구성적인 힘이라는 인장이 새겨져 있다. 사르트르는 주네에 관한 수수께끼 같은 경구에서 동성애는 누군가가 질식하지 않기 위해 창안한 출구라고 주장했지만, 사실 그렇지 않다. 그보다 동성애는 누군가가 질식하지 않기 위해 출구를 발견하도록 강제한다. 나는 내 사회적 환경과 나 사이에 만들어진—내가 애써 정초한—거리, 그리고 '지식인'으로서 나의 자기-창조가 모두 내가 되어가고 있던 존재[즉 동성애자]를 맞이하기 위해 창안한 하나의 방식이었다고 생각하지 않을 수 없다. 나는 나 자신을 주변 사람들과 다르게 발명하지 않고서는 내가 되어가고 있던 존재가 되지 못했을 것이다. 나는 사실 그 사람들과 이미 다른 사람이었다. 앞에서 나는 내 교육적 궤적을 언급하면서 '기적적'이었다고 기술한 바 있다. 나의 경우에는 이 '기적'의 원동력이 동성애 성향이었다고 볼 수도 있을 것이다.

　욕설이 나와 관계된 것이라는 점을 알아채기 전부터도 나는 욕설에 익숙했다. 나 스스로도 욕을 자주 했고, 솔직히 말해 열네다섯 살 때는 다른 사람들에게 계속해서 그 욕설을 내뱉었다. 그것이 나와 관계가 있다는 점을 알고 난 이후, 그 방향을 돌려 나를 그 욕설로부터 보호하기 위해서였다. 같은 반 아이들 두세 명과 나는, 우리들이 계집애 같다고 여기던 한 고등학생을

'끼순이' 취급하며 놀려댔다. 그를 모욕하면서 간접적으로
나 자신을 모욕한 셈이다. 가장 슬펐던 점은 내가 그러한
사실을 막연하게나마 알고 있었다는 것이다. 하지만
'정상인들'의 세계에 속해 있음을 확인하고 그 세계로부터
배제될 위험을 피해야 한다는 저항할 수 없는 욕망
때문에, 나는 그렇게 하지 않을 수 없었다. 그것은 또한
타인들에게 거짓말을 하는 것이었지만, 그에 못지않게 나
자신에게도 거짓말을 하는 것이었다. 일종의 마귀 쫓는
의식이었다고나 할까.

그러나 머지않아 나는 모욕의 직접적인 수취인이
되었다. 사람들은 나를 겨냥해 그 욕설을 퍼부었다.
모욕이 나를 온통 둘러쌌다. 그 모욕이 나를 규정했다고
말해도 과언이 아니다. 모욕은 어딜 가나 나를
따라다니면서, 내가 규칙을, 규범을, 정상성을 위반하고
있다고 끊임없이 일깨웠다. 고등학교 운동장이든 내가
사는 동네든 언제 어디서든 욕설은 튀어나올 태세를
하고 있었고, 결국 튀어나오게 되어 있었다. 내가 만남의
장소의 존재를 알게 된 것은 열일곱 살 때로, 어느
날 그중 한 곳—대극장과 법원 사이에 있는 그다지
으슥하지 않은 길이었다—을 찾게 되었는데, 차 한
대가 속도를 늦추더니 거기 타고 있던 한심한 치들이
그곳에 있던 사람들에게 "호모새끼들!"이라고 소리를
질렀다. 무슨 조직적인 음모가 있어, 이 언어폭력은
끝없이 되풀이되어야만 그 힘과 효력을 발휘할 수 있다고

228

공포라도 한 것처럼 말이다. 나는 그것과 더불어 사는 법을 배워야만 했다. 그렇지 않으면 뭐 어쩌겠는가? 하지만 결코 거기에 진정으로 익숙해지는 데까지 이르지는 못했다. 이 끝없이 되풀이되는 모욕이 나를 향할 때마다, 나는 칼에 찔린 듯 공포에 떨었다. 그것은 내가 어떤 사람인지 스스로 감추려 했음에도, 사람들이 이미 눈치 챘거나 그렇다고 의심을 하고 있다는 뜻이며, 항상적인 고발과 그것이 선고하는 저주에 영원히 굴복해야 하는 운명을 부여받았다는 뜻이기 때문이다. 나는 공중의 시선 앞에 전시되어 있는 것 같았다. "그가 어떤 사람인지 보시라. 그는 정말로 우리의 눈을 속일 수 있다고 믿는 것일까?" 실상 나를 둘러싼 모든 문화가 내게 '호모새끼'라고 외친다. '끼순이' '보갈' '마짜'[여자 역할을 하는 동성애자]라든가 그 비슷한 끔찍한 용어들을 사용하지는 않는다고 하더라도 말이다. 나는 요즘 그런 용어들을 지나치듯 듣기만 해도, 그것들이 불러일으키던 공포와 상처, 그리고 그것들이 내 정신에 새겨 넣은 수치의 기억이 되살아난다. 나는 모욕의 산물이며, 수치심의 아들이다.

누군가는 내게 이렇게 주장할지도 모른다. 모욕은 부차적이며, 욕망이 일차적인 것이라고. 우리는 다름 아닌 욕망에 관해서 말해야만 한다! 사실 우리는 모욕이 규탄하는 욕망을 느끼기 때문에 모욕의 대상이 된다. 나는 같은 반 친구들이나 잠시(13세에서 15세 사이)

등록했던 조정클럽 친구들, 16세에 활동가로 참여했던
정치 조직의 사내아이들을 욕망했었다. 나는 먼저
조정클럽의 소년 둘과 첫 성 경험을 했고, 다음에는
같은 반의 한 소년과 성 경험을 했다. 하지만 앞에서
말한 트로츠키주의 조직의 소년들과는 그러지 않았다.
트로츠키주의 투쟁파는 공산당이나 마오주의 운동에
지배적이던 동성애 혐오에 빠져들지는 않았지만, 사실상
이성애주의적이었고 여하간 동성애에 별로 호의적이지
않았다. 그때 우리는 '성 혁명'에 관한 빌헬름 라이히식
교리문답과 프로이트–마르크스주의를 읊조렸는데, 그
안에는 전통적인 마르크스주의의 동성애에 대한 비난이
정신분석학적 성토와 뒤섞여 있었다. 즉 그 논리에
따르면, 부르주아 사회는 리비도를 억압하고 리비도적
에너지를 노동으로 유용하는 데 기초해 있기 때문에,
성 해방은 새로운 사회정치 체제의 도래에 이바지할
것이다. 이러한 논리는 동성애를 성적 금기의 단순한
효과로 간주하고 그 금기와 더불어 사라질 운명에
처해 있다고 본다는 점에서 동성애에 대한 과소평가를
함축하고 있었다. 실제로 나는 마르크스주의 안에 나를
위한 자리가 없음을 매일 절감했다. 다른 곳에서와
마찬가지로 이 틀 내에서도 나는 분열된 삶을 살아야
했다. 난 둘로 절단되었다. 절반은 트로츠키주의자로,
절반은 게이로. 이 두 개의 분리된 정체성은 서로
화해할 수 없는 것처럼 보였다. 실제로 나는 이 두 가지

성향을 화해시키는 데 큰 어려움을 겪었다. 둘의 공존은 자꾸만 더 힘들어졌다. 1970년대의 게이운동이 이런 유형의 정치사상 및 조직과 단절함으로써만 탄생할 수 있었다는 것은 십분 이해할 수 있는 일이다. 비록 몇몇 구성 요소에서는 라이히주의 이데올로기에 큰 영향을 받았지만 말이다.[3] 푸코가 1970년대 중반에 권력과 사회변혁 문제에 새롭게 접근해보겠다는 목표 아래 『성의 역사*Histoire de la sexualité*』를 쓰겠다고 계획한 것은 상당 부분 이 프로이트−마르크스주의, 더 일반적으로 보면 마르크스주의와 정신분석학에 대항해서였다. 그는 비판적 사유와 해방적 급진성으로부터 프로이트−마르크스주의뿐만 아니라, 마르크스주의와 정신분석학, '공산주의적 가설'과 '라캉주의적 난관'을 단호히 제거하고자 했다.[4] 덧붙여 말하자면, 이러니 오늘날 경직되고, 비생산적이며, 대개는 성 해방운동 일반과 게이운동에 적대적인 구닥다리 독단론들이 지식 무대에 되돌아오는 현상을 어떻게 불길한 조짐이라고 개탄하지 않을 수 있겠는가? 우리가 벌써 여러 해 동안 겪고 있는 반동적 국면이 이러한 회귀를 생산하고 요청한 것처럼 보인다. 사상적 퇴행과 근래의 정치 상황은 반동이라는 동전의 양면이다.

이러한 내 욕망은 극히 드물게만 실현되었고, 침묵과 비밀에 부쳐졌다. 공중 앞에서 입을 다물고 감추고

부정되어야 하는 욕망이란 과연 무엇인가? 조롱당하고
낙인찍히고 정신분석당할지 모른다는 두려움 속에서
지내다가, 일단 공포의 단계를 극복하면, 그 존재의
권리가 때로는 연극적이고 과장되고 공격적이고
'과도하고' '종교적이고' '투쟁적인' 방식으로 끊임없이
확인되고 재확인되고 선언되어야 하는 욕망이란 과연
무엇일까? 그러니까 특유의 상처받기 쉬운 연약함을
품은 채로 모든 순간 모든 장소에서 스스로를 의식하고
경험하는 욕망, (길에서, 직장에서…) 불안감에 사로잡혀
있는 이 욕망 말이다. 더더구나 이는 모욕 때문에, 우리가
직접적인 수신자가 아니라도 듣게 되는, 비꼬고 조롱하고
경멸하고 폄훼하고 창피를 주는 온갖 말들로 인해
가중된다. '호모새끼'와 같은 말들은 일상적 대화 속에서,
학교에서, 가족 안에서 강박적으로 되돌아온다. 당신은
그 말들 때문에 깜짝 놀라고 불타오르고 얼어붙는다.
비록 당신과 수다를 떨면서 그런 단어들을 사용하는
상대가, 자신이 실은 당신에 관해 이야기하고 있음을
상상하지 못한다고 하더라도, 다른 누군가 혹은 당신이
속해 있다고 느끼는 동시에 온 힘을 다해 거기 속하지
않고 싶어 하는 모호한 범주를 일반적으로 지칭해
쓰인 이 어휘가 결국 당신을 겨냥하고 있고 당신에게
이르게 될 것이라는 강력한 느낌을 받을 것이다(바로
여기에 게이·레즈비언들이 스스로를 탈동일시하려는
너무나도 강렬하고 지속적으로 작동하는 의지의 가장

232

강력한 심리적 동인 중 하나가 있을 것이다. 그들이 게이·레즈비언운동의 존재 자체에 공포를 느끼는 이유 또한 여기서 찾을 수 있다. 게이·레즈비언운동은 그들이 사회적 '무관심의 권리'를 누리면서 사적인 영역에 한정시키고 싶어 하는 것을 공적인 이미지로 존재하게끔 하는 데 이바지하고, 있는 그대로 긍정해버리기 때문이다. 그런데 [그들 삶의 어떤 부분을 사적인 것의 영역에 한정시킬 수 있다는] 이러한 환상은 그들의 개인적인 경험에 의해 부인당한다. 그러한 경험 속에서 그들은 사적인 것과 공적인 것이 복잡하게 뒤얽혀 있음을, '사적인 것'조차 공적 영역의 산물임을, 즉 가장 사적이고 은밀한 정신 현상조차 성적 규범성의 명령에 의해 형성된다는 것을 매일 절감하게 된다). 따라서 모욕은 현실적이든 잠재적이든—그러니까 실제 모욕이든, 아니면 난데없이 튀어나와 우리를 공격할지도 모른다는 두려움을 안겨주는 모욕이든, 그것도 아니면 언제 어디서나 늘 우리를 꼼짝 못하게 폭력적으로 에워싸고 있다고 느껴지는 모욕이든 간에—세계와 타자에 대한 관계의 지평을 구성한다. 세계에서의-존재l'être au monde는 모욕당한-존재l'être-insulté, 곧 사회적 시선과 발화에 의해 열등화된 존재로 현실화된다. 명명이 열등화하는 행위의 대상은 성적 질서(모욕은 그 뾰족한 끝을 표상한다)의 구조 내부에서 복속된 주체로서 생산된다. 이러한 주체의 의식 전반은 무의식과 마찬가지로—만일 긴밀히 연관된

이 두 영역 사이에 분명한 분할선을 그릴 수 있다면—,
자아와 개인 정체성의 구성 과정 그 자체에 의해
영향받고 형성되는 것으로 나타난다. 그러므로 어떤 것도
순전히 심리적인 것은 없다. 성적 규범들은 은밀하지만
효율적으로 작동하며 그 규범들이 통합하는 위계질서가
존재하는데, 이것들이 매일매일의 정신 작용과 주체성을
만드는 것이다.

2

한편 랭스는 내가 오만가지 어려움을 무릅쓰고 나
자신을 마침내 게이로 구성한 도시, 다시 말해 스스로
게이임을 받아들이고 주장하기 이전에 게이로서의
삶을 경험한 도시이기도 했다. 우리는 그런 존재—
호모—가 되지 않는 편이 낫다고 스스로 납득시키려
하는 동시에, 어떻게 해야 그렇게 될 수 있는지 꽤
열성적으로 알아내려고 한다. 어떻게 해야 (사랑 혹은
섹스) 파트너를 만날 수 있는지? 게이 친구나 당신이
자유롭게 이야기할 수 있는 상대는 어디서 만날 수
있는지 등등 말이다. 그리고 어느 날 만남의 장소들이
존재한다는 사실을 발견한다. 나는 그에 대해 다소
엉뚱한 방식으로 알게 됐다. 열일곱 살 여름, 나는 방학
동안 보험회사에서 일을 했는데, 틈만 나면 자기 부서의
과장을 등 뒤에서 놀려대던 한 여직원이 웃으면서 내게
말했다. "그 사람은 여자 역할을 하는 호모야! 밤에
극장 근처를 지나다 보면, 과장이 남자 낚으러 다니는
모습을 볼 수 있을걸." 끔찍하게 모욕적이었지만, 나는
한 가지 정보를 얻게 된 셈이었다. 물론 완전히 새로운
정보는 아니었다. 다른 사람들에게 일부러 권위적이고
퉁명스럽게 대하던 그 키 작은 과장은 사실 젊은 여자
부하직원들 사이에서 끊임없이 농담거리가 되고 있었다.

*235*

그의 섹슈얼리티가 무엇인지 아는 사람은 없었지만, 그의 몸짓, 걸음걸이, 목소리, 말하는 방식 하나하나가 그가 타인들에게 그토록 숨기고 싶어 하는 것을 큰 소리로 외치고 있었다. 그는 기회만 있으면 음탕한 '우스갯소리'와 농담을 떠들어댔는데, 항상 동성애와 관련이 있었다―아마도 그가 드나드는 게이 세계에서 떠도는 이야기였으리라. 이는 특정 게이들에게서 종종 나타나는 사례인데, 그들은 자신이 게이라는 사실을 감추려고 너무 노력하는 나머지, 머릿속을 자신의 성 정체성 문제로 온통 채우는 지경에까지 이른다. 그는 누군가 자신을 게이와 연결지을까 봐 두려워하여, 게이에 대해 그런 음란한 유머를 하면 모든 의심으로부터 멀어질 수 있을 거라고 진심으로 믿는 눈치였다. 나는 이러한 유형의 인력─척력에 이끌리는 이중적 태도를 이후로도 자주 다양한 형태로 경험했다. 많은 게이들이 자신이 얽혀 있는 집단과 거리를 두기 위해, 공공연하게 경멸을 표시하거나 불쾌해하는 방식으로 강박적으로 동성애와 관련된 화제를 입에 올린다―나는 현재형으로 쓰고 있는데, 이런 일이 계속해서 존재하기 때문이다(앙드레 지드André Gide가 『일기Journal』에서 강조한 것처럼, 이러한 태도의 패러다임은 마르셀 프루스트Marcel Proust와 그의 저작에서 나타난다고 주장할 수 있을 것이다. 비록 그 결과는 항상 프루스트 정도의 탁월성에 이르지는 않는다는 것을 분명히 해두어야겠지만 말이다).

그런 장소가 존재한다는 사실은, 거기 가는 이들에게 불명예스러운 딱지가 달라붙음에도 불구하고, 내게 강한 충격을 주었다. 새롭고 경이로운 발견이었다. 거기에 있는 것은 '마짜'임을 뜻했기 때문에, 나는 누군가 날 알아볼까 봐 주저하면서도, 즉시 그곳에 가서 어떤 일이 일어나는지 보고 싶다는 마음으로 불타올랐다. 어쩌면 누군가를 만날 수도 있다는 기대도 품었다. 그날 저녁이었을까 아니면 그다음 날이었을까, 나는 스쿠터를 타고 도심으로 갔다. 나는 스쿠터를 그 거리에서 꽤 떨어진 곳에 세워놓았다. 그 거리에서 계단 몇 칸을 내려가면 있는 공중화장실 안으로 남자들이 남몰래 빠르게 들어가는 것이 보였다. 한참 전부터 거리에서 어슬렁거리는 사람들도 있었다. 또 자동차 시동 소리가 들리며 차 한 대가 출발하면 두번째 차가 뒤따랐고, 그렇게 두 운전자는 사람들 시선이 닿지 않는 곳으로 이야기를 나누러 갔다. 이 첫날 저녁 내게 접근한 사람이 있었는지, 아니면 그러한 만남은 나중에 일어났는지 이제는 기억나지 않는다. 어쨌든 나는 그렇게 게이 세계에 들어섰고, 그와 연계된 온갖 하위문화에 접근할 수 있게 되었다.

나는 그 공중화장실에는 한 번도 간 적이 없다. 공중화장실은 내게 왠지 모를 혐오감과 불안감을 안겨주었다. 그때까지만 해도 공중화장실—게이 은어로는 '타스'[1]—이 동성애적인 유혹의 전통적인 구역 가운데 하나임을 알지 못했다. 하지만 그 이후 이 거리와 주변 거리들, 극장의 광장, 거기서 가까운 성당 부근은 내 밤 생활의 일부가 되었다. 나는 그곳에서 저녁 내내 시간을 보내기도 했다. 나는 내가 누군가를 낚으러 돌아다닌다고 다른 사람들이 생각하지 않도록 계속해서 걷거나, 버스 정류장 옆 공중전화 박스에서 전화를 거는 척했다. 내가 그 거리에 '데뷔하고' 얼마 지나지 않아, 내게 이 장소의 존재를 알려주었으며 어떤 것도 놓치지 않는 예리한 촉의 소유자인 그 여직원이 반쯤은 놀라고 반쯤은 비꼬는 어조로 말했다. "나 널 극장 근처에서 봤는데… 혹시 누굴 꼬시러 갔던 거야?" 나는 이야기를 꾸며냈다. "아뇨, 그럴 리가요. 그 근방에 사는 친구를 만나러 갔어요." 하지만 내 대답은 믿을 만하게 들리지 않았을 것이다. 목소리 톤에서 내가 동요하고 있음이 명백히 드러났다. 그녀는 말을 멈췄다. 그리고 어떤 적대감도 표현하지 않았다. 그녀가 그동안 거침없이 쓰던 모욕적인 말들은 이른바 습관적 동성애 혐오의 영역에 속하는 것이었다. 만일 이날 내가 용기를 내서 그녀에게 게이라고 고백했더라면, 그녀는 내게 연민을 느끼고 그러한 감정을 애써 표현하며 친절을 베풀었음에도, 내가 없을 때는 나를 '마짜'로 분류해 놀려댔을 것이다. 이렇게 우리 사이에는 경계심과 뭔지 모를 공모가 뒤섞인 기묘한 관계가 자리 잡았다. 그녀는 내가 어떤 사람인지 알았고, 나는 그녀가 그것을 안다는 사실을 알았으며,

238

그녀는 내가 그녀가 안다는 사실을 안다는 것을 알았다. 나는 그녀가 다른 사람들에게 사실을 말할까 봐—그녀가 참지 못하고 폭로를 할까 봐—겁을 냈고, 그녀는 암시적인 농담들로 내 두려움을 가지고 놀았다. 나는 그 농담들을 이해한 사람이 나뿐이길 바랐다. 나는 이 보험회사에 두 달 계약으로 들어갔는데, 거기서 일하던 형수—아직 결혼 전이었으니 정확히 말하면 미래의 형수이다—를 통해서였다. 나는 내 비밀을 아는 그녀가 그 사실을 미래의 형수에게 알리지나 않을까 하는 생각 때문에 심한 불안에 사로잡혔다. 그녀가 실제로 그렇게 했을까? 그랬을 수도 있지만, 딱히 그렇다는 어떤 조짐도 없었다. 곧 여름이 끝났고, 그 여직원을 다시 볼 일은 없게 되었지만, 그 후로도 지식과 권력 게임이 얽혀 있는 이런 유형의 상황에 자주 맞닥뜨렸다. 20년 뒤 『벽장의 인식론*Epistemology of the Closet*』에서 이성애자들이 누리는 '인식론적 특권'에 관한 이브 코소프스키 세즈윅Eve Kosofsky Sedgwick의 분석을 읽었을 때, 나는 그녀를 떠올렸다. '인식론적 특권'이란 동성애자들이 이성애자들의 시선의 지배로부터 벗어나고자 할 때, 이성애자들이 동성애자들의 정체에 관해 확보한 지식을 마음대로 갖고 노는 방식과 관련된다. 세즈윅이 이 문제에 할애한 페이지, 특히 프루스트에 대해 분석한 경탄스러운 장은 내 과거의 수많은 기억을 불러일으켰다.[2]

당시 랭스에는 게이바도 있었다. 많은 이들이 공중의 시선에 노출될 위험 없이 비밀이 보장되는 장소인 바를 선호했다. 그러나 나는 바에 갈 엄두도 내지 못했을 것이다—나이 때문에 입장할 수도 없었다. 어쨌거나 그 시기의 나는 좌파 청교도주의와 지적 엘리트주의가 뒤섞인 태도로, 그러한 바와 나이트클럽이 비난과 경멸을 당할 만한 유흥 공간에 지나지 않는다고 여겼다.

이러한 만남의 장소들은 사회성의 공간이자 특수한 문화가 학습되는 공간이기도 하다. 거기에선 다양한 사람들과 대화가 이루어진다. 조금 뒤 데이트하러 나갈 사람과의 대화거나, 함께 나가고 싶지는 않은 사람과의 대화, 또는 그곳에 갈 때마다 우연히 만나다가 결국 서로 인사를 나누고 알게 되는 사람과의 대화일 수도 있다. 그러한 대화를 통해서 우리가 그 사람들에 관해 무언가 대단한 것을 알게 되는 일은 별로 일어나지 않는다. 하지만 젊은 게이에게 매번의 대화는, 일종의 비공식 문화를 흡수한다는 의미에서 게이 세계의 사회화 수단, 게이가 되는 방식을 구성한다. 우리는 동네의 누가 '이쪽인지'에 관한 뒷말을 듣고, 게이스러운 화법(예컨대, 여성형의 활용), 전통적인 말장난(관용어에서 쓰이는 남성형 주어를 여성형 주어로 대체하기[3]), 특수한 은어 표현과 코드를 배운다. 우리는 또 이러한 수다와 토론을

240

통해서, 혹은 놀러 간 집 선반에 꽂혀 있는 책이나 음반을 보면서 특정한 참조 체계를 갖게 된다. 동성애를 다룬 책들(그런 식으로 나는 장 주네라는 저자에 관한 이야기를 처음 듣고 열성적으로 읽게 되었다. 그보다 역량이 떨어지는 저자들도 이와 같은 방식으로 접했다), 게이들이 애지중지하는 여가수들(나는 바바라를 숭배하던 애인의 집에서 그녀의 음반을 듣고 나서 다른 많은 게이들처럼 그녀에게 열광하게 되었는데, 나중에서야 그녀가 게이의 아이콘임을 알게 되었다), 고전음악과 오페라(그 무렵 내게는 아주 먼 미지의 대륙이었지만, 몇 년 후에는 이때 입문하여 받은 자극 덕분에 열심히 찾아 듣게 되었고, 단순한 애호가를 넘어 전문가 수준에 이르렀다. 나는 연주회와 공연이라면 거의 빠뜨리지 않고 다녔고, 같은 작품의 음반을 여러 판본으로 구매했으며, 바그너Wilhelm Richard Wagner, 말러Gustav Mahler, 스트라우스Richard Georg Strauss, 브리튼Edward Benjamin Britten, 베르크Alban Berg 같은 작곡가들의 전기를 읽었다) 등등. 이러한 대화의 과정에서 우리는 다른 만남의 장소들에 관해 듣고는 그리로 서둘러 달려가고, 파리의 게이 생활에 관해 듣고서 그것을 꿈꾸기 시작한다. 이처럼 이러한 장소들에서는 저녁마다 단골들과 신출내기들의 만남이 끝도 없이 이루어지는데, 그러면서 비공식적 대화가 쌓이고 개인들은 온갖 것에 '입문'한다. 이는 그 누구도 분명히 의식하지는 않는 가운데 이루어지는 진정한 문화적 유산 전승의 벡터가 된다(이러한 전승은 물론 연령대와 사회 계급에 따라 다원적인 양상을 띠며 시간이 흐르면서 변화하지만, 특수한 '문화' 또는 '하위문화'의 외형을 형성한다). 그러므로 '입문'의 문학—예를 들면, 지드의 『위선자들*Faux-Monnayeurs*』이나 주앙도의 『순수한 사랑*Du pur amour*』『소년 학교*L'Ecole des garçons*』—은 교육과 학습에 의한 훨씬 광범위한 주체화 현상을 기술하기 위한 환유 혹은 은유로 기능할 수 있다. 고대철학의 학파들에서 의식의 인도자와 제자의 관계가, 말년의 푸코에게 모종의 게이 관계성이 펼쳐지는 폭넓은 과정을 사유하기 위한 환유나 은유—또는 단순히 우회—를 제공할 수 있었던 것처럼 말이다.[4]

어쨌거나 만남의 장소들은 게이의 삶에서 일종의 학교로서 기능했다. 지식의 전수가 이루어지는 순간이 너무도 자연스러워서, 비록 우리가 그것을 명확하게 알아차리지 못한다 하더라도 말이다. 1890~1940년까지의 시기를 다룬 『게이 뉴욕*Gay New York*』에서 조지 천시George Chauncey는 이를 탁월하게 묘사하고 이론화했다. 내가 언급한 내용도 실은 그 책 덕분에 상황을 더 잘 포착하고 이해할 수 있었다.[5] 1990년대 중반에 그 책을 읽으면서, 나는 나 자신이 1960년대 말에서 1970년대 초까지 랭스에서 경험했던 많은 것들을 재발견했다. 시간이 멈춘 듯 기묘하고

어지러웠다. 나는 방금 동성애 경험의 보편성에 관해
말할 뻔했다. 이는 역설적인 일인데, 왜냐하면 천시의
책은 바로 게이 세계―그 세계를 조직하고 존재하게
만드는 사회문화적 실천 못지않게, 그것을 지배하는
섹슈얼리티의 범주 또한―를 역사화하는 데 목표를
두고 있기 때문이다. 천시는 1960년대 말 스톤월Stonewall
항쟁[6] 이전에도 게이 문화가 존재했었다는 사실과
함께, 그 문화가 우리가 현재 알고 있는 게이 문화와
많이 달랐다는 점을 보여주려고 한다. 천시의 책은
자신의 삶을 살아가려고 분투하며 자신의 존재에
생기를 부여하려고 투쟁했던 모든 이들에게 경의를
보내는 매우 감동적인 저작으로, 끝없이 위협하고
학대하고 모욕하고 억압하고 내몰고 뒤쫓고 때리고 상처
주고 체포하고 감금하는 지배 문화의 힘에 대항했던
게이들의 끈질기고 고집스럽고 창조적이고 일상적인
저항에 바치는 송가이다. 천시가 첫번째로 분석하며
논리 전개의 출발점으로 삼은 것은 도시 현상으로,
시카고학파가 발전시킨 도시사회학에서 깊은 영향을
받았다. 그는 다음과 같은 질문을 던진다. 대도시는
어떻게 게이들을 끌어당겼으며, 그들이 어떻게 거기에서
자신의 섹슈얼리티로 살아갈 수 있는 조건들을 끝없이
창조하고 재창조하도록 해주었는가. 또 게이들은
어떻게 자유의 공간을 구축하고, 이성애적 도시 안에
게이의 도시를 그려나갔는가. 대도시 안에만 게이의

243

삶이 있다는 말은 당연히 아니다! 소도시와 시골 역시
만남의 장소들, 즉 사회성과 관계성의 형식을 품고
있다. 그 수가 적고 집중도나 가시성이 덜하다고 해서
덜 실제적인 것은 아니다. 하지만 그 정도가 같다고
할 수는 없다. 천시를 읽으면서, 나는 나 자신이 직접
경험했거나 숱하게 목격했던 이야기를 재발견했다.
그리고 특히 천시가 재구성한, 그의 용어에 따르자면
이른바 '게이 세계'에서 일상적 실천이 이루어지는 모습과
그 복잡한 과정을 재발견했다. 우리는 그러한 실천과
과정을 통해 사회생활을 영위해나가는 한편에서 게이
생활을 꾸려가게 되는데, 게이라는 정체성은 알려지지
않는 편이 더 좋다. 게이 세계와 그 생활양식은 단지
'섹슈얼리티'만의 문제가 아니라, 주체로서 스스로의
사회문화를 창조하는 것과 관련되어 있다. 우리는
이를 개인적인 동시에 집합적인 주체화의 장소이자
버팀목이자 양태로서 기술할 수 있을 것이다.
    오늘날 적지 않은 수의 훌륭한 작업들이 시사하듯이,
게이와 퀴어에 특유한 시간성과 지형학이 존재한다는
점은 의심의 여지가 없다. '규범'에 편입되지 않은
이들에게는 어디에서 어떻게 사는가가 문제가 된다.
마찬가지로 이 시공간에 의해 부분적으로 그 존재를
규정당하는 사람들일지라도 그 안에서 영원히 살아갈
수는 없다는 것도 의심의 여지 없는 사실이다. 게이나
퀴어의 삶을 특징짓는 것은 차라리 한 공간에서 다른

공간, 하나의 시간성에서 또 다른 시간성으로 (비정상의 세계에서 정상의 세계로, 또 그 반대로) 계속해서 옮겨 갈 수 있는 능력—혹은 그래야 할 필요성—일 터이다.

# 3

안타깝게도 우리는 이 만남의 장소들에서 다양한
형태의 폭력에 직면하게 된다. 그곳에서 우리는 이상한
사람이나 반미치광이 들을 마주칠 수 있으므로, 항상
경계를 풀지 말아야 한다. 특히 불량배들에게 신체적으로
폭행을 당할 위협에 항상 노출되어 있다. 또한 노골적인
희롱을 동반한, 경찰의 잦은 검문에 시달린다. 상황이
변했을까? 그럴 것 같지 않다. 처음으로 경찰에게 검문을
당해 공포에 떨었던 기억이 난다—그때 나는 열일곱
살이었다. 그들은 내가 정신적으로 문제가 있어 치료를
받아야 하니, 부모님께 알려 평생 병원에 처박혀 있게
해주겠다고 선언했다. 그것은 장차 경찰과 맺게 될 오랜
상호작용의 시작에 불과했다. 여기에는 항상 모욕과
비아냥, 위협적인 언사가 뒤따랐다. 몇 년이 지나자
나는 이를 별로 심각하게 받아들이지 않게 되었다.
그것은 대단히 유쾌한 일은 아니지만 사실 별 문제될
것은 없는, 내 밤 생활을 이루는 여러 요소들 가운데
하나가 되었다(어쨌거나 나에게는 그랬다. 모두가
서로를 아는 작은 마을에 살거나 제대로 된 신분증이
없는 경우 위험은 훨씬 커진다). 심각한 것은 신체적
폭행이었다. 나는 이 극단적인 동성애 혐오적 폭력을
여러 번 당했다. 다행히도 큰 피해 없이 빠져나왔지만,

내가 알던 한 소년은 '호모 타격대' 일당에게 난타당한
후 한쪽 눈을 실명하기도 했다. 이쯤에서 내가 오랫동안
무수한 폭행들 앞에서 무력한 목격자로만 머물러
있었다는 점을 고백해야 할 것 같다. 그런 사건 후에는,
그런 일이 나한테 일어나지 않아 다행이라는 비열한
안도감과, 게이들이 언제 자신에게 닥칠지 몰라 항상
두려워하고, 막상 닥치면 무력한 상태로 마주하게 되는
그런 야만적 사건을 목격했다는 슬픔과 굴욕감을 며칠씩,
심지어는 몇 주씩 곱씹어야 했다. 나는 그런 장소에서
황급히 빠져나와, 다른 이들을 덮친 운명으로부터
가까스로 벗어난 적이 여러 번 있었다. 파리에 정착한
지 얼마 지나지 않은 어느 날, 튈르리 정원의 공공 개방
구역을 걷고 있었다. 게이들 간 만남의 장소 중 하나인
그 정원에는 항상 사람이 많았다. 나는 해가 지고 나면
그곳을 즐겨 찾았다. 어느 날 명백히 악의를 품고 있는
것으로 보이는 한 무리의 청년들이 다가오는 것을
멀리서 보았다. 그들은 나이가 꽤 지긋한 한 남자에게
달려들더니 난폭하게 주먹을 휘둘렀다. 남자가 땅바닥에
쓰러지자 발길질이 이어졌다. 경찰차가 당시 공원의
한쪽 면을 따라 뻗어 있던 대로를 지나가고 있었다. 나는
소리쳐 경찰을 멈춰 세웠다. "누가 정원에서 폭행당하고
있어요!" 그들은 "호모에게 허비할 시간은 없소"라고
대꾸하고는 계속 가던 길을 갔다. 이런저런 이유로 가게
된 도시의 만남의 장소들을 돌아다니다가 그러한 장면을

247

자주 목격했다. 증오에 휩싸인 흥분한 무리들이 갑자기
그런 공원에 몰려들면 그곳에 있던 사람들은 깜짝 놀라
달아났고, 때마침 피하지 못한 운 없는 이들이 일방적인
폭행의 희생자가 되었다. 그러한 폭행에는 자주 도난이
뒤따랐다. 시계, 지갑, 여권, 그리고 가죽재킷을 입었을
경우엔 옷까지 가져갔다.

　　게이들의 장소는 이러한 폭력의 역사로 물들어 있다.
사람들의 시선에 잘 띄지 않는 호젓한 공간이나 골목,
벤치 하나하나에는 수많은 공격과, 그것이 남긴(혹은
남기게 될) 신체적 상처—정신적 상처는 말할 것도
없다—의 과거와 현재, 미래가 새겨져 있다. 하지만 그런
것은 아무런 효과도 발휘하지 못한다. 우리 자신이 직접
겪었거나 타인들이 겪은, 혹은 우리가 직접 목격했거나
이야기로 들었던 고통스러운 경험들과 그 공포에도
불구하고, 그 모든 것에도 불구하고, 우리는 이 자유의
공간으로 되돌아온다. 그것은 계속해서 존재할 것이다.
숱한 위험 속에서도, 사람들이 그 공간을 계속해서
존재하게 만들기 때문이다.

인터넷 만남 사이트의 출현은 잠재적인 파트너와 관계를
시작하는 방식에, 더 일반적으로는 게이 사회성의 양태에
심층적인 변동을 야기했지만, 그렇다고 해서 내가 방금
기술한 문제가 사라진 것은 아니다. '동성애자 야간
출몰' 공원이나 주차장, 숲, 고속도로 휴게소 등 그와

비슷한 기능을 하는 장소에서 변사체로 발견된 남자에
관한 신문기사를 아직도 종종 접하게 되는데, 그럴 때면
내가 경험했던 모든 장면이 되살아나 일종의 저항감과
불가해한 감정에 사로잡힌다. 왜 나와 같은 사람들은
항상 이러한 폭력을 감수해야 하는가? 왜 영원히 위협
아래서 살아가야 하는가?

여기에 사회적 평가절하와 (동성애에 대한 정신의학과
정신분석학 담론에서 작동하는) 의학적 병리화를
덧붙여야 할 것이다. 이것들은 신체적이 아닌, 담론적이고
문화적인 공격 유형을 표상한다. 이러한 유형의 공격은
공공 영역에 편재해 있다고까지는 말할 수 없어도
매우 비일비재한데, 문자 그대로 우리를 포위하고
있다고 느끼게 만듦으로써 일반화된 동성애 혐오적
공격에 협력한다. 이는 오늘날에도 계속되고 있다. 동성
커플이나 동성 부모 가족의 법적 지위 인정에 대한
사회적 토론이 진행되는 와중에 분출된 진정 상징적인
박해가 혐오스러울 정도로 적나라하게 보여준 것처럼
말이다. 정신분석학적·사회학적·인류학적·법학적
등등 '과학적이라고 자처하는' 숱한 글들이 결국은
정치적·이데올로기적 장치의 톱니바퀴에 불과하다는
사실이 드러났다. 그 장치의 기능은 예속화 규범과
제도화된 질서의 영속성을 보장하고, 게이·레즈비언이
열등한 삶에 머물면서 자기 불안에 시달리게 하는 데

있다. 문화 전체의 압박 아래 지금껏 그렇게 살아온 게이·레즈비언은 오늘날 그러한 상태로부터 벗어나기 위해 투쟁하고 있다.

그렇다면 왜 어떤 사람들은 타인에 대한 증오에 그토록 열중하는가(그러한 증오는 만남의 장소에서의 신체적 공격이라는 난폭한 방식으로 표출되기도 하고, 유사과학적 지식 공간에서 나오는 담론적 공격을 통해 완곡한 방식으로 표현되기도 한다)? 왜 어떤 범주의 인구집단—게이, 레즈비언, 트랜스젠더, 유대인, 흑인 등등—은, 무엇이 그 저주를 고취하고 끈질기게 되살려내는지 이해하지 못한 채로, 이러한 사회문화적 저주라는 짐을 짊어져야만 하는가? 나는 오랫동안 이에 대해 질문을 제기해왔다. "왜?" 그리고 이런 질문도. "우리가 대체 무엇을 했기에?" 이 질문들에 대해서라면, 사회적 판결의 자의성, 그 부조리 말고는 다른 대답이 없다. 카프카Franz Kafka의 『소송*Le Procés*』에서처럼, 이러한 판결을 내린 법정을 찾으려 해봐야 소용이 없을 것이다. 그것은 본부를 두고 있지 않으며, 존재하지도 않는다. 우리는 판결이 이미 내려진 세계에 도착한다. 생의 어떤 순간 우리는 공적으로 기소당한 사람들의 자리에 놓여, 비난의 손가락질을 감당하며 살아가야 한다. 우리에게는 공적 기소로부터 근근이 자신을 방어하면서 '오염된 정체성'—어빙 고프먼Erving Goffman의 책

『스티그마*Stigma*』의 영어 부제[1]—을 잘 관리하려 애쓰는 일만 남아 있을 뿐이다. 함께 안고 살아가야 하는 이러한 저주, 이러한 선고는 자기 자신의 가장 깊은 곳에 불안정성과 취약성의 감정을, 그리고 게이 주체성을 특징짓는 일종의 막연한 불안감angoisse을 심어놓는다.

이 모든 것들, 그러니까 날이 가고 해가 쌓이며 경험했던 이 모든 현실—욕설, 폭행, 담론적·문화적 폭력—이 내 기억 속에(실은 '내 존재 속에'라고 말하고 싶다) 새겨져 있다. 그것들은 모든 소수적이고 낙인찍힌 주체들의 삶이 그렇듯, 게이들 삶의 일부를 이룬다. 예를 들어 우리는 1950년대 푸코의 초기 텍스트들— 1954년에 루트비히 빈스방거Ludwig Binswanger의 책 『꿈과 존재*Le Rêve et l'existence*』에 부친 서문(여기서 푸코는 실존적 정신의학에 관심을 보인다는 점에서, 2년 먼저 출간되었고 사르트르의 영향을 받은 『검은 피부, 흰 가면』의 파농과 아주 가깝다)에서부터 1960년에 끝마친 『광기의 역사*L'Histoire de la folie*』에 이르기까지—을 지배하는 분위기가 왜 불안감인지 이해할 수 있다. 푸코는 당황스러울 만큼 강렬한 기세로, 배제, 이방인 지위, 부정성, 강요된 침묵, 심지어 추락과 비극성이라는 어휘까지 동원해 이를 표현한다. 조르주 뒤메질은 자기 연구를 로키Loki 신의 가호 아래 두고 싶어 했다. 그는 스칸디나비아의 신 가운데 하나인 로키가, 기존 질서를 거부하고 성적 위반을 일삼는 점에서 정신과 진료카드를

*251*

꽉 채우는 이상적인 환자 같다고 묘사하기도 했다. 물론 이는 칭찬이었다. 마찬가지로 푸코는 의학적 시선이 침묵으로 되돌려놓으려 했던 '불안감'과 인간적 '부정성'의 '지옥'에 대한 연구에 착수하는데, 이는 뒤메질을 뒤따라 그 지옥을 어둠 속에서 *끄*집어내 백주에 올려놓고, 그 말더듬 소리가 충분히 울려 발언권을 가질 수 있도록 하기 위한 것이었다.[2]

　나는 푸코의 저작을 개시하는 이 격렬하고 고통스러운 텍스트들을 다시 읽으며, 그 속에서 내 안의 무언가를 알아보았다. 나는 푸코가 글로 쓴, 그가 나에 앞서 거쳐온 그 삶을 살았고, 그에 대해 쓸 방법을 찾고 있었다. 오늘날까지도 나는 매 페이지에서 나 역시 경험했던 것들을 즉각적으로 알아보고는 마음속 깊은 곳에서 솟아나는 어떤 감정에 전율한다. 푸코가 이 어려움을 극복하기까지 얼마나 힘들었을지 나는 안다. 그는 몇 차례나 자살을 시도했고, 오랫동안 이성과 광기를 가르는 선 위에서 위태롭게 균형을 잡으며 천천히 나아갔다(알튀세르는 자서전에서 이를 다음과 같이 훌륭하게 표현했다. 푸코는 '불행'에게서 자신의 형제를 알아보았다고). 푸코는 자발적 유배를 통해(처음은 스웨덴이었다), 그리고 이후에는 의학적 병리화라는 유사과학적 담론을 급진적으로 문제화하는 끈기 있는 노동을 통해 간신히 궁지에서 벗어났다. 그는 여러 '일탈' 가운데서도 특히 광기와 동성애를 포함하는 범주인

비이성Déraison의 외침에 정신의학의 독백을 대립시켰다. 푸코가 정상인들과 정상성의 담론으로 지칭하는 정신의학은 그것이 '대상'으로 삼는 사람들을 계속 종속된 위치에 두고자 애쓴다. 이 시절 푸코의 정치학은 모두 배제와 발언, 병리화와 저항, 복속sujetion과 반란이라는 틀 안에서 전개되었다.

우리는 『광기의 역사』를 지적·정치적으로 저항을 감행하는 위대한 책으로 읽을 수 있다. 규범과 예속화의 힘에 대항하는 예속된 주체의 봉기. 이어지는 작업에서도, 푸코는 변주와 재구성을 거듭하며 쉼 없이 동일한 목표를 추구해나갔다. 규범의 권력에 맞선 주체의 대결에 대한 사유, 자기 존재를 재발명하는 방법에 대한 성찰. 이 지점에서 독자들이 푸코의 텍스트들과 어떤 접점을 느끼는 것은 놀라운 일이 아니다(여기서 독자란 일부 독자를 말하는 것인데, 대부분은 단순히 푸코의 텍스트들을 학문적 참고 자료로 간주할 뿐이다). 그것들은 독자들에게 말을 걸고, 그들 안에 새겨진 단층과 균열, 즉 그들의 취약성에 관해, 더 나아가 거기서 생겨나는 완고함과 불복종 성향에 관해 이야기하고 있기 때문이다.

확실히 우리는 『광기의 역사』를 서가에 꽂아 놓을 수도, 아니면 '감정서가sentimenthèques'에 꽂아 놓을 수도 있다. '감정서가'란 파트릭 샤무아조Patrick Chamoiseau가, 우리에게 '어떤 신호를 보내며' 우리 안의 지배 효과에 맞서는 투쟁을 지원하는 책들을 가리키기 위해 만든 신조어다.[3] 푸코의 책이 놓인 감정서가 옆자리에는 또 다른 위대한 책이 놓여 있을 텐데, 이 책은 일탈자들을 바라보는 사회적·의학적 시선에 이의를 제기하고, 그들에게 담론의 대상으로서가 아니라 담론의 주체로서 지위를 부여하며, 그들을 향한 타인들의 발언에 반박하고 거부하는 그들 자신의 목소리가 들리도록 만드는 것을 목표로 삼는다. 그렇다, 짐작하겠지만, 이 책은 바로 사르트르의 『성 주네*Saint Genet*』다. 물론 두 책의 차이는 매우 크다. 푸코의 경우에, 그리고 정신의학적·정신분석학적 심문에 반대해 그가 관여한 투쟁의 경우에 문제가 되는 것은 그 자신이고 그의 경험이다. 또 그가 확인하는 것은 오직 자신의 목소리이고, 그가 방어하려는 것은 자신의 삶이다. 반면 사르트르는 타자에 관해 글을 쓴다. 그는 감정 이입을 통해 완전히 몰입한 채로 다른 이[장 주네]의 궤적을 분석하고 이를 통해 지배 메커니즘과 자기 발명의 과정을 설명하려고 한다. 하지만 각각 1950년대 초반과 1960년대 초반에 출간된 두 책의 유사성은 분명하다(게다가 이 유사성은 계보 관계에서 비롯된 것일 수 있다. 나는 푸코가 사르트르의 책에 깊이 영향을 받았을 것이라고 상상하곤 한다. 어떻게 그러지 않을 수 있겠는가?). 공통의 몸짓이 두 책을 서로 잇는다.

254

나는 1970년대 말에서야 푸코의 이 책을 발견했다(아마도 1977년이었을 듯싶다). 내 기억이 맞는다면, 1974년이나 1975년에 사르트르의 책을 읽은 이후의 일이다. 내게 먼저 중요했던 것은 사르트르의 책이었다. 당시 나는 나 자신을 재발명하고 내 과거 모습을 다시 표명하는 작업을 하고 있었는데, 그때 책들이 버팀목이 되어주었다. 더 정확하게 말하자면, 당시는 내가 내 모습을 감당하기로 (그러니까 적대적인 주변 지인들이 내가 어떤 사람인지 되풀이해 말해준 것들을 전유하기로) 결심했을 무렵이었다. 그것을 감당하고 다시 전유하는 일은 모든 것까지는 아니더라도, 여하튼 많은 것을 바꿔놓았다. 그러기까지 정말이지 긴 숙고의 시간이 필요했다. 나는 오랜 망설임 끝에 결정을 내렸다. 게이라는 사실에 수치감과 공포심을 갖고 고통스럽게 살아가지 않을 작정이었다. 물론 너무나 어렵고 괴로운 일이었다. 그 때문에 미칠 지경에 이르는 사람들도 있다(정신분석학자들은 이러한 광기 덕분에 먹고살며, 아마도 그런 이유로 그 상황을 영속시키려고 애쓴다). 어디서 그런 힘이 나왔는지는 모르겠지만, 나는 상대적으로 첫발을 일찍 내디뎠다(열아홉 살인가 스무 살 때였다). 순전히 운 때문이었을 수도 있다. 나는 이 '비밀'을 먼저 몇몇 친구들에게 털어놓았는데, 그들은 이미 알고 있거나 한참 전부터 그럴 것이라고 짐작하고 있었다. 심지어 그동안 왜 내가 아무 말도 하지 않았는지

의아해하는 경우도 있었다. 나는 제법 심각한 말투로 이 '비밀'을 더 오래 숨기는 것은 불가능했다고 주장했다.

　　은유적이고 장식적인 주네의 문장에 영감을 받아서 이렇게 쓸 수도 있을 것이다. 가래침⁴을 장미로, 언어적 공격을 화환과 빛줄기로 탈바꿈시키는 순간이 온다고. 수치심이 자긍심으로 변화하는 순간 말이다. 이 자긍심은 철저히 정치적인데, 정상성과 규범성의 메커니즘에 그 근본에서부터 도전하기 때문이다. 그러므로 우리가 누구인지를 스스로 다시 표명하는 일은 무無로부터 출발하지 않는다. 우리는 자기 정체성을 주조하기 위한 느리고 인내가 필요한 작업을, 사회질서가 우리에게 부과했던 바로 그 정체성으로부터 수행해간다. 그런 이유로 우리는 모욕과 수치심에서 결코 해방될 수 없는 것이다. 세상은 우리가 종종 잊고 있었던 경고를 매 순간 날리며, 우리가 잊고 싶어 하는 감정을 일깨운다. 『꽃들의 노트르담Notre-Dame-des-Fleurs』⁵의 디빈은 어린 시절과 청소년 시절을 수치심에 짓눌려 지내다가 훗날 몽마르트 불법 문화의 화신으로 변모하는 인물로, 욕설을 듣자 새삼스레 얼굴을 붉힌다. 그를 둘러싼 채 엄습해 들어오는 사회적 힘—규범의 힘—과 그것이 낙인찍힌 개인의 정신 가장 깊숙이에 끝없이 새겨 넣는 정동affects을 무시할 수는 없었던 것이다. 우리는 아주 평범한 상황들 속에서 그러한 것을 알게 되고 경험하면서 예기치 않은 충격을 받고 상처를 입는다. 이제 그러한

256

것들에 면역이 되어 있다고 생각할 때도 마찬가지다. 상처를 가하는 모욕의 힘을 영원히 사라지게 하기 위해서는, 고프먼을 따라 말하자면, 낙인을 전복시키거나 모욕을 재전유하고 재의미화하는 것만으로는 충분하지 않다. 우리는 상처를 입히는 욕설의 작용과 그것의 능청스런 재전유 사이에서 항상 아슬아슬하게 균형을 잡으며 살아간다. 우리는 결코 자유롭지 않으며 자유로워질 수도 없다. 우리는 사회질서와 그 예속화하는 힘이 매 순간 모든 이에게 가하는 무게에서 어느 정도까지만 해방될 수 있을 뿐이다. 이브 코소프스키 세즈윅이 훌륭하게 표현한 것처럼, 수치심이 '변형 에너지'라면,[6] 자기 변형은 과거의 흔적들을 통합하지 않고는 절대로 이루어지지 않는다. 그것은 과거를 보존한다. 이는 아주 단순하게 말하자면, 우리가 그 세계에서 사회화되었기 때문이고, 그 과거가 우리 안에 상당 부분 현존해 있으며, 마찬가지로 우리가 살아가는 세계에서 여전히 우리를 둘러싸고 있기 때문이다. 우리의 과거는 여전히 우리의 현재다. 따라서 우리는 표명되고 창조되는 것이 아니라, 재표명되고 재창조된다(무한정 재착수해야 하는 과업처럼).

결국 변화와 '행위능력agency'을 결정론이나 사회질서 및 성적 규범의 자기 재생산적 힘에 맞세운다든가, '자유'의 사상을 '재생산'의 사상에 맞세운다든가 하는 것은 소용없는 일이다. 이러한 차원들은 서로 복잡하게 연결되고 얽혀 있고 밀접하게 연관되어 있기 때문이다. 결정론을 따른다고 해서 아무것도 변화할 수 없다는 주장으로 환원되는 것도 아니다. 하지만 정통과 그것의 반복을 의문에 부치는 이단적 활동의 효과는 제한적이고 상대적일 수밖에 없다. 절대적인 '전복'은 존재하지 않는다. 해방 역시 마찬가지다. 우리가 무언가를 전복한다고 해도 그것은 특정한 시점에 이루어지는 것이며, 우리는 살짝 이동하고 옆으로 한 보 옮겨 편차를 만들어내는 행위를 하는 것이다. 푸코식 용어로 말해, 불가능한 '해방affranchissement'을 꿈꾸지 말아야 한다. 기껏해야 우리는 역사 속에서 제도화되어 우리 존재에 속박을 가하는 몇몇 경계를 돌파할 수 있을 뿐이다.

따라서 사르트르의 주네에 관한 책에 나오는 다음 문장이 내겐 핵심으로 다가왔다. "중요한 것은 사람들이 우리에게 행한 것이 아니라, 사람들이 우리에게 행한 것을 가지고서 우리가 스스로 하는 것이다." 그것은 금세 내 존재의 원칙을 구성했다. 자기에 대한 자기의 작업으로서 수행의 원칙.[7]

그런데 이 문장은 내 삶에서 이중적 의미를 띠었으며, 성적인 영역과 사회적인 영역에서 서로 모순된 방식으로 적용되었다. 즉 성적 영역에서는 나 자신을 받아들이고

258

모욕당한 성적인 존재로서 자기 주장을 했다면, 사회적 영역에서는 나 자신의 계급적 출신 조건에서 벗어나려고 했다. 이렇게 말할 수도 있을 것이다. 한편으로는 내 본래 모습대로 된 것이고, 다른 한편으로는 내가 되어야 했을 모습을 거부한 것이라고 말이다. 이 두 가지는 함께 작동했다.

사실상 나는 두 가지 사회적 판결, 즉 계급적 판결과 성적 판결에 깊은 영향을 받았다. 우리는 우리에게 내려진 선고를 결코 빠져나가지 못한다. 내겐 여전히 계급적 판결과 성적 판결의 인장이 남아 있다. 하지만 내 삶의 어떤 순간에 그것들은 서로 충돌하기에 이르렀고, 나는 하나를 다른 하나에 맞세우면서 나 자신을 스스로 발명해야 했다.

에필로그

# 1

오늘날 내 모습은 이 두 가지 여정의 교차점에서
형성되었다. 파리에 오면서 나는 두 가지 희망을 품었다.
게이로서 자유로운 삶을 사는 것과 '지식인'이 되는 것.
이 프로그램의 1부는 별다른 어려움 없이 실현되었다.
하지만 2부에는 아무런 성과가 없었다. 중등교원이 되는
것과 박사학위 논문을 쓴다는 계획이 실패한 후 나는
아무런 직업도 전망도 없는 상태에 놓이게 되었다. 게이
하위문화가 제공한 자원이 나를 구원해주었다. 만남의
장소들은 일정 정도 사회 계급 간의 교류를 촉진한다.
거기서 우리는 상이한 환경에 속해 있거나 동떨어진
지평에서 온 사람들, 즉 다른 방법으로는 가까이 지낼
수 없었을 사람들을 만난다. 이는 연대와 상호부조를
가능케 하는데, 이는 앞서 지적한 '문화적 전수'와
마찬가지로, 그것이 일어나는 순간에는 직접적으로
지각되거나 실감되지 않는다. 스물다섯 살 무렵 나는
당시 자주 드나들던 게이들의 공간인, 노트르담대성당
뒤편의 공원에서 한 청년을 만나 짧은 관계를 맺었다.
당시 나는 무엇을 해야 할지 몰랐다. 자명한 사실을
받아들이기 힘들었다. 대학에 입학한 이래, 아주
순진하게 미래의 삶을 투사해온 유토피아를 이제
단념해야 할 터였다. 나는 마음을 못 잡고 초조해하며

방황했다. 나는 무엇이 될까? 어느 날 저녁 이 청년이
한 친구와 함께 식사하는 자리에 나를 초대했다. 그
친구는『리베라시옹*Libération*』에서 근무하는 여자친구와
함께 왔다.『리베라시옹』은 1970년대 초 '투쟁' 속에서
사르트르와 푸코의 지원 아래 태어난 신문이었다.
우리는 죽이 잘 맞았고, 다시 만났다. 그녀가 내게 기사를
요청했다. 나는 내게 주어진 이 믿기지 않는 가능성에
악착같이 매달렸다. 이렇게 해서 나는 점차 기자, 정확히
말해 문예기자가 되었다. 나는 서평을 쓰고, 인터뷰를
했다(『구별짓기』에 관해 피에르 부르디외와 했던
인터뷰가 첫번째였는데, 마치 어제 일처럼 기억난다).
이 직업은 예상치 못한 방식으로 내가 지식인 세계에
접근하고 참여할 수 있게 해주었다. 비록 청소년이나
대학생 때 꿈꾸던 형태는 아니었지만, 꽤 비슷하게
닮아 있었다. 나는 편집자들과 점심을 먹고, 저자들과도
자주 어울렸다. 그들 가운데 몇몇과는 금세 친구가
되었고, 피에르 부르디외, 미셸 푸코 등과는 아주 친밀한
우정을 나누었다. 박사논문을 포기하기로 막 결심한
참이었는데, 그러고 나서 사회적 필연성과 무모한 결정의
조합이 만들어낸 존재의 우연에 의해 동시대 사상계의
거물들과 교류하게 된 것이다. 나는『리베라시옹』에
아주 오래 머물지는 않았다. 이 신문은 이미 내가 이
책에서 몇 차례 논의한 바 있는 보수 혁명의 주요 벡터
가운데 하나로 변화해 있었다. 당시에는 정치 장과 지식

264

장의 우경화를 도모하는 조직적 공세—많은 조직들이
거기에 가세했다—가 철학과 사회과학에서 대대적으로
준비 중이었다. 철학과 사회과학 영역에 있는 이들이
[그러한 공세에 대항하기 위해] 공론장, 특히 미디어
공간에 접근하는 것은 당연한 이야기지만 매우 중요하고
결정적인 일이었다. 부르디외, 푸코 등과 관련되어 있고,
비판적 사유와 68년 5월의 유산을 지키는 데에 지나치게
매달렸던 나는 곧 달갑지 않은 인물이 되었다. 하지만
이미 업계에 내 이름을 충분히 알릴 만큼의 시간이 흐른
후였다. 그리고 한 주간지의 편집장이 내게 자기 팀에
들어오라고 권유했다. 부르디외는 그를 경멸했으며,
지면에 그의 기사를 내주겠다는 각종 제의를 거절했다.
편집장은 이 사실을 참을 수 없어했고, 이는 그에게
일종의 강박관념이 되었다. 그가 내게 입사 제안을 한
것은 이러한 상황을 확실히 타개하기 위해서였다. 나는
한동안 망설였다("그래도 살긴 살아야지요." 부르디외는
나를 설득하기 위해 거듭 이렇게 말했다. "내가 당신과
인터뷰를 해줄게요. 그러면 적어도 2년은 평화롭게 지낼
수 있을 거요"). 어쨌거나 내겐 선택의 여지가 없었다.
살긴 살아야 했으니!

입사 초부터 『르 누벨 옵세르바퇴르*Le Nouvel
Observateur*』는 불편했다. 완곡히 말해 그렇다는 것이다.
하지만 몇 년간 내 이름 뒤에는 내가 극도로 혐오해
마지않는 이 잡지의 이름이 따라붙게 될 터였다. 나는

결코 이 상황을 마음 편히 받아들일 수 없었다. 나는
다시 한 번 모난 돌이 되었다. 그것은 단순한 혐오가
아니라, 마음속 더 깊은 곳에서 나온 거부감이었다.
소수의 대학교수 패거리가 이 잡지의 문예면을
자기들의 관할 구역으로 여기면서, 파렴치한 방식으로
그들의 관심사를 관리하고 지적·정치적 무대 전체에
그들의 권력을 강제하여 반동적 사유가 주름잡을 수
있도록 하기 위해 이용했다. 그들은 그들에게 그림자를
드리울 만한 거슬리는 모든 것들, 좌파와 좌파 색채를
띠는 모든 것에 반대하는 전쟁을 매 순간 치렀다.
내 존재는 그들의 계획에 방해가 되었다. 내 기사와
인터뷰 하나하나가 그들의 분노를 촉발했고, 그 분노는
욕설이나 위협으로 표출되었다(지적 삶도 가까이서
보면 그다지 아름답지만은 않다. 현실은 우리가 거기
끼어들기를 열망할 때 지니는 이상화된 비전에 그다지
부합하지 않는다). 몇 차례의 위기와 설전이 있었다.
나는 그 난폭함에 경악했다. 그 후 나는 이 소모적이고
비생산적인 투쟁에 에너지를 낭비하지 않겠다고
마음먹었다. 그때부터 나는 이 '일'을 밥벌이로 간주하고
여기서 번 돈을 책을 쓰는 데 활용해야겠다고 생각했다.
결과적으로 이때의 힘든 경험들은 내게 특별한 충동을
심어주었던 것 같다. 그것은 나를 다른 길로 접어들도록
떠밀었고 새로운 방향으로 나아가게끔 해주었다. 나는
모든 에너지를 동원해 다시 한 번 나 자신을 변형시키는

266

일에 매달렸다.

글쓰기에 대한 내 최초의 열망은 문학적인 것이었다. 소설 두 편을 쓰기 시작했는데, 1980년대 중후반에 여기에 많은 시간을 할애했다. 첫번째 기획은 내가 뒤메질과 푸코와 맺은 관계와 대화에서 영감을 받았다. 나는 우정으로 연결된 게이 3대의 이야기를 그리려고 했다. 영원함과 변화가 깊이 새겨져 있는 세 개의 시대, 세 가지 삶. 백여 페이지, 혹은 그보다 조금 더 썼을까, 아무튼 진도가 나가지 않아 고생하다가 원고 뭉치를 벽장에 처박아두었다. 그래도 언젠가는 끝마칠 수 있을 것이라고 상상하면서 가끔은 '내 소설'로 되돌아갔다. 그런데 이럴 수가! 나는 나와 유사한 기획 아래 쓰여진 앨런 홀링허스트Alan Hollinghurst의 『수영장 도서관*The Swimming-Pool Library*』을 읽게 되었고, 저자의 대가다운 필치에 감탄할 수밖에 없었다. 그의 완성작과 내 초고 사이에 건널 수 없는 심연이 자리하고 있음을 인정해야 했다. 난 초고를 말 그대로 쓰레기통에 던져버렸다. 두번째 기획은 벤저민 브리튼과 피터 피어스Peter Pears 커플에게서 영감을 얻어, 애정 관계에 기반해 창작 활동을 하는 한 커플의 이야기를 극화하기로 했다. 이 시절에 나는 브리튼의 작품들, 특히 그의 오페라에 열정을 쏟아부었다. 그의 오페라는 피어스의 목소리를 염두에 두고 쓰인 경우가 많았다(「피터 그라임스Peter Grimes」「빌리 버드Billy Budd」「베니스에서의 죽음Death in

Venice」…). 내게 끈기가 부족했던 것일까? 그게 아니라면
소설가적 재능 부족? 아니면 단순히 내가 스스로 게임을
하고 있음을 의식하고 있었던 것일까? 오래된 야심을
포기하지 못하고 작가 시늉을 내며 자신이 작가라는
환상에 갇혀 있었다. 그런 환상을 가질 만한 까닭이 전혀
없었는데 말이다. 점차 나는 이 문학의 유혹으로부터
거리를 두게 되었지만, 그렇다고 진정으로 잊지는 않았다.
아직도 나는 내가 그 길을 계속 걸어갈 힘을 내지 못했던
것을, 참을성을 갖지 못했던 것을 후회할 때가 있다.

이 유산된 시도들을 이어주는 공통의 끈이 하나 있다.
두 경우 모두 내 관심은 게이 역사와 게이 주체성에
놓여 있었다. 희한하게도 사회 계급에 관한 이야기를
구성해보겠다는 아이디어는 전혀 떠올려본 적이 없었다.
예를 들어 가족을 떠난 노동 계급 출신의 아이가 밟게
되는 행로를 출발점으로 삼아, 이러한 틀 안에서 노동
계급 2, 3대의 삶을 재구성하고 각 세대를 갈라놓은 것들,
그리고 그 와중에서도 그들을 계속 이어주는 것들을
보여줄 수도 있었을 것이다. 여하튼 나는 소설 영역에서의
외도를 더 이어가지 않았고, 이렇게 해서 오래전부터
관심은 있었지만 뒤늦게 착수하게 된, 지적 삶과
사상사에 관한 글쓰기에 이르게 되었다. 출발은 두 권의
대담집(조르주 뒤메질과 클로드 레비-스트로스)이었다.[1]
처음엔 언론인 활동의 연장으로 시작한 것이었지만,

268

책의 차원으로 넘어가자 모든 것이 변화했다. 1986년에 내가 첫 대담집을 준비하는 동안, 뒤메질이 2년 전 타계한 푸코의 전기를 써보라고 제안했다. 그는 많은 정보와 자료를 넘겨주면서 내가 작업의 첫걸음을 뗄 때 함께해주었으나, 그 역시 머지않아 세상을 떠났다. 내게 이 작업은 푸코에게 일종의 경의를 표하는 방식이기도 했다. 당시 그의 이름과 저작은, 모든 표현 공간을 하나하나 점령해가던 중인 신보수주의 부대의 모욕과 중상에 시달리고 있었다. 그들은 모든 사람이 그들의 이데올로기와 이단 배척을 공유한다고 믿었다. 그들은 심지어 사회과학에서 이제 새로운 '패러다임'이 지배하게 되었다고 공포했고, 실제로 그렇게 생각했다(사실 그것은 단순 타격 시도에 불과했는데 말이다). 나의 반시대적이고 야심적인 책은 성공을 거두었다. 당시 공론장을 지배하던 이데올로기적 반反혁명에 맞서 움트기 시작한 저항에서 중요한 역할을 했다고 말할 수 있을 것 같다. 내 책은 곧 여러 나라 언어로 번역되었고,[2] 덕분에 나는 이런저런 콜로퀴엄이나 학술회의에 초대를 받았다. 저널리즘은 점차 내게서 멀어져갔다. 아니 내가 저널리즘에서 멀어졌다고 해야 하리라. 물론 매년 몇 편씩 기사를 계속 썼고, 인터뷰도 진행했다. 하지만 이는 점점 드물어졌고, 이제 책을 쓰고 외국의 대학이나 학회에서 활동하는 데 거의 모든 시간을 쏟아부었다. 직업을 바꾼 셈이었다. 이 새로운 삶으로 인해 나는 지적 풍경을

뒤바꿔놓은 저자들과 그들의 작업 한가운데 자리 잡을
수 있었다. 나는 그때까지 해당 연구에서 광범위하게
무시되어온 질문에 관심을 기울였다. 나는 이 지적인
운동의 일부가 되고 싶었고, 더 이론적인 저작들을 쓰기
시작했다. 그렇게 나온 첫번째 책이『게이 문제에 관한
성찰』이며,『소수자의 도덕』이 그 뒤를 이었다.

  내가 내 이름만을 걸고 사유하게 되기까지는 시간이
필요했다. 스스로 정당하다고 느끼기 위해서는 자신의
모든 과거, 사회세계, 제도들이 나를 정당화해주어야 하기
때문이다. 젊은 시절 살짝 정신 나간 꿈들을 꾸긴 했지만,
그럼에도 내가 책을 쓸 능력이 있다고, 더구나 이론서를
쓸 능력이 있다고 생각하는 것—즉 사회적으로 승인받는
것—은 쉽지 않았다. 꿈이 있다. 그리고 현실이 있다.
이 둘을 일치시키는 일은 집념만으로는 충분치 않다.
우호적인 상황 역시 갖춰질 필요가 있다. 어렸을 때 우리
집에는 책이 없었다. 사르트르가『말Les mots』—문학과
철학에 헌신하기로 사회적으로 예정된 삶의 이야기,
그러니까 '소명,' 아니 어쩌면 '사명'이라고 불러야 할
것의 역사를 재구성하는 데 목적을 둔 청년기에 대한
자서전—에서 그렸던 방식과는 달리, 나는 [신에
의해] "부름을 받지"[3] 않았다. 내게 글쓰기는 미래의
호출이 아니었다. 조숙한 동사 활용에 놀라고 감탄하는
어른들의 눈길 아래서 이루어진 놀이와 재주 속에 이미
함축되어 있었던 미래, 세월이 지나 때가 되면 도래할

그런 미래가 내게는 없었던 것이다. 그 정반대였다!
다른 운명이 나를 기다리고 있었다. 내 사회적 가능성의
수준에 내 욕망을 맞춰야 했던 것이다. 따라서 나는 다른
사람들에게는 미리 주어진 권리를, 나를 위해 만들어내고
그에 맞는 능력을 갖추기 위해서—무엇보다도 나 자신에
대항해—싸워야 했다. 나는 특권층에게는 활짝 열려
있는 것처럼 보일 길들 위에서 암중모색하며 나아갔다.
때로는 기존의 길이 나 같은 사람에게는 열려 있지 않은
것으로 판명 나 새로운 길을 찾아야 했다. 1990년대 중반
나는 새로운 위상을 확보했고, 새로운 국제적 환경 안에
있었다. 그것들은 계급 하비투스와 명문 학교에서의 수학
경력이 다른 이들에게 생애 초반에 맡아주었을 역할을
뒤늦게나마 내게 해주었다.

　　이렇게 해서 나는 많은 시간을 유럽, 남미,
그리고 특히 미국을 여행하며 보냈다. 나는 시카고의
학술회의에서 발표했고, 뉴욕이나 하버드의 컬로퀴엄에서
강연했으며, 버클리에서 강의했고, 프린스턴에서
체류했다.

　　예일대에서는 내게 상을 수여했다. 지성사, 동성애,
소수자 정체성에 관한 작업 덕분이었다. 그것은
사회세계의 심연에 놓인 내 출신 계급이 내게 언젠가
도착할 수 있다는 희망을 품도록 결코 내버려두지
않았을, 사실상 거기까지 다다를 가능성을 거의 남겨놓지
않았을 곳으로 나를 데리고 갔다.

## 2

시상식에서 나는 상당히 공식적인 강연을 해야 했다.
주최 측에서 제목과 요약문을 요청해왔을 때, 이러한
보상과 의례를 치르기까지 나를 인도해준 책들을
비판적으로 다시 살펴보기로 마음먹었다. 나는 우리가
사는 사회에서 통용되는 이론적·정치적 범주들을 통해,
사람들이 자기 과거를 회고적으로 재구성하는 방식에
관해 성찰하고자 했다. 나는 아버지의 죽음, 옛 사진첩을
열어보며 어머니와 보낸 하루, 사진들 한 장 한 장이
내게 일깨운, 내가 체험했던 세계의 재발견을 언급하면서
시작했다. 노동자의 아들로 보낸 어린 시절을 묘사한 후,
왜 이러한 역사를 성찰하려는 발상이나 욕망이 내게 전혀
떠오르지 않았는지, 왜 그것에 대해 생각조차 해본 적이
없는지 자문했다. 나는 아니 에르노의 인터뷰에서 매우
감동적인 한 문장을 인용했다. 부르디외의 저작이 어떤
영향을 끼쳤는지에 관한 질문을 받고, 에르노는 젊은
시절 문학의 길에 들어서면서 1962년 일기에 이렇게
적어놓았다고 이야기한다. "내 종족race에 복수할 테다!"
여기서 종족이란 자신의 출신 배경인 '피지배자들'의
세계를 뜻한다고 에르노는 덧붙여 설명한다. 에르노는
이 기획을 잘 수행하기 위해 어떤 형식을 택해야 할지

고민했다. 그녀는 계속해서 말한다. 몇 년 뒤 "68의
영향권 아래서, 개인으로서나 교사로서 느낀 불편함과
관련해『상속자들Les Héritiers』의 발견"은 "사회적 상승
이동으로 찢긴 마음의 상처와 수치심 등에 관해 쓰기"
위해 기억 속으로 "침잠"하라는 "은밀한 지령" 같았다.

　　그녀처럼 나도 정치적인 운동과 그와 궤를 같이했던
이론적 열기 속에서 내 기억 속에 "침잠"해 "내 종족에
복수"하기 위해 글을 써야 할 필연성을 느꼈다. 하지만
내가 복수하기 위해 매달린 것은 다른 "종족"이었고,
따라서 내가 탐색을 시도한 것도 다른 기억이었다.
집합적 운동은 개인들에게 정치의 주체로서 자기를
구성할 수 있는 수단을 주는 동시에, 그들이 스스로
자신을 지각할 수 있는 범주를 제공한다. 이러한 자기의
독해 틀은 현재뿐만이 아니라 과거에도 마찬가지로
적용된다. 이론적·정치적 도식들은 우리가 스스로에
대해 생각하는 방식에 앞서 그것을 틀 지우며, 그리하여
집합적인 동시에 개인적인 기억의 가능성을 창출한다.
달리 말하면, 우리는 바로 동시대 정치학에서 출발해
과거를 되돌아보면서, 지배와 예속화의 메커니즘이
실행된 방식과 저항 과정—이는 의식적으로 이루어졌을
수도 있고, 단순히 그날그날의 실천의 결과일 수도
있다—을 통해 생산된 자기가 재표명된 방식을
성찰한다. 이러한 기억의 정치적 틀은, 상당한 정도로
과거 어릴 때의 우리 모습, 우리가 경험한 어린 시절을

*273*

규정한다.

　　모리스 알박스Maurice Halbwachs가 주의를 환기한 바 있듯이, 집합 기억, 즉 우리가 속해 있거나 동일시하고 그 형성에 이바지하는 집단의 기억이 개인적 기억의 조건을 구성하는 것이 사실이라면, 각 개인이 여러 집단에 속해 있는 것 또한 사실이다. 그러한 편입은 연속적일 수도 동시적일 수도 있다.[1] 이 집단들은 때로는 서로 교차한다. 그리고 언제나 진화하며 끊임없이 변화한다. '집합 기억,' 그리고 그와 더불어 개인적 기억과 개인의 과거 또한 다수일 뿐만 아니라 변화한다. 그것들은 다원적이고 이질적인 공간과 시간성 속에서 정교화되기에, 거기에 통일성을 부여하려 한다든가, 어떤 것들은 중요하고 어떤 것들은 그렇지 않다고 선언함으로써 위계를 세우려고 애써봐야 헛된 일이다. 1974년에 나온 아니 에르노의 첫 책『빈 옷장Les Armoires vides』이 일깨우는 것은, 그녀의 어린 시절과 청소년기의 사회세계만이 아니었다. 그것은 스무 살 젊은 여성이 겪은 비밀 낙태라는 트라우마적 경험에 관해서도 이야기한다.[2] 훗날 에르노는『세월Les Années』에서 "수치스러워 묻어두었던" 것들과 "다시 발견할 가치가 생긴" 것들을 전부 회수하기 위해, 글을 쓰려는 기획이 자기 안에서 잉태되었던 순간으로 되돌아간다. 에르노는 "수치를 벗어던진 기억"과 더불어 그녀 앞에 문학적이고 지적인 미래뿐만이 아니라 정치적인 미래가 모습을 드러냈음을 강조한다. 그 미래 속에서 에르노는 자기 궤적의 상이한 단계들, 자기 인격을 구성하는 상이한 차원들을 다시 전유할 수 있게 될 것이었다. "여성의 낙태 권리와 사회적 불의에 맞서서 투쟁하는 것과, 그녀가 어떻게 이런 여성이 되었는가를 이해하는 것은 그녀에게 매한가지 일이다."³

내가 공부하던 1960~70년대에는, 마르크스주의가 적어도 좌파 진영에서는 프랑스의 지적 삶을 지배하고 있었다. 다른 '투쟁들'은 '부차적인' 것으로 여겨졌다. 심지어 유일하게 관심을 기울일 가치가 있는 '진정한' 투쟁인 노동 계급의 투쟁에 대한 주의를 분산시키는 '프티부르주아적 교란'으로 비난받았다. 사람들이 '문화적'이라고 지칭했던 운동들은 마르크스주의가 계급 억압에만 배타적으로 관심을 집중하느라 한쪽에 제쳐두었던 온갖 차원—성별화된 주체성, 성적·인종적 주체성 등등—을 부각시켰다. 그것들은 이처럼 체험을 다른 방식으로 문제화하길 제안하면서 지나칠 정도로 계급 억압을 간과하기에 이르렀다.
　　사실 마르크스주의의 검열은 젠더나 섹슈얼리티 같은 질문들을 전부 정치적·이론적 틀 바깥으로 밀어냈다. 그런데 이제 우리는, 그러한 검열을 피해 가는 작업이 마르크스주의가 으레 우리에게 유일한 지배 형식으로 '지각하도록' 하던 것을 억압하거나 검열함으로써만 이루어질 수 있다고 인정해야 하는 것일까? 또 성적·인종적 예속화와 소수자 주체성 생산의 메커니즘을 정치적으로 사유하기 위한 필요조건이 결국 마르크스주의의 소멸, 혹은 좌파의 헤게모니 담론으로서 마르크스주의의 소거임을 시인해야만 하는 것일까? 아마 그럴지도 모른다.

하지만 왜 우리는 상이한 지배 양태에 대항해 이루어지는 상이한 전투 가운데 어떤 하나만을 선택해야 하는 것일까? 우리 존재는 복수의 집합적 결정요인, 복수의 '정체성,' 복수의 예속화 양태들이 교차되는 곳 위에 자리 잡고 있다. 그렇다면 왜 우리는 하필 이것 아닌 저것을 정치적 관심의 중심축으로 지정해야 하는 것일까? 물론 모든 운동이 사회세계의 분할과 관련해 그것이 갖는 특수한 원리를 일차적이고 우선적으로 부과하는 경향이 있다는 점을 우리는 잘 알고 있다. 만약 우리를 정치의 주체로 만드는 것이 담론과 이론이라면, 이런저런 측면들을 간과하지 않게 해주는 담론과 이론, 즉 어떠한 억압의 차원도, 어떠한 지배의 층위도, 어떠한 열등성의 할당도, 모욕적 호명과 연계된 어떠한 수치심도 지각과 행동의 장 바깥에 내버려두지 않도록 해주는 담론과 이론을 구축할 책임이 우리에게 있는 것은 아닐까? 우리가 정치 무대에서 들어본 적 없고 기대도 하지 않았던 목소리와 새로운 문제들을 떠안는, 모든 새로운 운동을 환대할 채비를 갖추게 해주는 이론 말이다.[4]

276

예일대에서의 이 강연은 어떤 의미에서 일종의
통과의례 같았다. 특히나 입문의 여정에서 결정적인
순간으로 기능했다는 점에서 그것은 진정한 시험대였다.
강연을 마치고 나자마자, 미뤄두었던 책을 다시 쓰기
시작해야겠다는 생각이 들었다. 아버지의 죽음 직후
작업을 계획해 "랭스로 되돌아가다"라는 제목을
붙여두었으나, 몇 주 만에 손을 놓아버린 상태였다.
작업을 지속하는 일이 불가능할 것처럼 보였다. 나는
이 주제와 연관될 수 있는 것을 모두 찾아 열성적으로
읽기 시작했다. 이러한 기획—'되돌아가기'에 관해
쓰기—은 문학, 이론, 정치 등 문화적인 참고문헌들의
매개 혹은 필터를 통해야 제대로 수행될 수 있다는 것을
잘 알고 있었다. 그러한 문헌들은 우리가 표현하고자
하는 것을 생각하고 말로 정리할 수 있도록 도와주며,
특히 감정적인 하중을 중화시켜준다. 우리가 그러한
가림막 없이 '실재적인 것'에 직면해야만 한다면, 심각한
감정적 부하가 걸릴 수도 있다. 그러나 나는 책의 마지막
장을 완성하기 전에는, 레이먼드 윌리엄스Raymond
Williams의 소설 『변경 지방Border Country』을 읽지 않겠다고
마음먹었다.[5] 그 책은 내게 너무 강한 흔적을 남길
것 같았다. 그래서 기다렸다. 오늘 책을 마무리 짓는
순간이 오고 나서야, 나는 윌리엄스의 책을 다 읽었다.
이야기는 한 런던대 교수가, 아버지에게 심장 발작이

왔고 살날이 얼마 남지 않았다는 소식을 들으면서 시작한다. 그는 서둘러 기차를 탄다. 이야기는 시간을 거슬러 올라가, 민중 계급으로서 보낸 웨일스에서의 어린 시절에서부터 가족에게 되돌아간 후 장례가 공지되는 순간까지, 어떤 삶의 여정을 단계별로 풀어낸다. 자기 출신 환경과 멀어지고 그 불가피한 결과로서 불편함과 수치심을 느끼는 내용을 거쳐, 집으로 '되돌아오자' 어쩔 수 없이 자신의 어린 시절과 청소년기를 정신적으로 다시 체험하는 내용이 이어진다. 이 이야기의 중심에는, 그가 부모의 지원에 힘입어 대학에 들어가기 위해 집을 떠나는 대목이 있다. 부모는 그들의 노력과 희생이 결과적으로 아들과 자신들을 갈라놓을 것임을 안다. 마지막 페이지에서 주인공은 그가 결코 '되돌아갈' 수 없음을, 숱한 세월 동안 구축된 경계를 없앨 수 없음을 이해한다. 기껏해야 우리는 현재를 과거에 이어보려고 하면서 자기 자신과 우리가 떠난 세계와 화해하는 데 전념할 수 있을 뿐이다. 윌리엄스는 아주 절제 있게 자신이 "거리를 확인했으며," 그렇게 함으로써 "유배에 종지부를 찍었다"고 선언한다.[6]

그가 옳았을까, 아니면 틀렸을까? 내가 답을 내릴 수 있을지 확실하지 않다. 확실한 것은, 이 소설의 결말에 이르러 아들이 아버지에 대해 그간 느끼지 못했던, 아니 어쩌면 단지 잊고 있었을 뿐인 사랑의 감정을 되찾지만 그 순간 아버지가 사망했음을 알게 되는데,

그때 내 눈에서 눈물이 솟아났다는 것뿐이다. 내가
울었던가? 그런데 무엇 때문에? 누구 때문에? 소설 속
인물들 때문에? 내 아버지 때문에? 가슴이 미어지는 것
같았다. 나는 아버지에 대해 다시 생각해보게 되었다.
그를 다시 만나지 않은 것이 후회스러웠다. 나는 왜
그를 이해해보려고 하지 않았던가. 과거에 나는 왜
그와 대화해보려고 하지 않았던가. 사회세계의 폭력이
그를 이겼던 것처럼, 나를 이기도록 내버려두었던 것을
후회했다.

몇 년 전 나는 다시 규칙적이고 안정적인 수입이
없는 상태가 되었다. 자연스럽게 프랑스 대학 여러
곳에 지원서를 내기 시작했다. 내가 낸 책들과 미국
대학에서의 강의 경력이 그럴 자격을 마련해준 것이다.
오랜 시간 에둘러 온 끝에, 나는 1970년대 말에는
사회적으로 소속될 자격을 부여받지 못해 떠나야 했던
그 공간을 다시 찾게 되었다. 오늘날 나는 거기서 교수를
하고 있다. 어머니에게 대학에 자리를 얻었다고 알렸을
때, 어머니는 감격해서 물었다.
　　"그래서 무슨 교수가 된 거냐? 철학?
　　—사회학 쪽이에요.
　　—그건 또 뭐니? 사회에 대한 거야?"

# 1부

## 1

1. Claude Simon, *Le Jardin des plantes*, Paris, Minuit, 1997, pp. 196~197.

2. [옮긴이] 하비투스는 인간 내부 깊숙이 과거로부터 꾸준히 축적된 모종의 성향 체계를 가리키는 부르디외 사회학의 용어다. 부르디외는 사람들의 행동이 이런 하비투스가 어떤 상황과의 만남 속에서 현재화된 결과라고 본다.

3. [옮긴이] 각각 라신Jean Racine의 비극 「앙드로마크Andromaque」와 폴 베를렌Paul Verlaine의 시 「초록Green」, 스테판 말라르메Stéphane Mallarmé의 소네트 「그림자가 위협했을 때…Quand l'ombre menaça...」의 한 대목이다.

4. Roland Barthes, *Journal de deuil*, Paris, Seuil, 2009, p. 83.

## 2

1. [옮긴이] 이 책에서 디디에 에리봉이 사회적 지배, 사회적 수치라고 말할 때, '사회적'이라는 형용사의 늦은 '계급에 기반한' 징도로 풀어 이해하면 한층 명확해진다. 즉 사회적 지배, 사회적 수치는 계급적 지배, 계급적 수치와 동의어라 할 수 있다. 사회적 지배와 성적 지배를 구분하는 에리봉의 용법이 마치 성적인 것은 사회적인 것이 아니라는 오해를 불러일으킬 수도 있겠으나, 당연히 그의 시각은 성적인 것을 철저히 사회적으로 구성된 것으로 간주한다.

2. Didier Eribon, *Réflexions sur la question gay*, Paris, Fayard, 1999.

3. 이 서문의 프랑스어 텍스트는 다음의 내 논문 선집에 실려 있다. Didier Eribon, *Hérésies. Essais sur la théorie de la sexualité*, Paris, Fayard, 2003. 영어본은 다음의 책을 보라. Didier Eribon, *Insult and the Making of the Gay Self*, Durham, NC, Duke University Press, 2004.

4. Paul Nizan, *Antoine Bloyé* (1933), Paris, Grasset, ‹Les Cahiers rouges›,

2005, pp. 207~209.

5. Annie Ernaux, *La Place*, *Une femme*, *La Honte*, Paris, Gallimard, 1983, 1987, 1997.


## 3

1. James Baldwin, "Notes of a Native Son"(1955), in *Notes of a Native Son*(1964), London/New York, Penguin Books, 1995, p. 98.

2. 같은 책, pp. 85~86.

3. "To Avoid the Journey Back Is to Avoid the Self, to Avoid 'Life'"(James Baldwin, *Conversations*, Fred L. Standley et Louis H. Pratt, Jackson(ed.), University Press of Mississippi, 1989, p. 60). 이것들과 관련해서는 다음의 전기를 참고하라. David Leeming, *James Baldwin: A Biography*, New York, Alfred A. Knopf, 1994.

4. [옮긴이] 1940년 5~6월 독일군 침공 시기 북프랑스 주민의 피난을 가리키는 용어.

5. 이와 관련해 나는 다음 책을 참조했다. Virginie de Luca Barrusse, *Les Familles nombreuses. Une question démographique, un enjeu politique*(*1880~1940*), Rennes, Presses universitaires de Rennes, 2008. 다음의 책도 참고하라. Rémi Lenoir, *Généalogie de la morale familiale*, Paris, Seuil, 2003.

6. [옮긴이] 굳이 번역하자면 '랭스의 주택' 정도의 뜻이다.

7. Alain Coscia-Moranne, *Reims, un laboratoire pour l'habitat. Des cités-jardins aux quartiers-jardins*, Reims, CRDP Champagne-Ardenne, 2005. Delphine Henry, *Chemin vert. L'œuvre d'éducation populaire dans une cité-jardin emblématique*, *Reims 1919~1939*, Reims, CRDP Champagne-Ardenne, 2002 참조. 또한 다음의 자료도 참고하라. Delphine Henry, *La Cité-jardin. Une histoire ancienne, une idée d'avenir*, site du CRDP Champagne-Ardenne, http://www.crdp-reims.fr/resources/dossiers/cheminvert/expo/portail.htm.

8. [옮긴이] 1947년 발표된 장 주네의 소설.

9. [옮긴이] 프랑스어에서 '황색jaune'은 파업에 참여하지 않는 노동자를

가리킨다.

10. Gilles Deleuze, "Gauche," in L'Abécédaire de Gilles Deleuze, DVD, Éditions du Montparnasse, 2004.

11. 민중 계급 내에서 작동하는 '그들'과 '우리'의 구분에 관해서는 Rich-ard Hoggart, *La Culture du pauvre*, Paris, Minuit, 1970, pp. 177 이하 참조. [리처드 호가트, 『교양의 효용』, 이규탁 옮김, 오월의봄, 2016, 3장 참조.]

# 4

1. [옮긴이] 주로 빈민, 노동자 등을 위한 공동주택단지를 뜻한다.

2. [옮긴이] 가능성의 장은 사회 공간 속의 행위자들이 특정한 역사 적 시점에 지각하고 구현할 수 있는 가능성들의 총체를 뜻하는 부 르디외 사회학의 용어다.

3. [옮긴이] 여기서 '내려다보는 시각'은 일상적 통념과 이데올로기, 주관적 편견 등에 대해 '인식론적 단절'을 수행하는 비판적 사회과 학의 관점을 가리킨다. 에리봉은 지적 포퓰리즘의 유행 아래 인식 론적 단절이라는 개념이 조롱거리가 된 현실을 의식해 일부러 그러 한 '경멸적' 표현을 쓴다고 말한다. 이로써 그는 자신이 비판적 사 회과학에 대한 자크 랑시에르Jacques Rancière나 뤽 볼탕스키Luc Bol-tanski의 비판—즉 비판적 사회과학이 '(인식론적 단절을 통해) 혜 안을 갖춘 연구자'와 '환상에 사로잡힌 대중'이라는 잘못된 교육학 적 구분에 기초해 있다는 비판—에 반대하는 입장이라는 점을 명 확히 한다. Didier Eribon, "À quelles conditions une pensée peut-elle être critique?" in Hervé Inglebert et Yan Brailowsky(dir.), *1970~2010: Les sciences de l'Homme en débat*, Paris, Presses universitaires de Paris Nanterre, 2013, pp. 39~50.

4. [옮긴이] 프랑스에서는 19세기 말 시민들을 위한 무상·의무·비 종교의 3대 교육 원칙이 자리 잡혔지만, 학교 체제는 오랫동안 사 회 계급에 따라 상이한 층위로 짜여져 있었다. 민중 계급은 기본 교육 과정을, 상류층은 중등교육 과정을 밟았다. 무상의 보통교 육le Primaire은 6~13세까지 7년간의 의무적인 학업으로, 일상생

활에 필요한 읽기, 쓰기, 기초문법, 산술, 시민 도덕 등을 가르쳤다. 1936년 의무교육 기간은 14세까지로 1년 연장된다. 한편 초중등 과정을 아울러 11년간 이루어지는 유상의 중등교육le Secondaire에서는 대학이나 그랑제콜의 진학을 목표로 한 고전어, 인문학, 전문지식 등을 가르쳤다. 이러한 양대 층위 외에 부수적으로 직업학교에서 엔지니어, 숙련노동자 등을 양성하는 기술교육le Technique이 있었다. 비싼 학비와 상이한 학습 목표로 인해 소시민과 노동 계급의 아이들은 유력자와 부르주아지의 아이들이 다니는 중등교육 과정에 입학 자체가 쉽지 않았고, 설령 입학을 하더라도 수업을 따라가기가 어려웠다. 에리봉의 아버지는 이러한 교육 구조 아래서 보통교육을 받은 셈이다. 프랑스의 수직적인 층위별ordres 교육 체계는 1960~70년대에 일련의 교육 개혁을 통해 초등학교école élémentaire[에콜]-중학교collège[콜레주]-고등학교lycée[리세]라는 수평적인 단계별degrés 체제로 변화한다.

5. Francine Muel-Dreyfus, *Le Métier d'éducateur*, Paris, Minuit, 1983, pp. 46~47 참조.

6. Annie Ernaux, *La Place, Une femme, La Honte*, p. 33.

7. [옮긴이] 고드프루아 드 부용은 프랑스 귀족 출신으로 1차 십자군 원정의 지도자 중 한 명이었으며, 예루살렘의 초대 성묘 수호자였다.


# 2부

## 1

1. 아마도 이런 이유 때문에 민중 계급에서는 유연하고 가변적인 관습이 다소 엄격한 도덕과 공존할 수 있을 것이다. 실천상의 융통성과 이데올로기상의 경직성 간의 이러한 혼합이 쑥덕공론, 험담, '카더라' 식의 소문에 매우 예민하게 만든다.

2. Paul Éluard, "Comprenne qui voudra," in *Au rendez-vous allemand*, Paris, Minuit, 1945.

## 2

1.  Marguerite Duras, *Hiroshima mon amour*, Paris, Gallimard, ‹Folio›, 1972.

2.  Fabrice Virgili, *La France 'virile.' Des femmes tondues à la Libération*, Paris, Payot, 2000.

3.  [옮긴이] Stanley Cavell, *Pursuits of Happiness: The Hollywood Comedy of Remarriage*, Cambridge, Harvard University Press, 1981, pp. 239, 263 참조.

4.  Annie Ernaux, *La Place, Une femme, La Honte*, p. 66.

5.  이와 관련해 캐롤린 케이 스티드먼이 다음의 책에서, 자신의 어머니에 관해 훌륭하게 언급한 대목을 참조할 수 있다. Carolyn Kay Steedman, *Landscape for a Good Woman. A Story of Two Lives*, New Brunswick, NJ, Rutgers University Press, 1987, pp. 8~9. 또한 그녀가 리처드 호가트의 『교양의 효용』에 대해 내놓은 맹렬한 비판을 보라. 스티드먼에 따르면, 호가트의 책은 노동자 세계를 비역사적으로 그리면서 그 심리학적 단순성과 부동성을 예찬한다. 마치 미래의 사회학자[즉 호가트]가 노동 계급을 벗어나자마자, 그 계급이 변화를 멈춰버리기라도 하는 것처럼 말이다(같은 책, pp. 11~12).

6.  [옮긴이] 사회관계자본은 부르디외 사회학의 개념으로, 한 개인 혹은 집단이 동원하고 활용할 수 있는 사회적인 연줄과 관계망을 가리킨다.

## 3

1.  [옮긴이] 이마고는 정신분석학 용어로, 유년기에 무의식적으로 형성되는 아버지와 어머니의 원原이미지를 가리킨다.

2.  나는 다음의 책에서 동성애의 '원인들'에 관한 라캉의 담론—아예 그 원칙에서 동성애 혐오적인—을 분석한 바 있다. Didier Eribon, *Une morale du minoritaire. Variations sur un thème de Jean Genet*, Paris, Fayard, 2001, pp. 235~284.

3.  [옮긴이] 여기서 '일탈 행위'로 옮긴 프랑스어 표현은 'écart de conduite'이다. 'conduite'는 '품행'을 뜻하며, 'écart'는 '차이, 편차, 거리,

비켜나기' 등을 뜻한다.

4.  [옮긴이] Didier Eribon, *D'une révolution conservatrice. Et de ses effets sur la gauche française*, Paris, Léo Scheer, 2007 참조.

5.  Raymond Aron, "Science et conscience de la société," in *Les Sociétés modernes*, Paris, PUF, ‹Quadrige›, 2006, p. 57.

6.  Richard Hoggart, *33 Newport Street. Autobiographie d'un intellectuel issu des classes populaires*, Paris, Gallimard/Seuil, ‹Hautes études›, 1991 참조.

7.  [옮긴이] 레오나르 후지타(1886~1968)는 일본 출신의 화가로, 본명은 후지타 쓰구하루Tsugouharu Foujita이다. 2차 세계대전 당시 종군화가로 전쟁기록화 작업에 참여했던 그는 일본의 패전 이후 부역에 대한 비난을 뒤로 한 채 프랑스로 이주하여 작업을 계속해나갔다. 동양화와 서양화의 기법을 조화롭게 결합한 그림으로 유럽 화단에서 큰 성공을 거두었다. 1959년에 세례를 받은 뒤 성당을 건축하는 등 기독교 예술에도 이바지했다.

8.  [옮긴이] 2차 세계대전 이후 대부분의 유럽 국가에서는 의무교육 기간을 연장하고, 학교 체제를 일원화하는 개혁을 단행한다. 프랑스는 제5공화국을 기점으로 계급에 따른 기존의 층위별 교육 체제를 연령에 따른 단계별 초중고 체제로 개편한다. 1959년 베르투앙 개혁Reforme Berthoin으로 의무교육 기간은 기존의 14세에서 16세로 2년 연장되었다. 이 조치의 적용 대상은 (1959년에 6세가 된) 1953년생 아이들부터였기에, 실제 효력은 1967년 이래 나타났다. 이후 이루어진 일련의 개혁, 특히 1975년 아비 법Loi Haby은 이전까지 다양했던 중등학교들을 일원화함으로써 현재까지 이어지는 초등학교 5년, 중학교 4년, 고등학교 3년(실업고는 2년)의 학제를 정비한다. 1953년생인 에리봉은 의무교육 연장 정책의 혜택을 입으며 중학교에 진학한 데 반해, 그의 형은 아버지처럼 14세까지 보통교육을 마치고서 곧장 정육점에 취직한 것으로 나타난다. 한편 각각 여덟 살, 열네 살 어린 에리봉의 동생들은 1961년생, 1967년생이므로 단일화된 교육 체계 아래 학교를 다닌 셈이다. 이들은 고등학교까지 진학했지만, 각각 16세까지의 의무교육 기간만 채운 채 과정을 마친 것으로 보인다. 프랑스의 고등학교는 학생의 진로 선택과 수학 과

정 연한에 따라 다양한 학위증을 발급한다.

9. [옮긴이] 프랑스에서는 젊은 남성들이 모두 1년간 병역의 의무를 지는 징병제가 시행되다가 1996년에 폐지됐다.

## 4

1. John Edgar Wideman, *Brothers and Keepers*, 1984. 프랑스어판 *Suis-je le gardien de mon frère?*, Marianne Guénot(trad.), Gallimard, ‹Folio›, 1999, pp. 56, 55.

2. 같은 책, pp. 57.

3. John Edgar Wideman, *Fanon*, Boston/New York, Houghton Mifflin, 2008, pp. 62~63.

4. Pierre Bourdieu, *Réponses. Pour une anthropologie réflexive*, Paris, Seuil, 1992, p. 78. [『성찰적 사회학으로의 초대』, 이상길 옮김, 그린비, 2015.]

5. Pierre Bourdieu, "L'idéologie jacobine"(1966), in *Interventions. Sciences sociales et action politique*, 1961~2001, Marseille, Agone, 2002, p. 56.

## 3부

### 1

1. [옮긴이] 신자유주의와 반이민 정책을 지지하는 니콜라 사르코지 Nicolas Sarkozy가 1, 2차 투표에서 모두 1위를 한 2007년 대선을 암시한다.

2. Stéphane Beaud et Michel Pialoux, *Retour sur la condition ouvrière. Enquête aux usines Peugeot de Sochaux-Montbéliard*, Paris, Fayard, 1999 참조.

3. [옮긴이] 1981년 대선에서는 사회당, 공산당, 급진당이 공동 후보로 내세운 미테랑이 대통령에 당선되었다.

4. '대중적 개인주의'라는 어이없는 만큼이나 반동적인 개념이 노동 세계의 '불안정화'를 분석하기 위해 성행할 수 있었다는 사실은 우리에게 '사회적 질문의 전환'이라는 현실에 관해서보다는, 그러한 개

넘을 이용하는 사회학자들의 슬픈 궤적에 관해 더 많은 것을 가르쳐준다. 그 궤적은 비판적 좌파였던 사회학자들을 기술관료적 소모임과 신보수주의 사상으로 이끌고 갔다.

5. 경제 담론과 정책의 전환에 관해서는 다음 책을 참조하라. Frédéric Lebaron, *Le Savant, la politique et la mondialisation*, Bellecombe-en-Bauge, Le Croquant, 2003.

6. 어머니는 이 기묘한 표현으로, 그녀가 2002년 대통령 선거 예선투표에서는 르펜을, 결선투표에서는 르펜에 맞선 자크 시라크Jacques Chirac를 찍었음을 알게 해주었다. 2007년 대선에서는 예선과 결선에서 모두 니콜라 사르코지를 찍었다.

7. [옮긴이] 이 정치가는 피에르 모루아Pierre Mauroy(1928~2013)를 가리킨다. 1973년 이래 2001년까지 릴 시장이었던 모루아는 미테랑 대통령 시절 총리를 지냈다. 그는 1950년대부터 사회주의 청년 운동을 이끌고, 1992년부터 1999년까지 사회주의자 인터내셔널의 의장직을 맡는 등 오랫동안 프랑스 사회당의 도덕적인 얼굴 역할을 했다.

8. 여기서 다룬 내용에 관해서는 내가 쓴 다음 책을 참고하라. *D'une révolution conservatrice et de ses effets sur la gauche française*, Paris, Léo Scheer, 2007.

9. Jean-Paul Sartre, "Élections, piège à cons," in *Situations* X, Paris, Gallimard, 1976, pp. 75~87. [옮긴이] 집렬체série는 집단groupe과 대비되는 사르트르의 철학 개념이다. 사르트르에 따르면, 욕구의 주체이자 실천적 유기체로서 사람들은 희소성이 지배하는 세계에서 서로 대립하고 반목할 수 있지만, 반대로 서로 연대하고 결합해 또 다른 실천의 주체인 집단을 구성할 수 있다. 그런데 가공된 물질세계(이른바 실천적-타성태practico-inerte)의 역작용으로 인해 사람들이 고립, 분산되고 단순히 병렬적인 군집을 형성할 때, 이를 집렬체라고 한다. 집단과는 대조적으로 집렬체의 구성원들은 상호 간 타자성altérité에 의해 규정된다. 사르트르는 정류장에서 버스를 기다리는 승객의 무리를 예로 들어 집렬체의 특성을 설명한다. 가공된 물질인 버스는 승객들의 자유와 행동을 제약한다. 성, 나이, 지위 등에서

서로 구별되는 고립적 개인으로 이루어진 승객들은 같은 시간과 장소에서 버스를 타려고 모여 있다는 공통점만 지닌다. 그들은 버스를 기다렸다가 정원에 맞추어 타야 하는 수동적 입장에 놓여 있다. 한 명의 승객으로서 나는 다른 승객들에게서 나를 보지만, 이때 그렇게 나타나는 나는 나 자신과는 근본적으로 다른, 타자성으로 특징지어지는 나다. 만일 정원보다 많은 수의 승객이 버스를 기다리고 있다면, 나와 다른 승객은 교환 가능하고 버스가 매개하는 양자의 관계는 불가피하게 대립적이 된다. 가공된 물질인 버스의 작용에 의해 사람들은 서로에게 배타적이고 위협적인 집렬체성sérialité을 경험하는 것이다. 장-폴 사르트르, 『변증법적 이성 비판』, 박정자 외 옮김, 나남, 2009 참조.

10. Maurice Merleau-Ponty, "Sur l'abstention," in *Signes*, Paris, Gallimard, 1960, pp. 397~401.

11. 유사한 방식으로 영국에서 어떤 사회적·정치적·이데올로기적 과정이 부르주아지와 민중 계급의 커다란 분파를 우파 정당들에 대한 투표 속에서 연합시킨 역사적 블록의 형성으로 귀결했는지에 관해서는 다음의 책을 참고하라. Stuart Hall, *The Hard Road to Renewal. Thatcherism and the Crisis of the Left*, London, Verso, 1988. [『대처리즘의 문화정치』, 임영호 옮김, 컬처룩, 2007.]

12. 국민전선에 대한 지지표에 관해서는 다음의 논문을 참고할 수 있다. Patrick Lehingue, "L'objectivation statistique des électorats: que savons-nous des électeurs du Front national?," in Jacques Lagroye, *La Politisation*, Paris, Belin, 2003, pp. 247~278.


## 2

1. 민중 계급이 좌파 및 우파와 맺는 관계의 세대 간 변화 양상에 관해서는 앞에서 인용한 파트릭 레잉그Patrick Lehingue의 논문을 참고하라.

2. [옮긴이] 모로코, 튀니지, 알제리를 포함하는 북아프리카 지방.

3. 1950년대 프랑스 노동 계급의 인종주의와 이주노동자들의 생활 조건에 대한 아주 현실적인 묘사가 다음 소설에 등장한다. Claire

Etcherelli, *Élise ou la vraie vie*(1967), Paris, Gallimard, ‹Folio›, 1977.

4. 소설 『엘리즈 혹은 진정한 삶』에는 노조에 가입해 있고 친親공산당 계열임에도 공장 내에서 인종주의를 드러내는 노동 계급의 모습이 그려진다. 몇몇 노동자들은 알제리인과 튀니지인들이 임금인상 파업에 동참하지 않았다는 이유로 자신들의 적대감을 정당화한다.

5. [옮긴이] 아이드 알카비르는 이슬람교의 가장 오래되고 중요한 축제 중 하나로, 제물을 바치는 행사를 치른다.

6. [옮긴이] 황색조합은 자본가에 협조적이고 타협적인 어용 노동조합을 가리키는 말로, 급진적이고 전투적인 적색조합과 대비되는 용어다. 20세기 초 프랑스에서 혁명적 생디칼리즘에 대항하는 운동으로 나타나 전국적으로 조직화되는 조짐을 보였으나, 본격적인 노동운동의 시작과 더불어 소멸했다.

7. 프랑스 민중 계급(특히 좌파)의 인종주의와 반유대주의, 그리고 우파 노동운동에 관해서는 다음의 저작을 참고하라. Zeev Sternhell, *La Droite révolutionnaire, 1885~1914*, Paris, Fayard, 2000. 특히 4장 「좌파의 반유대주의」와 6장 「프롤레타리아 우파: 황색조합원」, 그리고 같은 저자의 다음 책을 보라. *Ni droite ni gauche. L'idéologie fasciste en France*, Paris, Fayard, 2000.

8. 사회 속에서 노동자들의 위치와 역할, 노동 조건을 사유하는 또 다른 틀을 제안하며 좌파와 마르크스주의에 대립했던 이론들에 관해서는 다음의 책을 참고할 수 있다. Zeev Sternhell, *La Droite révolutionnaire*. 특히 9장 「악시옹 프랑세즈Action française와 프롤레타리아트」를 보라.

9. [옮긴이] 19세기 프랑스의 독학 노동자들을 연구한 자크 랑시에르의 『프롤레타리아의 밤*La nuit des prolétaires*』을 비꼬는 것으로 보인다.

10. 즉각적인 '자명성'으로서의 '경험'에 대한 비판, 그리고 지각, 실천, 실천이 띠는 의미작용을 재단하는 과정에서 정치 이론과 담론이 수행하는 역할에 대한 분석을 위해서는 다음의 글을 참고하라. Joan W. Scott, "L'évidence de l'expérience," in *Théorie critique de l'histoire. Identités, expériences, politiques*, Paris, Fayard, 2009, pp. 65~126.

11. 이 점에 관해서는 앞서 언급한 책 『대처리즘의 문화정치』에서 스튜

어트 홀이 내놓은 중요한 지적들을 참고하라.

12. '인민 권력'의 규제 원리로서 '추첨'과 공통의 '능력'에 대한 예찬에 관해서는 다음의 책을 보라. Jacques Rancière, *La Haine de la démocratie*, Paris, La Fabrique, 2005. [『민주주의는 왜 증오의 대상인가』, 허경 옮김, 인간사랑, 2011.] 랑시에르 자신도 명확히 말은 하지 않지만(그럴 수밖에 없다! 이는 그의 이런저런 전제들을 의문에 부치게 만들 테니까), 문제를 흐릿하게나마 의식하고 있는 것으로 보인다. 그가 언급하는 민주적 표현의 사례들은 모두 그가 '투쟁'이나 '운동'이라는 단어로 지칭하는 것, 그러니까 저항적인 이견의 집합적이고 조직화된 표출로 되돌려진다. 이는 민주주의의 토대로서 '인민의 권력'이 결코 무차별적이고 상호 교체 가능한 개인들의 권력은 아님을 알려준다. 그것은 상호 이질적이고 갈등적인 복수의 사회정치적 틀 속에 언제나 이미 기입되어 있다. 민주주의에 관한 성찰이 관심과 질문의 한가운데 두어야 할 것은 바로 이러한 틀이다.

13. 사르트르(투표에 관한 텍스트를 썼던 시절에는 좌파 자발성 신봉주의spontanéisme gauchiste의 지배 아래 있었다)의 모델 속에는 정당의 매개라는 이 핵심적 요소가 빠져 있다. 반대로 부르디외는 이를 다음의 논문에서 강조한 바 있다. Pierre Bourdieu, "Le mystère du ministère. Des volontés particulières à la 'volonté générale'," *Actes de la recherche en sciences sociales*, n. 140, 2001, pp. 7-13.

14. 이 점과 관련해 나는 「그람시와 우리」라는 글에서 스튜어트 홀이 내놓은 분석에 동의한다. "Gramsci and Us," in *The Hard Road to Renewal*, pp. 163-173.

15. 무엇이 정치이고 무엇이 정치가 아닌지, 무엇이 '민주적'이고 무엇이 '반민주적'인지 등의 범위를 규정하려는 정부 및 정당에 밀착해 있는 어용 지식인들의 후원과 더불어, 지적 작업과 민주적 행동의 규범에 정반대되는 다양한 시도들이 이루어진다. 지적 작업이라면 사회세계에 어떤 처방전을 제시하려 들기보다 사회세계를 그 유동성 속에서 사유해야 하고, 민주적 행동이라면 모든 기술관료제에 연계된, 즉 온갖 제도와 권력에 연계된 권위주의적 이데올로그들의 일방적 결정 속에 갇혀 있지 말아야 하는데 말이다. 우리는 이 반민

*290*

주적인 충동들에서 우리를 구원하는 해독제로서 다음 책을 읽을 수 있다. Sandra Laugier, *Une autre pensée politique américaine. La démocratie radicale d'Emerson à Stanley Cavell*, Paris, Michel Houdiard, 2004.

# 4부

## 1

1. Pierre Bourdieu, *Esquisse pour une auto-analyse*, Paris, Raisons d'agir éditions, 2004, pp. 120~121, 123. [『자기 분석에 대한 초고』, 유민희 옮김, 동문선, 2008.]

2. [옮긴이] 구조언어학에서 나온 개념인 관여적 속성traits pertinents 은 어떤 대상을 다른 대상들과의 관계 속에서 과학적으로 정의하고 탐구하는 데 적절한 특징을 가리킨다. 『자기 분석에 대한 초고』에 서 부르디외는 자신과 푸코를 포함하는 지식인들을 지식 장의 관계 망 속에서 배치, 분석하기 위해 출신 계급과 지역, 출신 학교, 젠더 와 섹슈얼리티 등을 관여적 속성으로 추출해 논의한다. 피에르 부 르디외·로익 바캉, 『성찰적 사회학으로의 초대』, 이상길 옮김, 그린 비, 2015, pp. 367~368 참조.

3. 같은 책, p. 120.

4. [옮긴이] 1978년의 강연문 「비판이란 무엇인가Qu'est-ce que la critique?」에서, 푸코는 비판을 기존의 철학적 전통에서 벗어나 인식의 관점이 아닌, 권력의 관점에서 검토하며 "특정한 방식으로 통치당하 지 않으려는 기술"로 정의한다. 그는 비판적 태도를 근대 이후 서구 사회에서 전개된 통치화 과정을 거부하고 제한하며 변형시키려는 의지로 규정하면서, 자발적인 불복종과 성찰적인 비순종이 비판의 기술을 특징짓는다고 주장한다. 미셸 푸코, 『비판이란 무엇인가|자 기 수양』, 오트르망 옮김, 동녘, 2016 참조.

5. Pierre Bourdieu, *Esquisse pour une auto-analyse*, pp. 126~127.

6. 같은 책, p. 126.

7. [옮긴이] 고등학교 과정을 마친 프랑스 학생들은 대입자격시험에

합격하면 크게 일반, 기술, 직업으로 구분된 졸업 학위를 받는다. 바칼로레아Baccalauréat, le bac는 이 시험과 학위를 모두 가리키는 명칭이다. 이 학위가 있으면 일반 대학에 입학할 수 있다. 한편 고등교육 기관으로는 대학 말고도 일종의 상위 학교인 그랑제콜Grandes-écoles이 있다. 그랑제콜은 대입자격시험을 통과한 후 다시 2~3년의 그랑제콜 입시 준비반이라는 별도의 과정과 치열한 경쟁을 거쳐 들어가는 전문직 엘리트 양성 기관이다. 이 기관은 소수 정예로 선발한 학생들을 대상으로, 3~4년 동안 상경, 과학, 기술, 인문 등 해당 전문 분야에 관한 수준 높은 교육을 제공한다. 그랑제콜의 졸업생들은 졸업 후 고등학교 교사, 고위 공무원, 엔지니어, 기업체 간부 등으로 취직할 수 있다. 프랑스 남서부 지방 도시 포에서 고등학교를 다닌 부르디외는 이후 파리 루이르그랑 고등학교의 고등사범학교 입시 준비반에 들어갔고, 고등사범학교ENS에 입학했다. 중등교원을 양성하는 고등사범학교는 경영 전문가를 배출하는 고등상업학교HEC, 고급 행정 인력을 육성하는 국립행정학교ENA 등과 더불어 대표적인 그랑제콜에 속한다. 파리와 근교의 명문 고등학교들이 운영하는 그랑제콜 입시 준비반은 높은 합격률로 유명한데, 이는 프랑스 교육의 중앙집중화에도 큰 영향을 미치는 것으로 여겨진다.

8. 노동 계급이나 민중 계급에 속하는 청소년들의 남성 중심적 가치—특히 '순응적'이라고 평가받는 모범생들에 대한 적대감과 권위의 거부—가 학업 과정에서의 탈락 및 그에 따른 노동자 직업으로의 편입과 맺는 관계에 관해서는 다음 책을 참고하라. Paul Willis, *Learning to Labour. How Working Class Kids Get Working Class Jobs*, Westmead(G.-B.), Saxon House, 1977. [『학교와 계급 재생산』, 김찬호·김영훈 옮김, 이매진, 2004.]

9. Pierre Bourdieu, *Esquisse pour une auto-analyse*, pp. 103~104. 나는 이 책이 프랑스에서 나온 해인 2004년의 일기에서, 부르디외가 이 책을 쓰고 내게 초고 검토를 부탁했을 때 우리가 이 주제와 그 밖의 여러 주제에 관해 나눴던 수많은 대화 가운데 일부를 술회한 바 있다(Didier Eribon, *Sur cet instant fragile... Carnets, janvier-août 2004*, Paris, Fayard, 2004 참조). 내 비판과 관련해, 그는 이 책을 독일에

서 출간한 이후 프랑스에서 출판하기 위한 작업을 할 때 그 부분의 수정에 집중하겠다고 대답했다. 하지만 그는 [때 이른 타계로 인해] 그럴 시간을 갖지 못했다.

10. [옮긴이] 부르디외는 1950년대 말에서 1960년대 초 카빌리Kabylie 지역을 중심으로 알제리에 대한 인류학적 현지 조사 연구를 수행한 바 있다. 이 연구에서 그는 베르베르족이 세계를 지각하고 인식하는 틀의 바탕에 있는 이분법적 범주들이 어떻게 그들의 실천과 생활양식에까지 영향을 미치는지 분석한다. Pierre Bourdieu, *Le sens practique*, Paris, Minuit, 1980 참조.

11. 사회학이 철학에 대립하면서 자신을 '과학'으로 구성하는 담론 내에서 작동하는 남성 중심적인—그리고 계급적인—범주들에 관해서는 다음의 글을 보라. Geoffroy de Lagasnerie, "L'inconscient sociologique. Émile Durkheim, Claude Lévi-Strauss et Pierre Bourdieu au miroir de la philosophie," *Les Temps modernes*, n. 654, 2009, pp. 99~108.

12. 나는 이 논점을 다음의 두 책에서 발전시켰다. Didier Eribon, *Réflexions sur la question gay*; *Une morale du minoritaire*. 게이에게 특수한 문화의 이러한 쓸모는 '구별짓기'의 모델에서 빠져 있다. Pierre Bourdieu, *La Distinction*, Paris, Minuit, 1979. [『구별짓기: 문화와 취향의 사회학』, 최종철 옮김, 새물결, 1995] 참조. 내가 언젠가 부르디외에게 이 점을 지적했을 때, 그는 즉각 내게 동의를 표했다.

13. [옮긴이] 여기서는 culture를 문맥에 맞게 '문화' 또는 '교양'으로 옮겼다. culture의 어원인 cultura는 '돌보다' '보살피다' '경작하다' '재배하다' 등의 뜻을 지니는 동사 colere의 명사형이다. 문화는 이처럼 인간이 자연을 야생의 상태로 두지 않고 가꾸고 기르는 실천의 산물을 가리킨다. 노동을 통해 자연을 변형시키는 이러한 활동은 주체 자신을 변화시켜가는 과정이기도 하다. 야만인을 '글의 세계로 끌어들이는' 문화文化, 아이를 '가르쳐 기르는' 교양敎養 개념 역시 모두 '주체화'의 함의를 지닌다.

14. [옮긴이] 여기서 에리봉은 문화에 대한 부르디외식 구별을 염두에 두고 있는 것으로 보인다. 부르디외는 지배 문화와 정당한 문화를 구별한다. 지배 문화가 지배 계급의 문화라면, 정당한 문화는 지

배 문화가 학교와 같은 공식 교육 제도를 통해 정당성을 부여받고 통속화된 형태를 가리킨다. 예컨대, 갤러리에 전시되는 동시대 미술작품이 지배 문화에 속한다면, 박물관에 전시되는 고전 미술작품은 정당한 문화에 속한다. 중간 계급이 정당한 문화를 습득하려 애쓰고 정전화하는 반면, 지배 계급은 정당한 문화에 대해 느슨하고 편안한 관계를 맺으며, 종종 유희적인 태도를 취한다.

## 2

1. [옮긴이] 미국의 시인이자 소설가인 잭 케루악(1922~69)은 1957년 『길 위에서 *On the road*』라는 자전적 성격의 소설을 발표해 비트 세대의 대표 작가로 주목받았다. 그는 기성 사회의 윤리적 속박을 벗어나 감각적인 자기 만족을 찾으며 방랑하는 자아를 서사화했다고 평가받는다.

2. 리처드 호가트는 이 점을 『뉴포트 가 33번지 *33 Newport Street*』에서 강조한다.

3. Pierre Bourdieu, *La Distinction*, pp. 145 이하 참조.

## 3

1. [옮긴이] 프랑스에는 다양한 유형의 교원 자격증이 있는데, 그 가운데 CAPES와 아그레가시옹은 중등교육 교원의 자격증에 해당한다. CAPES(Certificat d'aptitude au professorat de l'enseignement secondaire)를 따기 위해서는 학사학위를 취득한 후 각 대학 혹은 IUFM(Instituts universitaires de formation des maîtres, 교원양성대학)에서 1년간 준비하거나 개별적으로 준비해 응시한다. 중등교원 대다수는 CAPES 소지로 이루어져 있다. 아그레가시옹은 교수자격시험 내지 교원고등고시로 번역 가능하다. 매우 어려운 것으로 정평이 나 있는 이 시험은 고등사범학교 졸업생과 일반 대학의 석사학위 이상 소지자에게만 응시 자격을 부여하며, 대학에서 준비반을 운영한다. 합격자들 agregés은 고등학교 교사, 그랑제콜 입시 준비반 교사, 대학의 강의전담 교수 등으로 일할 수 있으며, CAPES 소지자들에 비해 보수와 승진 등에서 훨씬 좋은 대우를 받는다. 정식

대학교수가 되기 위해서는 원칙적으로 박사학위를 비롯해 아그레가시옹, 아빌리타시옹Habilitation(연구지도 자격) 등의 요건이 필요하지만, 연구 업적의 질과 경력, 학문적 교류, 교육 경력 등으로 그러한 요건을 일부 면제받을 수도 있다. 에리봉은 박사학위와 아그레가시옹 없이 대학교수가 된 매우 드문 사례에 해당한다.

2.  [옮긴이] 폴 니장의 『경비견들』을 가리킨다.

3.  [옮긴이] 이 자전적인 소설에서 보부아르는 암 투병을 하는 어머니의 모습을 섬세하게 그려내면서, 삶과 죽음에 대한 깊은 통찰을 보여준다. 시몬 드 보부아르, 『아주 편안한 죽음』, 성유보 옮김, 청년정신, 2015 참조.

4.  [옮긴이] 루이 알튀세르, 『미래는 오래 지속된다』, 권은미 옮김, 이매진, 2008 참조.

5.  [옮긴이] 사르트르가 장 주네를 "성saint 주네"라고 부른 것을 빗댄 표현이다.

# 5부

## 1

1.  [옮긴이] insulte는 문맥에 따라 모욕(어) 또는 욕설이라고 옮겼다.

2.  [옮긴이] 1940~50년대 프랑스의 가장 인기 있는 주연배우로 활약했던 장 마레(1913~98)는 시인이자 극작가, 배우, 영화감독이었던 장 콕토Jean Cocteau의 동성 애인이기도 했다. 「미녀와 야수La Belle et la Bête」(1945), 「무서운 부모들Les Parents Terribles」(1948), 「오르페Orphée」(1950) 등의 대표작이 있다.

3.  1972년 기 오켕겜은 『동성애 욕망』에서 빌헬름 라이히를 신랄하게 비판한다(Guy Hocquenghem, *Le Désir homosexuel*, Paris, Fayard, 2000, pp. 154 이하 참조. [『동성애 욕망』, 윤수종 옮김, 중원문화, 2013]). 1970년대 동성애운동 일각에서의 라이히주의에 대한 열광에 관해서는 다음의 책을 참조하라. Thierry Voeltzel, *Vingt ans et*

*après*, Paris, Grasset, 1978, 특히 pp. 18, 29(이 책은 스무 살 청년과 '연상 친구' 간의 대화인데, 그 친구는 다름 아닌 미셸 푸코다. 나는 이 텍스트를 다음 책에서 논평했다. *Réflexions sur la question gay*, pp. 433~439 참조).

4. Michel Foucault, *Histoire de la sexualité*, t. I: *La volonté de savoir*, Paris, Gallimard, 1976. 이 점에 관해서는 푸코의 행보에 대한 내 분석들을 참고할 수 있다. Didier Eribon, *Réflexions sur la question gay*, 3부; *Une morale du minoritaire: Echapper à la psychanalyse*, Paris, Léo Scheer, 2005.

## 2

1. [옮긴이] 원어 'tasse'는 본래 '찻잔'이라는 뜻이지만, 모양이 소변기와 비슷해서인지 '남성용 공중변소'라는 의미의 속어로도 쓰인다.

2. Eve Kosofsky Sedgwick, *Epistemology of the Closet*, Berkeley, University of California Press, 1990 참조. 내가 쓴 『게이 문제에 관한 성찰』은 그의 분석에서 많은 영감을 받았다.

3. [옮긴이] 원문에는 "몇 시입니까?Quelle heure est-il?" "날씨는 어떻습니까?Quel temps fait-il?"라는 관용구에서 쓰이는 남성형 주어 'il'을 여성형 주어 'elle'로 대체한 농담들(Quelle heure est-elle? Quel temps fait-elle?)이 예로 나와 있다.

4. [옮긴이] 미셸 푸코, 『담론과 진실』, 오트르망 옮김, 동녘, 2017 참조.

5. George Chauncey, *Gay New York. Gender, Urban Culture and the Making of a Gay Male World, 1890~1940*, New York, Knopf, 1994. [프랑스어 판: *Gay New York, 1890~1940*, Didier Eribon(trans.), Paris, Fayard, 2003.]

6. [옮긴이] 스톤월 항쟁은 1969년 6월 28일 뉴욕 그리니치 빌리지의 성 소수자들이 모이던 술집 스톤월 인Stonewall Inn을 경찰이 급습해 단속하는 과정에서 일어난 수일간의 광범위한 시위와 항거를 가리킨다. 이 사건은 미국 전역에 동성애자 조직과 인권운동이 활성화되는 계기를 마련했으며, 이 항쟁을 기념해 1970년부터 매년 6월 28일 '퀴어 퍼레이드'가 열리기 시작했다.

## 3

1.  Erving Goffman, *Stigma. Notes on the Management of Spoiled Identity*, Englewoods Cliff, NJ, Prentice-Hall, 1963. [『스티그마』, 윤선길·정기현 옮김, 한신대학교출판부, 2009.] 상징적 지배에 관해서는 다음의 책을 보라. Pierre Bourdieu, *Méditations pascaliennes*, Paris, Seuil, 1997, pp. 203-204.

2.  George Dumézil, *Loki*, Paris, Maisonneuve, 1948 참조. 이 책에 대한 내 논평도 참고하라. "Le crime de Loki," in *Hérésies*, pp. 19-32.

3.  Patrick Chamoiseau, *Ecrire en pays dominé*, Paris, Gallimard, 1997, pp. 23-24.

4.  [옮긴이] 원어인 'crachat'에는 '모욕적인 언동'이라는 뜻도 있다.

5.  [옮긴이] 이는 장 주네가 감옥에서 쓰고 1943년에 출간한 첫 소설로, 감옥에 갇힌 죄수가 외로운 밤을 견디기 위해서 동성애적인 에로티시즘의 환상을 창조하는 과정을 화려한 시적 언어로 그린 작품이다. 주인공 디빈은 드랙퀸이다. 사르트르는 『성 주네』에서 이 작품에 대한 분석에 많은 부분을 할애하고 있으며, 주네가 자유에 대한 실존주의적 관점을 잘 구현하고 있다고 주장했다.

6.  Eve Kosofsky Sedgwick, "Shame, Theatricality and Queer Performativity: Henry James' The Art of the Novel," in *Touching Feeling. Affect, Pedagogy, Performativity*, Durham, NC, Duke University Press, 2002, pp. 35-65.

7.  [옮긴이] 여기서 수행이란 영적인 완성을 위한 지적·정신적·신체적 훈련과 노력을 가리킨다. 이는 스토아주의의 주요 원리이며, 푸코가 중요하게 여긴 윤리의 원칙이기도 하다. 미셸 푸코, 『성의 역사 3: 자기에의 배려』, 이영목 옮김, 나남, 2004 참조.

## 에필로그

## 1

1.  [옮긴이] 디디에 에리봉·클로드 레비-스트로스 대담, 『가까이 그

리고 멀리서』, 송태현 옮김, 강, 2003.

2. [옮긴이] 디디에 에리봉, 『미셸 푸코』, 박정자 옮김, 그린비, 2012.

3. [옮긴이] Jean-Paul Sartre, *Les Mots* (1964), Paris, Gallimard, ‹Folio›, 1977, p. 139. [『말』, 정명환 옮김, 민음사, 2008.]

## 2

1. Maurice Halbwachs, *Les Cadres sociaux de la mémoire* (1925), Paris, Albin Michel, 1994와 *La Mémoire collective* [manuscrit de 1932~1938, édition établie par Gérard Namer], Paris, Albin Michel, 1997 참조.

2. Annie Ernaux, *Les Armoires vides*, Paris, Gallimard, 1974. [『빈 옷장』, 신유진 옮김, 1984books, 2020.]

3. Annie Ernaux, *Les Années*, Paris, Gallimard, 2008, p. 121. [『세월』, 신유진 옮김, 1984books, 2019.]

4. Didier Eribon, "The Dissenting Child: A Political Theory of the Subject", 2008년 4월 9일 제임스 로버트 브러드너 상 수상 기념 강연.

5. Raymond Williams, *Border Country* (1960), Cardigan, Parthian, ‹The Library of Wales›, 2006.

6. [옮긴이] 윌리엄스 소설의 이 대목은 다음과 같다. "틀림없이 어려운 여정이었겠어요." "확실히 그랬죠. 이제야 비로소 유배의 끝인 것 같네요. 되돌아간 것이 아니라, 유배가 끝났다는 느낌 말이에요. 거리를 확인했고, 그것이 중요했으니까요. 거리를 확인함으로써 우리는 집으로 되돌아오지요." Raymond Williams, *Border Country*, Cardigan, Parthian, 1960, p. 341.

옮긴이 해제

# 소수자의 글쓰기와 자기 발명의 윤리

> 계급은 사람들을 적절한 기질 안에 유지하면서 심리적인 방식으로 작동한다. 계급은 심리적으로 불편한, 고통스럽기까지 한, 그리고 어떤 사람들에게는 견딜 수 없는 지층을 가로지르는 움직임을 만들어내면서 작동한다. (…) 계급은 사람들이 다른 계급이나 신분의 경계에 다가갈 때 자신을 주변적인 존재로 느끼게 하면서 작동한다. 사회적 표식은 고속도로의 표지판처럼 언제나 사람들에게 말한다. 멈춤! 경로 이탈(당신은 잘못된 길로 들어섰습니다). 사회적 삶은 그러한 표식들로 가득 차 있다.—바바라 로젠블럼[1]

> 자유를 획득했다는 징표는 무엇인가? 더 이상 자기 자신에게 부끄러움을 느끼지 않는 것.—프리드리히 니체[2]

책의 운명은 때로 저자의 의도를 훌쩍 넘어선다. 『랭스로 되돌아가다』(이하 『랭스』로 표기)를 썼을 때, 디디에 에리봉은 이미 10여 권의 저작을 쓴 언론인 출신의 중견 작가이자 지식인이었다. 그는 레비-스트로스, 뒤메질, 곰브리치 등 저명한 지식인들과의 대화를 담은 여러 권의 대담집, 그리고 무엇보다도 생전에 그와 친하게 교류했던 철학자 푸코에 관한 탁월한 전기로 잘 알려져 있었다. 하지만 에리봉의 관심 영역이 단순히 지성사에만 머물렀던 것은 아니다. 그는 1990년대 말부터 일련의 퀴어 연구서

*301*

를 편집 혹은 저술하면서 프랑스에 'LGBTQ 연구'라는 미국식 분과를 본격적으로 도입했을 뿐만 아니라, 개인적으로는 일종의 지적 전환을 감행한 상태였다. 이후 그가 거둔 학문적 성과는 2008년 예일대학 LGBT 연구위원회가 수여하는 브러드너 상Brudner Prize의 수상을 통해 국제적으로 인정받는다.[3]

『랭스』는 에리봉이 이처럼 학문적 공인의 정점에 이르기 직전, 아버지의 부음을 듣고 30여 년간 한 번도 가지 않았던 고향 랭스에 되돌아가 느꼈던 상념을 개인사적으로, 그리고 이론적으로 풀어낸 텍스트다. 고향 집에서 발견한 어린 시절의 사진들을 통해 자신의 계급화된 몸에 대해 새삼스럽게 인식한 그는 지난 시절에 대한 어머니의 이야기를 들으며 자기의 경험에 관한 책을 쓰기로 마음먹는다. 그 자전적인 책은 에리봉의 의중에서는 단순히 어떤 회고록이나 자서전이 아닌, 이론서를 지향하는 것이었다. 이는 그가 원래 이 책에 '주체 이론Une théorie du sujet'이라는 부제를 붙이려 했다는 여러 차례의 언급에서도 분명히 드러난다. 잠재적 독자층의 감소를 염려한 출판사의 만류로 인해, 그 계획은 결국 실현되지 못했지만 말이다.[4]

그런데 『랭스』는 2009년 출간 이후 프랑스에서는 6년 동안 6만 5천 부 이상이 팔리고, 특히 독일에서는 1년 반만에 무려 8만 부가 팔리는 베스트셀러 반열에 오른다. 두 나라에서의 상업적 성공에 뒤이어 이 책은 영미권은 물론, 동유럽과 북유럽, 남미와 아시아 국가들에서 잇따라 번역되며 호평을 받았다. 더욱이 그러한 반향은 출판계와 독서계를 넘어 예술계에까지 이르렀다. 2014년 프랑스 연출가 로랑 아타Laurent Hatat가 이 책을 각색해 아비뇽 연극제의 무대에 올렸고, 2017년에는 '사회학적 연극'으로 유명한 세계적 연출가 토마스 오스터마이어Thomas Ostermeier가 공연작품으로 만든 후 독일은 물론 영국, 프랑스, 이탈리아 등에서 현재까지도 개작과 상연을 거듭하고 있다. 한편 학계에서의 상찬도 이어져『랭스』는 2019년 영미권의 국제학회인 노동계급연구회Working Class Studies Association가 수여하는 제이크 라이언 저술상Jake Ryan Book Award 수상 도서로 선정되었다.

아마 저자인 에리봉조차도 자신의 가장 내밀한 이야기를 풀어낸 책이 이렇게까지 폭넓은 공중의 반응을 불러일으키게 되리라고는 미처 예상하지 못했을 것이다.『랭스』의 성공 이후 그는 이 책에 관한 인터뷰들을 모아 2011년『랭스로 되돌아가다로 되돌아가다Retours sur Retour à Reims』를 내고, 다시 2013년에는『판결로서의 사회: 계급, 정체성, 궤적La Société comme verdict. Classes, identités, trajectoires』이라는 이론서를 펴낸다. 이는 에리봉이『판결로서의 사회』의 머리말에 쓴 것처럼, 그가『랭스』의 출간과 함께 곧장 잊고 싶었던 이 '되돌아가기'가 아직도 끝나지 않은, 어쩌면 결코 끝날 수 없는 운동이자 여정이라는 사실을 암시하는 듯 보인다.[5]

## 지성사에서 주체 이론으로

에리봉은 1979년부터 1983년까지 좌파 일간지 『리베라
시옹』에서, 그리고 1984년부터 1990년대 중반까지는 좌
파 주간지 『르 누벨 옵세르바퇴르』에서 문화와 학술 담당
기자로 일했다. 그가 푸코, 부르디외 같은 당대의 거장들
과 친분을 맺은 것도 바로 언론인으로 일하면서였다. 그
는 1980년대 말까지 자신이 "지성사를 구성하려는 야심"
을 가지고 있었다고 술회하는데, 이러한 맥락에서 1986년
에 조르주 뒤메질과의 대담집을, 그리고 1988년에는 레
비-스트로스와의 대담집을 각각 출간한다.[6] 20여 개 언
어로 번역되면서 그에게 국제적인 명성을 가져다준 최초
의 푸코 전기 『미셸 푸코』(1989), 나아가 전기에 미처 다
담지 못한 주제들을 정리한 『미셸 푸코와 그 동시대인들』
(1994) 역시 지성사 쓰기의 차원에서 이루어진 작업이
었다. 유의할 것은 그에게 푸코 관련 저작들은 정세 개입
적 의미 또한 지니고 있었다는 점이다. 1980년대 중반 이
후 프랑스 지식 사회 내에서 우파 지식인들—예컨대 뤽
페리Luc Ferry, 알랭 르노Alain Renaut, 피에르 로장발롱Pierre
Rosanvallon, 피에르 노라Pierre Nora, 프랑수아 퓌레François
Furet 등—은 주류 미디어의 지지 아래 '비판 이론'에 대한
대대적인 공세를 펼쳤다. 그들은 1960~70년대의 정신적
유산이라 할 수 있는 푸코, 데리다, 들뢰즈, 부르디외 등의

304

급진 사상에 이론적·정치적 공격을 가했고, 이는 미국에서 정치적 신보수주의의 득세 및 '프랑스 이론French theory'에 대한 국수주의적 반발 경향과 맞물리며 광범위한 지적 반동을 불러왔다. 이러한 상황에서 에리봉은 특히 1984년 AIDS로 사망한 이래 섹슈얼리티와의 연관성에 대한 의도적인 삭제나 조소 어린 비평에 시달렸던 푸코 작업의 가치와 현재성을 부각함으로써 이른바 '68사상'의 비판적 전통을 옹호, 계승해나가고자 했다.[7]

1990년대 중반 영미권의 젠더·섹슈얼리티 연구 성과를 본격적으로 접한 에리봉은 지성사에 대한 기존의 관심을 '주체 이론의 재구성'이라는 기획으로 전환한다. 이는 개인적으로는 자신의 성 정체성을 연구 대상화하는 계기이기도 했다. 1997년 그는 퐁피두 센터에서 LGBTQ 연구 관련 컬로퀴엄을 기획하고, 모니크 비티그Monique Wittig, 조지 천시, 이브 세즈윅, 리오 버사니Leo Bersani, 마이클 루시Michael Lucey 등 대표적 이론가들을 초청한다. 그 회의 결과물은 이듬해 『게이·레즈비언 연구』라는 단행본으로 묶이는데, 이는 프랑스에 LGBTQ 연구를 하나의 독립적인 학문 영역으로 제안한 최초의 시도로 꼽힌다.[8] 1999년 그는 『게이 문제에 관한 성찰』을 출간한다. 이후 에리봉이 독자적으로 추구해갈 지적 탐색의 시발점을 마련한 이 책은 프랑스 내에서 성소수자운동이 성장하고 동거 가족의 합법화를 둘러싸고 시민연대협약PACS 논쟁이 치열하게 벌어지던 때에 쓰였다. 1995년 이전까지 불과 수천 명이 모였던 게이 프라이드 퍼레이드에 갑자기 수십만 명의 인파가 몰리는 등 성소수자운동이 급성장하자, 보수 언론인과 지식인 들은 이를 공동체주의적 분리주의로 비난하면서 공화주의의 위기를 우려하고 나섰다. 『게이 문제에 관한 성찰』은 이러한 반동적 상황에 비판적으로 개입하는 의미를 담고 있었다.[9] 이 책은 또 에리봉이 푸코 연구를 심화해가는 과정과도 맞물려 있었다. 그는 두 권의 관련 저작 이후 푸코 철학을 퀴어링queering하려는 노력을 본격적으로 개시하는데, 책의 3부는 이를 잘 보여준다. 그런데 『게이 문제에 관한 성찰』이 갖는 중요성은 푸코의 이론을 프랑스 성 정치의 맥락 안에 재배치하고 해석하려는 시도 못지않게, 아니 어쩌면 그보다 훨씬 더, 게이 경험에 대한 사회학적 분석을 제안하는 1부에 있는 것으로 여겨진다. "태초에 모욕이 있었다"라는 문장으로 시작하는 1부에서 에리봉은 사르트르, 부르디외, 버틀러Judith Butler, 세즈윅 등을 이론적으로 참조하면서 수치honte가 게이 정체성의 구성에 얼마나 핵심적인 요인으로 작용하는지 논의한다. 이는 영미권의 퀴어 연구에서는 이미 어느 정도 이론적 공통 기반을 이루는 테마라 할 수 있다. 하지만 에리봉의 접근에서 독특한 점은 그가 성적 주체화의 탐구에서 정신분석학과 비판적으로 단절하는 한편, 사회학을 적극적으로 수용한다는 것이다.

　『게이 문제에 관한 성찰』은 주체 이론의 재구성이라는 에리봉의 지적 기획에 결정적인 밑그림을 제공한 것

306

처럼 보인다. 이후 그는 수치심의 주체 구성적 역할 문제를 『소수자의 도덕』(2001)에서는 수치론hontologie, 『판결로서의 사회』(2013)에서는 수치 분석honto-analyse이라는 이름 아래 정교화하며, 정신분석학, 특히 라캉 이론에 대한 급진적 비판 역시 『이단: 섹슈얼리티 이론에 관한 에세이』(2003)『정신분석학에서 벗어나기』(2005)『정신분석학 논고』(2019) 등을 통해 계속 이어나간다.[10] 그는 『랭스로 되돌아가다』와 『판결로서의 사회』에서 성적 질서만이 아닌 계급적 질서에 의한 주체화 과정에 주목하고 지배 양식과 형태들에 대한 분석 범위를 확장해나가지만, 수치를 그 중심 고리로 삼는 입장은 여전히 유지한다. 그것은 또 정신분석학이 아닌 사회학과 결합함으로써 개인의 예속화를 집합적인 수준에서 이해하는 동시에, 하비투스 개념을 정동과 감정이라는 차원에서 한층 심화시키는 기획으로 발전한다. 그리하여 쟁점은 이제 소수자가 어떻게 사회적인 것을 인지 구조와 성향 체계의 형식으로 체화하는지, 달리 말하자면 소수자 하비투스가 어떻게 형성되는지의 문제가 된다.

하나 특기할 만한 것은 에리봉이 이러한 이론적 여정의 동반자로 작가들을 소환한다는 점이다. 그의 논의에는 푸코와 부르디외는 물론 사르트르, 보부아르, 데리다, 바르트, 들뢰즈 등과 같은 프랑스 철학자들, 그리고 아렌트, 세즈윅, 버틀러, 천시 등과 같은 외국 이론가들의 영향이 분명히 드러나지만, 그와 거의 대등한 수준으로 장 주네,

마르셀 프루스트, 앙드레 지드, 마르셀 주앙도, 오스카 와일드, 아니 에르노 등 소설가들의 흔적 또한 뚜렷하게 나타난다. 자기 사유를 전개하는 과정에서 문학을 참조하는 일이 프랑스의 지적 전통에서 특별한 일이라고는 할 수 없지만, 에리봉의 경우 훨씬 더 분명한 자의식을 가지고 광범위하게 작가들의 '이론'을 참고하며 대화한다는 점에서 이채롭다. 그는 (퀴어)문학의 프리즘을 통해 비판 이론의 개념들을 새롭게 분광하고 정련한다. 『문학의 이론들』(2015)에서 그는 위대한 작가는 위대한 이론가라고 단언하는데, 이때 작가가 제공하는 이론은 물론 좁은 의미의 문학 이론이나 사회학 이론은 아니다. 그것은 복합성을 띠는 담론 속에서 작가가 생산하는 실재에 대한 인식과 실존적 통찰을 가리킨다. 에리봉이 보기에, 작가는 경험의 다양한 층위에서 이루어지는 예속화와 열등화 과정에 대한 예리하고 생생한 분석을 제공하는데, 특히 젠더, 섹슈얼리티와 관련해 그러한 장점은 두드러진다. 이를테면 프루스트는 동성애자의 비밀스러운 삶을 묘사하면서 이성애 중심 사회의 지배 논리를 다각도로 드러내고, 동성애 정체성과 사회세계의 다차원성을 보여주는 작가−이론가라 할 수 있다. 그런데 문학 작품이 구축하는 이론이 언제나 단일하고 명료한 것은 아니다. 오히려 현실은 대개 그 반대에 가깝다. 작가가 생산하는 문학적 담론은 시기와 전략에 따라 변화하면서 다양한 이론과 테제를 구성할 수 있기 때문이다. 그러므로 어떤 작가를 철학이나 사회학의 렌즈를 통해 다시 읽는 작업은 그 저작의 복잡성 안에서 특정한 시대의 사회적 실재와 인간의 존재 양식을 환기하는 이론(들)을 객관화하는 것이다.[11]

에리봉의 지적 반려 역할을 하는 작가들 가운데 에르노와 주네는 각별한 위치를 차지한다. 약간 단순화해, 에르노가 에리봉에게 특히 글쓰기 방법론의 모델이라면, 주네는 이론적 영감의 원천이라고 말해볼 수도 있을 것이다. '경험한 것만 쓴다'는 원칙으로 유명한 에르노는 이른바 오토픽션auto-fiction 전통의 탁월한 계승자로서, 작품 속에서 자기 경험에 대한 사회학적 분석을 제시한다.[12] 그녀는 개인의 계급적 위치, 교육 체계와 맺는 관계, 계급 간 생활양식의 차이, 계급 탈주자가 겪는 심리적·정서적 곤경 등을 주로 다루는데, 이와 관련해 부르디외 사회학의 영향을 강하게 받았다는 점에서 에리봉이 특히 『랭스로 되돌아가다』에서 수행한 작업과도 자연스럽게 공명한다.[13] 한편 주네는 에리봉이 주체 이론을 재구성하는 작업에 결정적인 참조점을 제공한 저자라 할 수 있다. 그는 주네의 몇몇 텍스트—특히 『도둑 일기』(1949)—가 소수자의 삶을 구성하는 정동으로서 모욕과 수치심에 관한 이론적 성찰의 준거를 마련한다고 지적한다. 게이이자 범법자였던 이 소설가가 소수자의 개인적·집단적 주체화 과정에 대한 비非정신분석적 이론을 제시한다는 것이다. 아예 "장 주네의 테마에 관한 변주"라는 부제를 단 『소수자의 도덕』은 주네의 텍스트들 속에서 성적·사회적 지배질서가 모욕과 낙인을 통해 소수자 주체를 열등한 존재로 만드는 방식, 그리고 그것을 소수자 주체가 적극적으로 넘어서는 방식에 관한 성찰을 끌어낸다. 사르트르는 『도둑 일기』에 부친 서문에서 주네가 "자신의 사상을 이야기로 만든다"고 평한 바 있는데, 에리봉은 주네의 '이야기'를 ('수치론'이라는 이름 아래) 다시 '사상'으로 변환시킨다.[14] 물론 그 사상은 주네만의 것은 아니다. 그것은 주앙도, 지드, 프루스트 같은 작가들의 것이자, 푸코, 부르디외, 사르트르, 버틀러, 세즈윅 같은 이론가들의 것이기도 하다. 그럼에도 주네가 새로운 주체 이론으로서 수치론의 정중앙에 자리한다는 점은 분명하며, 이는 에리봉의 이론화 작업에서 철학과 사회학 못지않게 문학이 갖는 비중을 단적으로 시사한다.[15]

## 소수자의 존재론으로서 수치론

에리봉의 이론화는 무엇보다도 소수자의 역사적·사회적 존재 지평에 대한 고려로부터 출발한다. 이러한 관점에서 그는 게이의 삶이 한마디로 "들린 삶vies hantées"이라고 표현한다. 무엇에? 게이를 비체非體/卑體로 만드는 역사가 바로 그것이다. 달리 말해 일상적인 욕설과 천대, 동성애 혐오적 폭력, 숱한 이들을 자살(시도)로 이끄는 공포, 타자가 끊임없이 몸과 머릿속에 각인하는 수치심 같은 온갖 억압의 역사가 동성애자들의 삶을 사로잡는다.[16] 그런 의미에서 이 소수자의 존재론은 수치론인 동시에—데리다의 용어와는 또 다른 의미에서—일종의 유령론hantologie이라고 말할 수도 있을 것이다. 과거로부터 생겨나 현재를 사로잡고 있는, 가시적인 동시에 비가시적인 흔적으로서의 유령. 결코 소멸하지 않고 끊임없이 다른 모습으로 출몰하고 귀환하면서, 때로는 아직 도래하지 않은 채로도 소수자의 현재와 실존을 규정하는 유령. 그것은, 에리봉이 보기에, 바로 모욕의 형상을 하고 있다. 모욕은 상처 입히는 말(욕설)뿐만 아니라, 그러한 효과를 지닌 몸짓, 이미지, 사회적 담론의 총체를 가리킨다. 그것은 우리를 어떤 집단(지역, 계급, 인종, 직업 등) 안에 배정하고 편입시키는 힘을 발휘한다.[17] 그리하여 유령론으로서의 이 존재론은 모욕과 그에 따른 수치의 정동을 이론화의 중심에 놓는다. 이제 에리봉의 존재론=유령론은 "모욕은 신체 속에, 의식 속에 새겨지며 주체성, 개인의 인격을 주조한다"는 전제 위에서, 수치를 "개인이 경험하는 감정으로서가 아니라, 그를 주조하는 사회적 매트릭스로서 분석"하는 수치론 혹은 수치 분석을 표방하기에 이른다.[18] 소수자의 존재론으로서 수치론은 다음과 같은 개념들의 상호관계망이라 할 수 있다. "비체-수치-자긍심-수행修行-주체화."[19] 이를 풀어 말하자면, 정상성을 벗어난 소수자는 지배 구조 안에서 비체 상태로 전락하고, 이는 그에게 수치를 가져다주지만 동시에 자긍심의 원천을 마련하며, 수행을 통한 자기의 재발명에 이르게 할 수 있다는 것이다. 이 일련의 개념들이 에리봉의 논의에서 시간적인 연쇄가 아니라, 논리적인 연쇄를 이루고 있다는 점에 주의해야 한다. 한마디로 비체가 수치를 낳고, 수치가 자긍심을 낳으며, 자긍심이 다시 수행을 낳는 식은 아니라는 뜻이다. 비체, 수치, 자긍심, 수행은 인과를 따지는 일이 무의미할 정도로 서로 겹쳐 있고 얽혀 있는 모종의 사회적·정신적 계기들이며, 주체화는 이 계기들이 주체성을 중층결정하는 과정이다.

　　이 과정을 좀더 자세히 들여다보자. 우선 자유롭고 독립적인 주체라는 관념론적 이상에 맞서 에리봉은 한 개인이 언제나 성적·사회적 질서가 그에게 부여한 자리에서 성장해간다는 사회학적 현실론으로부터 논의를 시작한다. 이 질서는 규범과 정상성을 토대로 한 위계 구조이자 다양한 지배 형태의 복합체라 할 수 있는데, 무엇보다도 성적·인종적·계급적 낙인찍기를 통해 현현한다. 에리봉은 이를 사회적 판결verdict social이라는 은유로 표현한다.[20] 어떤 삶의 양식을 사회적으로 규정하는 각종 논리와 요인을 가리키는 이 은유는 판단, 결정, 선고 등의 뜻을 복합적으로 함축한다는 점에서 여러모로 의미심장하다. 그것은 언어의 범주화 효과에 주목하고 지배의 상징적 차원을 부각하는 한편, 누구도 벗어나기 힘든 사회적 결정론을 강하게 환기한다. 판결은 지배질서의 아래에 혹은 바깥에 있는 사람들, 즉 소수자들에게 일어나는 비체화의 과정을 알려준다. "인간 존재가 지배자들의 시선에 의해 천민의 지위로 밀려나 인간성을 상실한 상태"가 바로 비체라면, 이는 특히 모욕이 생산하는 낙인과 사회적 추방으로 인해 만들어진다는 것이다.[21] 예컨대 동성애자가 평생 시달리게 되는 각종 멸칭, 욕설, 혐오 표현, 비난과 조롱 조의 농담, 배제와 따돌림은 그에게 수치와 공포, 침묵을 각인한다(동성애자를 비정규직 노동자, 장애인, 이주민, 외국인 등으로 바꿔놓아도 사정은 크게 다르지 않을 것이다).

에리봉에 따르면, 모욕은 소수자가 자신의 욕망과 행동과 존재 그 자체에 수치심을 갖게 만든다. 그런데 이 과정은 소수자가 세계 및 타자와 맺는 관계 지평을 형성하고, 상처받은 취약한 의식을 생산한다. 주목할 점은 이러한 모욕의 효과가 그 발화 행위에 앞선다는 것이다. 모욕의 언어는 아주 어린 시절부터 우리 모두에게 체화되어 주체성을 구조화하는 성적·인종적·사회적 지배질서의 표현이기 때문이다. 경멸과 배척의 다양한 언어는 소수자에게 그가 사회 속에서 '자연스럽게' 배우고 익힌 것, 그가 '언제나-이미' 알고 있는 것을 다시 확인시킬 따름이다. 그것은 일상에서의 무의식적 학습과 미시적 사회화 과정에 의해 개인의 신체와 의식 속에 장착된 정동을 계속 전율하게 만든다. 모욕의 힘은, 부르디외식으로 말해, 불평등한 지배질서와 위계 구조가 작동하는 사회세계의 역사와 그것들을 체화하고 내면화한 개인의 역사 간의 만남에서 나온다.[22]

모욕과 그 효과는 사회적·정신적·성적 구조가 내게 언제나—이미 작동시킨 더 심층적인 호명의 가시적인 부분일 따름이다. 에리봉은 '개인 주체가 호명에 의해 생산된다'는 알튀세르의 테제를 수용하면서도, 이를 정교화하기 위해 '개인의 인지 구조와 사회 구조의 조응'이라는 부르디외의 논의를 끌어온다. 그 결과, 이데올로기를 대신해 '하비투스'와 '사회적 무의식'의 구성이라는 문제가 들어선다.[23] 이는 모욕의 효과로서 수치가 소수자에게 왜 그리 벗어나기 어려운 것인지를 알려준다. 에리봉은 모욕의 언어를 통해 사회로부터 상징적으로 추방당하는 소수자는 다수자나 '정상인'과 다른 식으로 세계를 지각하며 관계를 구축한다고 본다. 자신이 지배적 규범을 비켜나는 일탈자이자, 사회에서 유배당할 운명에 처한 '비정상인'이라는 사실을 안다는 것은 개인에게 수치뿐만 아니라 심층의 공포를 자극한다. 낙인찍히는 순간, 우리는 친구를 가질 수 없거나 혹은 '비슷한 종족'만을 친구로 가질 수 있다. 소수자들은 그런 식으로 정상성의 경계 바깥으로 밀려나는 비체화를 경험하는데, 이와 함께 특유의 사회성과 하위문화를 형성하게 된다. 즉 비체화는 단지 한 세계로부터 탈락하는 부정적 과정만이 아니라, 그 나름의 논리와 내부 경제, 도덕을 가지는 또 다른 세계로 진입하는 긍정적 과정이기도 하다. 비유적으로 말해, 그것은 고유한 법칙과 요구, 미덕을 갖는 지옥으로 입장하는 길인 것이다. 개인들은 그 '즐거운 지옥'에 스스로 원해서 속하게 되기보다는, 동일한 취향과 특성을 공유하는 타인들과 접촉하면서 (때로는 어쩔 수 없이) 속하게 된다. 타자와 관계 맺기 또한 단순한 동일시의 양식 위에서가 아니라, 탈동일시의 양식, 혹은 더 정확히 말하면, 탈동일시를 경유하는 동일시의 양식 위에서 이루어진다.[24] 달리 말하면, 소수자 주체들은 스스로를 비체에 동일시하지 않으려 노력하면서 '장차 자기가 될 그 사람'이 되는 부정적인 방식으로 동일시/정체화 과정을 겪는다.

하지만 모욕을 통한 비체화가 소수자 정체성의 전부인 것은 아니다. 에리봉에 의하면, "모욕은 신체 안에 수치를 각인한다. 그것은 개인을 천민-존재être-paria 속에 영원히 고정한다. 그러나 수치는 자긍심을 생산하며, 이는 시간을 열어젖힌다. 그리고 역사가 도래한다. 그것은 바로 푸코가 '탈주의 힘'이라고 부른 것이다."[25] 에리봉이 보기에, 수치와 자긍심은 동전의 양면 같은 한 쌍의 감정이다. 그것들은 낙인찍힌 개인과 집단에 특유한 사회적 정동이기도 하다. 소수자는 자신의 불안한 지위를 깨닫거나 괴물 같은 이질성에 대해 상상하면서, '남들과 다르다'는 차이의 감각을 느끼고 종종 자신의 특이성에 뭔가 환상적인 설명, 영광스러운 기원을 부여하고자 애쓴다. 이처럼 수치에는 언제나 자긍심이 하나의 가능성으로 잠재해 있다. 사회화를 통해 신체에 기입되는 수치가 소수자들이 세계와 맺는 원초적인 관계를 구성한다면, 자긍심은 그들이 세계에 맞서 낙인에 다른 의미를 부여하고 자신의 존

재를 긍정하는 계기를 이룬다. 수치가 자긍심으로 변화하면, 이는 자기의 재발명으로 이어질 수 있다.[26]

　물론 에리봉이 보기에, 소수자들은 결코 그들의 몸과 정신에 새겨진 수치심에서 완전히 벗어나지 못한다. 가치와 규범을 학습하는 사회화 과정을 어릴 적부터 끊임없이 거치면서, 수치심은 그들 존재에 일종의 '구성적인 정동'으로 자리 잡기 때문이다. 자긍심 속에서조차 그것은 말끔히 지워지지 않는다.[27] 이러한 시각에서 우리는 수치심이 갖는 이중성에 주목할 필요가 있다. 수치심은 질서에 대한 복종을 강요하는 한편, 그로부터의 이탈을 자극한다. 그것은 두려움과 함께 반항심을 생산하며, 침묵 못지않게 발화를 추동한다. 그러므로 소수자들은 개인적이고 집합적인 과거가 빚어낸 수치심을 바탕으로 '자신에 대한 자신의 작업'을 시도할 수 있다. 이때 문제가 되는 것은 바로 수치의 제거가 아닌, 그 변환이다. 수치와 그것이 생산하는 변형의 에너지는 자기 삶을 재구성하기 위한 실천의 원동력으로 작용하며, 주체화와 재의미화 과정을 촉진한다.[28]

　에리봉은 소수자가 스스로를 (재)발명하기 위해서는 결국 사회질서가 만든 자신의 현재로부터 출발할 수밖에 없다고 역설한다. '비천한 소수자'라는 존재는 자기 변환의 재료인 동시에 작동인이 된다. 사회질서가 자신을 만들었다는 사실을 확인하고 자기 존재를 긍정하는 순간, 소수자에게는 모욕과 낙인을 계속해서 감수하지 않고 세계에 맞설 가능성이 열린다. 소수자가 사회적으로 생산된 정체성을 다시 정의하고 의미 부여하는 순간, 정체성은 이제 더 이상 동일하게 유지되지 않고 새롭게 변모하며, 다시 그것을 둘러싼 세계를 변화시킨다. 소수자는 일종의 '배반자'가 되어 그에게 할당된 자리와 부여된 역할을 배반하는데, 그 자리와 역할이 상이한 형태로 끊임없이 재생산되기에 배반 역시 끝없는 몸짓이 될 수밖에 없다. 이 때 배반은 소수자가 자기 자신을 불가피하게 정체화하는 동시에 탈정체화하는 과정에서 생겨나는 긴장을 함축한다.[29] 소수자는 개인적이거나 집단적인 배반의 실천—가족으로부터의 독립, 대도시로의 이주, 학업과 직업의 선택, 친구 관계의 재편, 새로운 독서와 학습, 공동체와 하위문화에의 참여 등—을 매개로 정체성을 재구성하고 자신을 변화시켜나갈 수 있는 것이다.

이처럼 소수자가 낙인찍힌 비체에서 자기 자신을 긍정하는 존재로 이행하는 주체화 과정에 에리봉은 (주네와 푸코를 뒤따라) '수행'이라는 이름을 붙인다. 수행을 통해 소수자는 자신의 감정과 욕망, 신체와 섹슈얼리티, 타자와의 관계를 기꺼이 감당하는 주체로서 자기를 변형시킨다. 그런데 수행이라는 말이 불러일으킬지 모를 오해와 달리, 그것은 금욕주의와 무관하며 때로는 성적 실천을 수반하고 다양한 쾌락을 산출한다. 모욕과 낙인을 재전유하고 자신의 정체성을 재의미화하는 과정, 나아가 사회질서의 지배로부터 자신을 자유롭게 만드는 과정은 주체에게 새로운 기쁨과 즐거움을 가져다줄 수 있다. 비체화가 수행의 시발점이라면, 수행은 수치심을 자긍심으로 변환하는 계기이다. 주의할 점은 수행이라는 자기 실천이 그것으로써 우리가 극복하고자 한 온갖 부정성을 완전히 제거하지는 않는다는 것이다. 모욕의 상처, 낙인의 흔적, 배제의 고통은 자유, 자율성, 자긍심 등 새로운 주체화의 요소들과 불안정하게 공존한다. 이런저런 상황에서 부정적 요소들은 언제나 표면 위로 다시 솟아날 수 있다. 다만 잊지 말아야 할 것은 비체들에게는 사실 수행을 통한 새로운 주체화 말고는 다른 선택의 여지가 거의 없다는 점이다.[30]

이 새로운 주체화는 근본적으로 규범화 권력과 정상성 이데올로기에 대한 거부, 나아가 저항을 함축할 것이다. 수치가 결국 명예의 손상 혹은 박탈과 관련된 정동이라면, 동성애가 수치를 불러일으키는 이유는 그것이 '비정상'이므로 '명예롭지 못하다'는 관념과 무관하지 않을 터이기 때문이다. 즉 무엇이 '정상'인지를 규정하고 위계화하는 권력과 지식의 공모 없이 수치의 정동은 생겨날 수 없다. 그렇다면 수치를 자긍심으로 변환하기 위해서는 규범화 권력과 정상성 이데올로기를 비판하고 기각하는 과정이 필수적일 것이다. 그것이 쉽지 않은 일임은 분명하다. '비정상인들'에게서 '인간'으로서의 명예를 빼앗고 '천민'의 위치로 내모는 비체화는 성적·사회적 지배질서 내에서 담론과 제도, 실천을 통해 매일매일 일어나는 권력

작용이며, 신체 속에 깊숙이 새겨지기 때문이다. 이는 주체화 역시 '언제나−다시' 이루어져야 하는 부단한 수행의 과정이자, 지난한 자기 발명의 여정일 수밖에 없다는 뜻이다.

### 정신분석학과 단절한 비판 이론의 구상

주체 이론의 구축이라는 에리봉의 기획에서 특이한 면모는 그가 정신분석학을 단호하게 거부한다는 데 있다. 그는 급진적 사유를 정신분석학에서 해방해야 한다고 말하며, 정신분석학 비판이 "가장 기본이 되는 필수불가결한 지적 위생학의 영역"에 속하고, "사회적·문화적 혁신을 동반하고자 하는 모든 정치적·이론적 행동에 필요한 선결 조건"이라고 주장한다.[31] 이는 버틀러를 비롯한 다수의 퀴어 이론가들이 퀴어 주체성을 분석하기 위해 정신분석학에 크게 의존한다는 점을 고려하면, 유의할 만한 차이라 할 수 있다. 에리봉에 의하면, 우리는 주체 이론을 구성하기 위해 정신분석학을 필요로 하지 않는다. 또한 인간 행동의 심리적 차원, 그리고 정신의 삶을 설명하는 데에는 사회학과 인류학의 언어가 더 적합하다. 그리하여 예컨대, 그는 비체에 관해 논하기 위해 정신분석학자 쥘리아 크리스테바Julia Kristeva가 아니라 작가 마르셀 주앙도를 참조하고, 주네가 "성적·사회적 질서 구조들의 체화(모욕이라는 명명 효과에 의해 상징화되는 체화)로서 기술될 만한 모종의 무의식에 대한 인류학적 이론을 생산"한다고 해석하며, 퀴어 이론가들이 부르디외 사회학을 충분히 활용하지 않는다고 애석해한다.[32]

　그렇다면 정신분석학에 대한 에리봉의 뿌리 깊은 반감은 어디서 기인한 것일까? 거기엔 아주 현실적이고 직접적인 이유가 없지 않다. 에리봉은 1998년에는 시민연대협약, 2012년에는 동성결혼 합법화를 둘러싸고 프랑스에서 열띤 사회적 논쟁이 벌어졌을 때, 정신분석학자 절대다수가 이를 '과학의 이름으로' 반대했다는 사실을 기회 있을 때마다 환기한다. 그런데 이러한 정치적 반대는, 에리봉의 시각에서는, 정신분석학에 내재하는 이론적 결함을 분명히 드러낸다는 점에서 매우 징후적인 사건이기도 하다. 개인의 정신 현상과 사회적인 것을 정초하는 초월적 상징 법칙의 존재에 준거를 두는 정신분석학은 '정상성'에 대한 관념을 바탕으로 가족적·이성애적 질서를 뒷받침하는 정치 이데올로기이기 때문이다. 이와 관련해 에리봉의 입장은 아주 명확한데, 그것은 이를테면 정신분석학의 '보수 정치적 활용'과 '분석적 원리로서의 효용'을 구분하자는 제안을 단번에 거절하는 데서도 나타난다. 그가 보기에, 그러한 구분은 오래 지탱되기 어려우며, 정신분석학의 개념 구조 자체가 분석 도구로서보다는 권력 장치로서의 기능이 훨씬 크므로, 우리는 그 체계를 송두리째 기각할 수밖에 없다는 것이다.[33] 이러한 맥락에서 에리봉은

320

특히 라캉의 정신분석학을 이론적 공격의 과녁으로 겨냥하고 꼼꼼히 분석한다. 그에 따르면, 라캉은 남성적·이성애적·가족주의적 질서를 수호하는 정신분석학의 규범화 기능을 설파하며, 그의 텍스트는 반페미니즘적·동성애 혐오적 개념과 명제 들로 가득 차 있다.[34]

정신분석학은 동성애자가 어떤 사람인지, 왜 어떻게 해서 그렇게 되었는지 하는 문제를 제기한다. 그것은 또 그 질문에 대해 과학적으로 설명할 수 있으며, 그러한 능력을 갖춘 전문가들이 동성애자에게 그의 진실을 알려줄 수 있다고 말한다. 하지만 그것은 적절한 질문도, 사실도 아니다. 에리봉이 보기에, 정신분석학은 이미 주어진 단순한 답을 '과학'으로 제시하면서, 그것을 벗어나는 논의에 제약을 가한다. 그것은 또 '개인'을 대상으로 삼는 한편, '보편적 가치'를 지니는 해석 틀에 따른다. 그런데 중요한 것은 오히려 정신 현상의 문제를 '탈개인화'하는 동시에 '탈보편화'하는 것이다. 동성애자가 된다는 것은 유아기에 정상적 동일시에 실패하거나, 잘못된 대상에 욕망이 고착되는 등의 병리학적 문제가 아니다. 그것은 특정한 개인이나 집단이 지배질서에 의해 모욕과 불명예를 수반하는 열등성의 범주 안에 기입되고 비체화되는 사회학적 문제이다. 그러므로 사회 집단과 계급에 따라 상이한 정신적 삶의 사회적·역사적 형성을 이해하는 작업이 요구되는 것이다.[35]

정신분석학과 단절하고서 사회과학(사회학, 인류

학, 역사학)을 통해 소수자 주체성 문제를 사유하고자 하는 에리봉의 노력은 다양한 방식으로 드러난다. 이를테면 『랭스』에서 에리봉은 이성애자 아버지와 자기의 갈등(좀 더 일반적으로는 부모–자식 관계)을 오이디푸스 콤플렉스와 같은 차원에서가 아니라, 민중 계급 내 세대 간 교육 격차라는 차원에서 접근한다. 즉 가족 구성원들이 교육 체계와 맺는 차등적 관계에서 생겨난 사회적 거리, 상이한 언어와 교양 수준 등이 매개하는 정체성들 간의 충돌이 설명의 열쇠라는 것이다. 이렇게 보면, 결정적인 것은 사회 계급의 문제이지 가족 내부의 심리학적 공간이 아니다.[36] 에리봉은 또 동성애 멜랑콜리mélancolie homosexuelle에 관해 말하면서도, 그것이 동성애자의 개인적·집합적 역사에서 기인한다고 지적한다. 동성애자가 세계와 맺는 관계 지평이 모욕과 추방에 의해 구조화되는 현실, 구체적으로는 가족과의 절연, 사회적 소외와 배제에 따른 고통, 높은 자살률이나 AIDS 같은 감염병과 그로 인한 수많은 희생자에 대한 기억 등이 멜랑콜리라는 특유의 정동을 생산한다는 것이다. 그에 따르면, '동성혼 합법화'라든지 '가족 만들기'에 대한 대다수 동성애자의 지지 또한 이성애 규범성heteronormativity에 대한 단순한 추종이라기보다는, 가족 관계의 단절이나 상실 경험이 빚어낸 사회적 욕구로 보아야 한다.[37]

이처럼 에리봉은 우리가 정신분석학의 지적 테러리즘에 맞서 "정신의 탈식민화 정치"를 펼쳐야 하며, 오이디푸스 콤플렉스, 팔루스Phallus, 거세, '아버지의 이름으로' '성차' 등과 같은 개념을 기각해야 한다고 주장한다.[38] 우리는 개인을 그 자신은 결코 알지 못하는 심층의 내면적 진실로 인도한다고 주장하는 전문가들의 상징폭력에 굴복하지 말고 저항해야 한다. 정신분석학에 대한 이러한 비판과 거부는 에리봉에게 동성애자들을 비체화하는 '과학'의 폭력과 억압적 규범에 적극적으로 맞서는 수행의 차원을 지니는 것으로 보인다. 그는 우리가 정신분석학의 개념들 대신 젠더, 체화, 퀴적, 하비투스 등 사회학의 개념들을 동원해 소수자 문제를 분석해야만 하고, 그럼으로써 억압적 현실의 개선과 변화를 촉진할 수 있다고 역설한다.

이러한 그의 입장은 『비판적 사유 원리*Principes d'une pensée critique*』(2016)에 대한 논의를 통해 좀더 명확한 이론적 언어를 얻는다. 그는 사회질서를 총체적으로 문제 삼는 비판 이론이라면 기본적으로 두 가지 원리에 토대를 두어야 한다고 주장한다. 하나는 결정론déterminisme의 원리이고, 다른 하나는 내재성immanence의 원리이다. 결정론의 원리란 비판 이론이 개인과 집합체를 주조하는 사회적·역사적 결정요인들의 구성적 힘을 분석하는 데 주력해야 한다는 말이다. 그리하여 결정론의 원리는 사회적 행위자들의 지각과 발화, 실천을 통치하는 심층적이고 비가시적인 메커니즘을 규명하고 기술하는 목표를 갖는다. 한편 내재성의 원리란 비판적 사유가 그러한 결정요인들의 힘을 결코 초월적이거나 필연적이지 않은, 우연적이고 임

*323*

시적인 것으로 간주한다는 뜻이다. 그 원리는 역사적 산물인 개인과 집합체의 삶이 비판적 사유와 정치적 행동을 수단으로 어떻게든 현실 속에서 변화 가능한 범위 안에 존재한다는 점을 일깨운다. 에리봉은 '결정론'과 '내재성'이라는 두 원리의 접합에 비판 이론의 핵심이 있다고 주장한다. 그러한 접합에 의지해야만 기존 체제와 결탁한 모든 형태의 사유와 단절하고 해방적 정치의 인식론적 기초를 구성할 수 있다는 것이다.[39]

이와 같은 관점에서 에리봉은 지배의 사회학이 갖는 분석적 의의를 강조하는 동시에, 저항의 이론적·실천적 중요성을 역설한다. 이는 언뜻 상호 모순적인 태도인 것처럼 보인다. 지배의 사회학과 그것이 설파하는 결정론은 저항의 의지를 무력화하는 것이 아닐까? 에리봉은 오히려 정치적 행동의 전망과 가능성, 그리고 그 난점과 한계를 규정하기 위해서라도 우리가 사회세계에 대한 실재론적 지식을 정교화해야 한다고 주장한다. 이러한 맥락에서 그는 민중과 지식인의 '지적 평등'을 논하는 자크 랑시에르의 관점이라든지, 노동 계급 문화의 자율성을 옹호하는 리처드 호가트나 레이먼드 윌리엄스 같은 영국 문화연구자들의 경향을 '지적 포퓰리즘'으로 평가절하한다.[40] 우리가 계급 불평등으로 인한 무지와 빈곤의 냉혹한 현실을 직시할 줄 알아야 실질적인 진보를 이룰 수 있다는 것이다.

의미 있는 저항의 전략을 위해서라도 사회학적 현실주의와 결정론에 입각한 구조 분석이 필수적이라는 에리봉의 시각은 퀴어 이론의 일부 양상에 대한 비판에서 뚜렷이 드러난다. 그에 따르면, "경직된 도그마"로서 "끔찍한 국제적 교리문답"을 생산하는 교조적 퀴어 이론은 마치 사회세계가 존재하지 않는 듯, 우리가 외부의 규범을 자유롭게 수용하거나 거부할 수 있다고 말한다. 실제로는 성적 주체성과 사회적 역할이 우리를 장악하고 있는데 말이다. 에리봉은 의지, 결정, 의식화에 의해 사회적 제약, 규범, 정체성 등을 벗어날 수 있다고 상상하는 퀴어 이론은 순수한 환상, "극도의 단순한 관념론"이 되어버린다고 신랄하게 비판한다. 그러한 이론은 흔히 버틀러에 대한 오독에 바탕을 두는데, 에리봉이 보기에 버틀러가 말하는 수행성performativity은 사실 순진한 자유를 뜻하는 것이 아니라 하비투스 개념에 가깝다. 성 정체성은 우리가 배역을 자유자재로 바꿀 수 있는 연극도 마음대로 실행하는 '놀이'도 아니고, "재연réitération을 통한 역할의 체화"이기 때문이다. 에리봉은 버틀러가 재연의 과정에서 지배적 규범을 변형 또는 전치시킬 수 있는 재의미화의 가능성에 주목하는 반면, 자신은 그 모든 것에도 불구하고 재생산되는 구조의 역사적 관성을 중시한다고 말한다. 그의 시각으로는, '불화하고 일탈하는 정체성' 또한 일정하게 코드화되어 있으며, 우리는 역사로부터 쉽게 풀려날 수 없는 것이다.[41]

이처럼 예속화하는 권력과 규범의 효과에 방점을 찍는 에리봉이 정작 저항의 인식론적 선차성을 주장한다는 사실은 흥미롭다. 그는 권력과 규범은 우리가 그것에 맞서 저항할 때 비로소 나타나는 것이기에 언제나 저항이 일차적이라고 말한다. 그렇다면 저항이 출현하기 위한 조건, 이단적 발화와 행동이 등장하기 위한 조건은 무엇인가? 이와 관련해 에리봉은 특히 두 가지 문제를 숙고하는 것으로 여겨진다. 저항이 늘 전통—즉 선행했던 저항들—속에 새겨져 있다는 것, 그리고 이론 효과effet de théorie와 맞물려 있다는 것이다.[42] 달리 말해, 저항이 주체화와 밀접한 관련을 맺는 실천이라면, 주체화는 사회운동과 그것이 생산하고 동원하는 정치적 범주에 의해 이루어진다. 에리봉은 이에 대해 세제르Aimé Césaire가 네그리튀드Négritude에 관해 말할 때까지는 마르티니크인들이 스스로를 흑인으로 지각하지 않았다는 프란츠 파농의 언급을 인용한다.

우리가 정치적 주체로서 저항에 나서기 위해서는 자신을 특정한 방식으로 정체화하는 과정이 필요하다. 예컨대 소외된 노동자라든지, 억압받는 여성, 고통받는 성소수자, 또는 식민지 민중이라는 식으로 말이다. 그러한 정체성 생산은 모종의 역사적 계기에 우리가 수용하는 범주, 담론, 인식 틀에 의해 이루어진다. 종종 사회운동과 더불어 부과되는 마르크스주의, 페미니즘, 퀴어 이론, 민족주의와 같은 이론은 우리 자신을 다르게 바라보도록 이끌며, 개인적·집합적 주체화와 저항의 원천이 된다. 개개인은 물론 노동 계급, 여성, 성소수자, 민족 등의 사회 집단도 특정한 시점의 정치적 담론에 따라 자기 과거와 기억을 취사선택하고 재해석하면서 정체성을 재구성한다. 이러한 집단들은 그 나름의 전통과 투쟁의 역사 속에서 미래를 바라보며 목표를 설정한다. 이는 각 집단과 운동에 고유한 사회적 영역과 시간이 있으며, 정치적 시간성은 언제나 복수로 존재한다는 의미이기도 하다. 노동운동, 여성운동, 성소수자운동, 민족해방운동과 같은 다양한 사회운동은 제각기 다른 정체성의 거점으로 작용하며, 실제 개인이 다원적 정체성의 교차와 조합 속에 자리 잡는다 해도, 이들 운동이 단일하고 거대한 전면적 투쟁(혁명)으로 합쳐지는 일은 매우 드물다. 에리봉이 보기에, 그것들은 서로 환원 불가능하고 그것들 간의 접합이나 수렴은, 미시적인 수준의 몇몇 예외를 빼면, 총체적인 수준에서 거의 일어나지 않는다.[43] 이를 전제로 그는 지식인들이 특정한 국면에 여러 영역에서 펼쳐지는 사회운동에 적극적으로 개입해야 한다고 주장한다.

1990년대 중반 이후 에리봉 자신이 프랑스에서 벌어진 성소수자운동을 비롯한 여러 사회운동에 활발히 참여하며 '좌파의 좌파'로서 투쟁의 목소리를 높이고 있기도 하다. "법의 변형에 의한 규범의 전복은 민주 정치와 해방 정치의 중요한 차원 가운데 하나"라고 주장하면서, 시민연대협약(1999년 제정)에서 동성혼법(2013년 제정)에 이르기까지 그러한 전복을 위한 실천에 직접 나서고 있는 것이다.[44] 에리봉은 현재의 운동이 어떤 미래를 소환한다면, 이는 미래를 바라보는 현재 속에 이 미래가 이미 '다양한 잠재성의 총체'로서 도래해 있다는 뜻이라고 지적한다. 이러한 관점에서 소수 집단들의 권리 요구는 지금의 우리 세계 안에 닻을 내리고 있는 미래이다. 그렇다면 우리는 예고된 미래에 활짝 열려 있는 동시에 그것을 통해 현재에 의미를 부여하는 정치, 한마디로 급진 민주주의의 실현을 위해 투쟁해야 한다. 에리봉은 이 투쟁이 비단 사회운동뿐만 아니라, 문화예술과 이론 분야에서 벌어지는 무수한 전투까지를 모두 포괄한다고 역설한다.[45] 아마도『랭스』는, 대중적 호응과 영향력이라는 면에서는, 에리봉의 전투들 가운데 가장 성공적인 사례라 해도 과언이 아닐 것이다.


## 끝나지 않은 귀환

『랭스』는 에리봉 자신도 분명히 밝히고 있듯이, 그가 이전에 쓴 책들과 주제와 형식 면에서 뚜렷한 차별성을 지닌다. 즉 그것은 게이 정체성의 문제가 아닌 계급 폭력의 문제를 다루며, 이 주제를 자기 서사의 형식 속에서 풀어낸다. 하지만 이전과 달리 성적 지배보다 사회적 지배에 집중한다 해서, 그것을 바라보는 에리봉의 시선까지 변화한 것은 아니다. 『랭스』의 논의는 오히려 성소수자만이 아니라 민중 계급까지 수치론의 적용 범위를 확장하는 것으로 나타난다.[46] 이는 계급 격차가 심해지고 재생산 또한 강고해지는 현실에 대한 학술적 개입의 함의를 띤다. 이 과정에서 에리봉은 특히 프랑스 교육 제도의 재생산 기능에 비판의 칼날을 겨누는데, 그 논리와 분석은 아쉽게도 부르디외 사회학에 대한 개인적·경험적 주석 수준을 크게 넘어서지 못한다. 다만 그는 프랑스의 신자유주의화와 제도권 좌파의 역사적 변질이 어떻게 노동 계급의 보수화와 외국인 배척, 그리고 극우 정당 지지로 이어지는지 나름대로 설득력 있는 관찰과 해석을 내놓는다.[47]

『랭스』에서 우리의 주목을 각별히 요하는 부분은 무엇보다도 형식적 특징이라 할 수 있다. 에리봉은 자신이 『랭스』에서 시도한 글쓰기를 이후 "사회학적 자기 성찰 introspection sociologique"이라고 이름 붙인 바 있다.[48] 이는 부르디외의 '자기의 사회 분석auto-socio-analyse,' 그리고 에르노의 오토픽션을 직접적으로 참조하며 이루어진 작업이다. 그런데 인류학과 사회학에서 하나의 방법론으로서 자기기술지auto-ethnography의 전통은 실상 상당히 오래된 것이기도 하다.[49] 그것은 부르디외가 강조하듯 단순한 '자서전 쓰기'가 아니며, 에르노가 말하듯 철저히 "나 자신의 인류학자가 될 것"을 요구한다.[50] 지식인 특유의 개인주의와 나르시시즘으로 빠져드는 자기 고백이 아니라, 사회적인 것이 개인적인 것을 어떻게 구성하는지 보여주는 자기분석을 위해 에리봉은 개인적 경험의 서사를 이론과의 긴밀한 왕복 운동 속에 투입한다. 그 결과『랭스로 되돌아가다』는 그가 자기 자신을 테스트베드로 삼아 수치론을 적용하고 또 심화시키는 사례 연구의 성격을 띤다. 유념할 것은 그의 이 자기기술지가 근본적으로 수행의 의의 또한 지닌다는 사실이다.

소수자의 '자기에 관해 쓰기'는 자기 발명으로서 수행의 일부를 이룬다. 그것이 (이중적 의미에서) 자기를 '써서' 새롭게 발명하는 실천인 한 말이다. 이 '쓰기'가 자신에 의해 사회학적 자기 성찰을 매개로 이루어진다는 점은 중요하다. 즉 자기기술지에서 소수자 개인은 이용 가능한 사회과학적 지식을 매개로 자신의 진실을 자기 힘으로 직접 탐구해가는 여정에 들어선다. 사회과학적 지식이 필요한 이유는 그러한 글쓰기 형식이 개인적인 것과 사회적인 것은 서로 나눌 수 없게 얽혀 있다는 전제를 깔고 있기 때문이다. 자기기술지는 자신을 생산해낸 사회적 제약 조건들을 인식하고 성찰함으로써 (역설적으로) 그것들의 구속으로부터 조금이나마 자유로워질 수 있는 '자율적 개인'의 이상을 구현한다. 이와 같은 경로의 차별성은, 우월한 권력 관계에 있는 상담가가 피담자의 고백을 유도하고 전문 지식을 동원해 당사자도 모르는 개인적 진실을 알려줄 수 있다고 가정하는 정신분석의 상황과 비교하면 한층 분명해진다.[51] 게다가 에리봉 자신은 『랭스』에서 1인칭 형식의 자기 분석을 제시하고 있지만, 자기기술지라고 해서 반드시 전형적인 자서전 같은 서사로 이루어져야 할 필연성은 없을 테다. 이는 그가 푸코의 『광기의 역사』나 부르

디외의『구별짓기』를 일종의 자기기술지로 간주하는 데
서도 뚜렷이 드러난다. 심지어 그는 부르디외의『자기 분
석에 대한 초고』보다『구별짓기』가 더 탁월한 자기기술지
라고 평가하기까지 한다.[52]

　　물론 여기에는 모호하고 논쟁적인 면이 있다. 그러
한 주장은 혹시 자기기술지의 외연을 지나치게 확장하는
최대주의적 규정인 것은 아닐까?『광기의 역사』나『구별
짓기』를 자기기술지로 환원시켜 이해함으로써 우리는 그
저작들의 또 다른 중요한 특징들을 시야에서 놓치게 되
는 것은 아닐까? 에리봉 자신이 이러한 의문점들에 명확
한 답변을 제시하는 것으로 보이지는 않는다. 다만 우리
는 그가 예민하게 인식하는, '자기 발명으로서의 글쓰기'
가 지니는 몇몇 특징을 통해 그 범위를 느슨하게 한정해
볼 수 있을 따름이다. 예컨대 자기기술지는 수치와 낙인
같은 상징폭력의 개인적 체험에 동력이 있다든지, 사회적
인 것—구체적으로는 정상성의 권력과 지배 구조—을
문제시하는 과정을 통해 다시 그 문제를 자기 것으로 수
용하는 '우리'를 창출한다든지 하는 것들 말이다. 에리봉
은 비판 이론이 연구자의 삶과 경험으로부터 에너지를 끌
어낸다는 점에서 "자기참조적autoréférentielle"이며, 이론은
연구자의 경험에서 그 힘과 에너지를 길어 올린다고 주
장한다. 달리 말해, 그에게 비판 이론과 자기 분석은 서로
떨어져 있지 않다. '자기'는 '언제나-이미' 사회세계의 게
임에 사로잡혀 있는 '비개인적 자기'일 수밖에 없기 때문

이다. 에리봉의 표현을 빌리자면, 비판 이론과 자기 분석은 모두 일종의 "수치전honto-biographie"이다. 연구자는 그 자신을 삶 속에서 억압하며 수치스럽게 만드는 예속화 양식을 분석하고, 그에 대한 반발과 저항을 이론적으로 형식화한다. 따라서 자기 분석은 사회 분석이자 정치 분석 politico-analyse일 수밖에 없다. 그것은 "자기의 재전유라는 오디세이"에 나서는 한 가지 중요한 수단으로서, 거기 동참하는 독자들이 스스로 유사한 작업을 할 수 있는 지적 도구를 제공한다.[53] 탁월한 자기 분석-비판 이론은 피지배자들에게 지배와 열등화의 메커니즘을 알려주고, 그럼으로써 그들을 집합적 투쟁에 합류시킨다. 이렇게 해서 출현하는 새로운 '우리'는 아마도 소수자 주체화의 정치가 요구하는 지향으로서 "불가능한 동시에 불가피한 '우리'의 관념, 잠정적이고 일시적이며 생성될수록 해체되는 공동체의 관념"에 부응할 것이다.[54]

사실 '자기의 글쓰기'는 쉽사리 성취할 수 있는 과업이 아니다. 그것이 "규범화하는 억압적 제도와 심급을 벗어나는 자기만의 이야기를 어떻게 생산할 것인가?"라는 어려운 질문과 맞닿아 있기 때문이다.[55] 이는 무엇보다도 고도의 성찰성을 요구하는데, 이와 관련해 『랭스』는 특히 곱씹어볼 만한 두 가지 문제를 제기한다. '자기 부정'과 '되돌아가기'가 그것이다. 우선 '자기 부정'은 어떤 면에서는 자기기술지의 필연적인 출발점이라 할 수 있다. 내가 세계 안에 존재한다는 것, 사회 속에서 살아갈 수 있다는 것은 적어도 나의 일부, 어쩌면 대부분이 이 사회에 맞게 만들어져 있다는 것, 그러니까 사회화된 내가 이 사회와 여러 차원에서 존재론적으로 깊숙이 공모하고 있다는 뜻이다. 내가 느끼고 생각하고 판단하는 방식은 나도 모르게 사회의 지배적인 규범에 부합하는 경향성을 갖는다. 그렇다면 '진보적'이 된다는 것은 무엇보다도 내 안의 '주류적인 것'과 싸운다는 말일 것이다. 그 부단한 투쟁은 나 자신을 구성하는 지배의 논리를 객관화하고 그것을 끊임없이 해체하는 과정일 테다. 『랭스』는 그러한 작업이 얼마나 쉽지 않은가를 역설적으로 보여준다. 그것은 성적 규범의 폭력성에 그토록 예민했던 지식인이 자신의 출신 계급을 열등화하는 또 다른 형태의 지배에는 오랫동안 무감각했다는(또 그럼으로써 동참했다는) 사실을 적나라하게 드러내기 때문이다. 에리봉은 지적 포퓰리즘에 맞서 '인식론적 단절,' 혹은 이른바 '내려다보는(조망하는) 시선'의 중요성을 강조한다. 그런데 이는 지식인이 사회적 행위자들을 존중한다면서 그들의 주관적 관점을 그대로 객관적 진실인 양 수용하는 오류를 피하기 위해서뿐만 아니라, 지식인 자신의 내부에서도 엄연히 작동하는 '주류적인 것'을 인식하고 지양하기 위해서이기도 할 것이다. '이론'의 효용과 필요성은 이러한 '성찰을 통한 자기 부정'에도 있다.

『랭스』에서 에리봉의 자기 부정은 '되돌아가기'와 이어져 있다는 점에서 또한 특징적이다. 그는 노동 계급에 대한 사회적 지배 형태(무시와 차별)를 내면화한 자신을 반성적으로 인식하고서, '랭스'와 그곳이 상징하는 모든 것으로 되돌아간다. 가족, 노동 계급, 빈곤, 모욕, 동성애 혐오 등등. 이때 '되돌아가기'는 구체적인 장소로의 물리적 귀환인 동시에, 정신적·정동적 귀환이기도 하다. 그는 자신의 '몸이 나온出身' 그곳, 오래전 스스로 떠나왔던 그곳으로 되돌아가며, 그리하여 자신의 과거를 향해 나아간다. 문제는 그가 되돌아가는 곳이 바로 자신이 애써 벗어난 환경이라는 사실이다. 그러한 귀환이 과연 순탄할 수 있을까? 인류학이나 사회학에서 연구자는 타자를 충실히 연구하기 위해 적절한 유대와 신뢰 관계, 이른바 라포르rapport를 구축하도록 요구받는다. 한데 연구자가 타자와 맺는 공시적 관계와 관련 있는 이 라포르에의 요청은 연구자가 자기 자신과 맺는 통시적 관계에도 그대로 적용 가능할까? 예컨대 현재 중간 계급 지식인에 속하는 에리봉은 과거 노동 계급의 청소년이었던 자신(그리고 가족)에게로 어떻게 되돌아갈 수 있을까? 어린 시절 그가 출신 계급에 대해 가졌던 사회적 편견과 거부감, 그리고 성공적이었던 이후의 탈주 경험이 그러한 귀환을 근본적으로 교란하고 방해하는 요소로 작용할 텐데 말이다. 스스로 오랜 노력 끝에 떠나올 수 있었던 지점으로 다시 돌아가려면, 그리하여 연구자로서 객관화와 거리두기를 실천하며 자기기술지를 작성하려면 어떤 조건들이 필요할까? 『비판적 사유 원리』에서 에리봉은, 『랭스』를 쓴 이후 어머니와 형제들이 토로했던 불평을 진솔하게 털어놓는다. 책이 가족의 진실을 제대로 담아내지 못했다는 그들의 불만은 단순히 이기적 관점이나 몰이해에서 비롯한 편견일 따름일까?[56] 어쩌면 귀환은, 아예 불가능하지는 않을지라도, 실패의 흔적들로서만 실현 가능할지도 모른다. 그렇다면 『랭스』가 자기기술지로서 거둔 성취는 무엇보다도 예정된 실패를 구현하면서도 귀환의 (불)가능성에 끝까지 도전했다는 데 있을 것이다. 이런 의미에서 이 책은 소수자의 글쓰기와 자기 발명의 윤리를 위해 숙고할 만한 하나의 모범을 제시하고 있다.

1.  Barbara Rosenblum, "Becoming an Arty Sociologist," Bennett M. Berger(ed.), *Authors of Their Own Lives*, Berkeley: University of California Press, 1990, p. 294.

2.  프리드리히 니체, 『즐거운 학문 | 메시나에서의 전원시 | 유고』, 안성찬·홍사현 옮김, 책세상, 2005, p. 251.

3.  LGBTQ 연구와 활동에 대한 일생의 업적을 기리는 브러드너 상은 예일대에서 수여한다. 2000년 조지 천시가 첫번째 수상자로 뽑힌 이래, 그동안 이브 세즈윅, 주디스 버틀러, 아이작 줄리앙 등이 이 상을 받았다. 에리봉은 2011년 영문학자 데이비드 핼퍼린David Halperin이 이 상의 수상자로 정해지자, 그의 책 『게이 남성은 무엇을 원하는가?*What Do Gay Men Want?*』(2007)가 자신의 저작 『소수자의 도덕*Une morale du minoritaire*』(2001)을 표절했다고 지적하며 주최 측의 수상자 결정 취소를 요구했다. 이 요청이 받아들여지지 않자 그는 상을 자진 반납했다. 핼퍼린은 푸코 철학을 LGBTQ 정치와 접목시킨 『성 푸코*Saint Foucault*』(1995)로 유명한 저자이며, 에리봉은 『성 푸코』를 프랑스에 번역, 소개한 바 있다. 핼퍼린은 에리봉의 문제 제기에 대해 별다른 답변을 내놓지 않았다. Emmanuelle Alfeef, "Didier Eribon s'estime plagié et ne veut plus de son Brudner Prize," *L'Express*, 27 mai 2011 참조.

4.  Didier Eribon, *Principes d'une pensée critique*, Paris, Fayard, 2016, p. 20.

5.  Didier Eribon, *La Société comme verdict. Classes, identités, trajectoires*, Paris, Fayard, 2013, p. 9.

6.  Didier Eribon, *Retours sur Retour à Reims*, Paris, Cartouche, 2011, p. 53. 조르주 뒤메질, 『대담: 디디에 에리봉과의 자전적 인터뷰』, 송대영 옮김, 동문선, 2006; 디디에 에리봉, 『가까이 그리고 멀리서: 클로드 레비스트로스 회고록』, 송태현 옮김, 강, 2003 참조. 이 두 권 외에 에리봉의 저작으로는 다음과 같은 책들이 우리말로 나와 있다. 디디에 에리봉, 『이미지가 우리에게 들려주는 것: 곰브리치와

의 대화』, 정진국 옮김, 민음사, 1997; 디디에 에리봉, 『미셸 푸코, 1926~1984』, 박정자 옮김, 그린비, 2012. 이 밖에 번역되지 않은 에리봉의 지성사 관련 저작으로는 다음의 책이 있다. Didier Eribon, *Faut-il brûler Dumézil? Mythologie, science et politique,* Paris, Flammarion, 1992.

7.   Didier Eribon, *Michel Foucault et ses contemporains,* Paris, Fayard, 1994, 1장 및 *D'une révolution conservatrice et de ses effets sur la gauche française,* Paris, Léo Scheer, 2007 참조.

8.   Didier Eribon(dir.), *Les Études gays et lesbiennes.* Actes du colloque des 21 et 27 juin 1997, Paris, Éditions du Centre Georges Pompidou, 1998. 이후 에리봉은 100여 명의 프랑스 연구자, 언론인, 비평가 들의 협력 아래 『게이 레즈비언 문화 사전』 편찬을 주도했다. Didier Eribon(dir), *Dictionnaire des cultures gays et lesbiennes,* Paris, Larousse, 2003. 그는 또 『성 푸코』 외에도 조지 천시의 『게이 뉴욕 1890~1940』, 마이클 루시의 『가족의 부적응자들: 발자크와 섹슈얼리티의 사회적 형태』를 프랑스에 번역, 소개했다. George Chauncey, *Gay New York, 1890-1940,* Paris, Fayard, 2003. Michael Lucey, *Les ratés de la famille. Balzac et les formes sociales de la sexualité,* Paris, Fayard, 2008.

9.   Didier Eribon, *Réflexions sur la question gay,* Paris, Flammarion, 1999. 쉽게 짐작할 수 있듯, 이 책의 제목은 사르트르의 『유대인 문제에 관한 성찰*Réflexions sur la question juive*』에서 따온 것이다. 이를 통해 에리봉은 자신이 박해받고 배척당하는 소수자 집단에의 소속과 개인 정체성의 규정을 둘러싼 사르트르의 문제의식을 계승한다는 점을 분명히 하면서, 이 철학자에 대한 경의를 드러낸다. 『게이 문제에 관한 성찰』의 출간을 전후로 한 프랑스 내의 지적·정치적 분위기에 관련한 정보는 『게이 문제에 관한 성찰』의 영역본 「서문」에 자세히 나와 있다. Didier Eribon, "Préface," *Insult and the Making of the Gay Self,* Durham, Duke University Press, 2004, pp. xv-xvi.

10.   Didier Eribon, *Hérésies. Essais sur la théorie de la sexualité,* Paris, Fayard, 2003; *Échapper à la psychanalyse,* Paris, Léo Scheer, 2005; *Écrits sur la*

*psychanalyse*, Paris, Fayard, 2019.

11. Didier Eribon, *Théories de la littérature. Système du genre et verdicts sexuels*, Paris, PUF, 2015, 2장 참조.

12. 변광배, 「오토픽션: 위험한 장르?」, 『문학과사회』, 131호, 2020년 가을호, pp. 383~401; 이사벨 샤르팡티에·아니 에르노와의 대담, 「"문학은 싸움의 무기입니다…"」, 박진수 옮김, 『오늘의 문예비평』, 118호, 2020년 가을호, pp. 154~181.

13. Annie Ernaux, "La Distinction, œuvre totale et révolutionnaire," Édouard Louis(dir.), *Pierre Bourdieu. L'Insoumission en héritage*, Paris, PUF, 2013, pp. 17~48; Didier Eribon, *La Société comme verdict*, 2부 참조.

14. 장-폴 사르트르, 「서문」, 장 주네, 『도둑 일기』, 박형섭 옮김, 민음사, 2008, p. 8.

15. 주네는 에리봉이 푸코 철학을 퀴어 이론적 관점에서 다시 읽는 데도 핵심적인 역할을 담당한다. 에리봉이 보기에, 푸코는 1960년대 '위반'이라는 (바타유Bataille의) 이성애적 관념에서 1970년대 말 이래 '수행ascèse'이라는 (주네의) 동성애적 관념으로 이행했다. 에리봉은 "비체화abjection로 특징지어지는 일탈자들의 예속된 주체성 분석에서 '자기 배려'라는 절제 있게 반짝이는 위대성의 찬미로" 나아가는 푸코의 30년 이론적 도정이 주네가 『도둑 일기』에서 제안한 프로그램 위에서 펼쳐졌다는 과감한 주장까지 내놓는다. Didier Eribon, *Une morale du minoritaire. Variations sur un thème de Jean Genet*, Paris, Fayard, 2001, p. 68.

16. Didier Eribon, *De la subversion. Droit, norme et politique*, Paris, Cartouche, 2010, pp. 19~20.

17. Didier Eribon, *Principes d'une pensée critique*, 1장.

18. Didier Eribon, *Une morale du minoritaire*, pp. 11 및 pp. 123~124. 수치론은 에리봉이 라캉으로부터 그 용어만 빌려온 것이다. 참고로, 여기에는 일종의 말놀이가 있다. 프랑스어의 H가 묵음이어서 수치론 hontologie과 존재론ontologie은 모두 '옹톨로지'라는 동음이의어가 되기 때문이다.

19. 같은 책, p. 295.

20. '판결'의 은유가 부르디외에게 강하게 영향받은 것이라는 점은 의심의 여지가 없다. 부르디외는 1981년 콜레주드프랑스 취임 강연에서 이렇게 말한 바 있다. "타자들의 심판이 최후의 심판jugement dernier이며, 사회적 배제야말로 지옥과 천벌의 구체적 형식이다. 인간이 인간에게 늑대인 것은 바로 인간이 인간에게 신이기 때문이다." 이러한 그의 인식은 몇 년 뒤에 발표한, 카프카의 『소송Le Procès』에 관한 짧은 텍스트에서 다음과 같이 이어진다. "절대적 상징권력의 구현체인 법정의 이미지는 이 끔찍한 사회적 게임을 지시하는 한 가지 방식에 지나지 않는다. 그 게임에서 비난과 옹호, 험담과 찬사의 끝없는 대질 속에 정교화되는 것은 사회세계의 판결, 즉 타자들이 내리는 무한한 심판의 비정한 산물이다." Pierre Bourdieu, *Leçon sur la leçon*, Paris, Minuit, 1982, p. 52; "La dernière instance," in Y. David & J-P. Morel(dir.), *Le Siècle du Kafka*, Paris, Centre Georges Pompidou, 1984, p. 270.

21. Didier Eribon, *Une morale du minoritaire*, p. 69.

22. 같은 책, pp. 80~81. 피에르 부르디외, 『언어와 상징권력』, 김현경 옮김, 나남, 2014, 1부 참조.

23. Didier Eribon, *Réflexions sur la question gay*, pp. 89~91.

24. Didier Eribon, *Une morale du minoritaire*, p. 131.

25. 같은 책, p. 94.

26. 같은 책, pp. 93~97.

27. '수치의 (차등적) 내면화'라는 문제는 다수자가 그것을 이해하지 못하는 상황에서 단적으로 드러난다. 이와 관련해 에리봉은 사르트르의 소설 『자유의 길Les Chemins de la liberté』 1권 『철들 나이L'Âge de raison』에서 이성애자인 마티유가 자신이 게이라고 힘들게 고백한 다니엘에게 별것도 아닌 일에 왜 그렇게 수치심을 느끼는지 진지하게 되물으며 의아해하는 장면을 분석한다. 에리봉에 따르면, 상호 작용 상황에서 다수자는 지배의 효과를 보지 못하거나 혹은 보기를 원하지 않는다. 그는 소수자가 비가시적이고 무차별적인 지배 논리를 정신과 신체에 어떻게 내재화했는지 가늠하지 못한다. 다수자는 심

지어 그것을 부인하거나 과소평가하는 데 이해관심을 갖는데, 그렇지 않으면 그 스스로 일상생활에서 이러한 지배의 영속화에 어떻게 이바지해왔는가 하는 불편한 질문 상황에 맞닥뜨려야 하기 때문이다. Didier Eribon, *La Société comme verdict*, pp. 178~179.

28. Didier Eribon, *Retours sur Retour à Reims*, p. 44.
29. 같은 책, pp. 75~76.
30. Didier Eribon, *Une morale du minoritaire*, p. 112.
31. Didier Eribon, *De la subversion*, p. 12. 에리봉은 2005년 『정신분석학에서 벗어나기*Échapper à la psychanalyse*』를 출간한 이래 다양한 강연이나 학술 발표를 통해 정신분석학과 비판적 대화를 계속해나갔다. 그는 라캉의 딸인 쥐디트 밀레르Judith Miller와 프로이트대의학교 École de la cause freudienne에서 대화를 갖기도 했다. 2016년에 그는 『정신분석학 논고*Écrits sur la psychanalyse*』라는 제목으로 여러 강연문, 서평 등을 함께 엮어 『정신분석학에서 벗어나기』의 개정증보판을 펴냈다.
32. Didier Eribon, *Une morale du minoritaire*, p. 293 및 "Préface," p. xxi. 참고로 크리스테바는 라캉의 정신분석학에 기초한 비체 개념을 제시한 바 있다. 자아가 구성될 때 언어화되지 못한 잔여물로서 비체는 안팎과 경계를 넘나들며 동일성의 체계와 질서를 교란하는 것, 어떤 언어로도 규정하기 어려운 것을 가리킨다. 그녀는 오이디푸스 단계 이전에 이루어지는 어머니의 몸과 아이의 분리에서 비체화의 원초적 계기를 발견한다. 쥘리아 크리스테바, 『공포의 권력: 비체화에 관한 에세이』, 서민원 옮김, 동문선, 2001 참조.
33. Didier Eribon, "Réponses et principes," *French Cultural Studies*, 23(2), 2012, pp. 152~153; *Écrits sur la psychanalyse*, "Préface" 참조.
34. Didier Eribon, *Écrits sur la psychanalyse*, 1부와 3부 참조.
35. Didier Eribon, *Retours sur Retour à Reims*, p. 87.
36. Didier Eribon, *Écrits sur la psychanalyse*, "Préface" 참조.
37. 같은 책, pp. 58~65; *De la subversion*, p. 20.
38. Didier Eribon, *Une morale du minoritaire*, p. 111.
39. Didier Eribon, *Principes d'une pensée critique*, pp. 9~13 참조.

**40.** 에리봉의 지적에 따르면, 호가트나 윌리엄스는 자신들이 성장한 노동 계급의 문화를 긍정적으로(때로는 낭만적으로) 서술하면서도 계급 탈주자로서 자기들의 궤적을 후회한 적이 없으며, 성인 교육에 적극적으로 관여함으로써 암묵적으로 더 많은 교육 기회의 필요성과 중요성을 인정했다. Didier Eribon, *La Société comme verdict*, 3부 2장 참조.

**41.** Didier Eribon, *Retours sur Retour à Reims*, pp. 64~66.

**42.** 같은 책, pp. 70~71.

**43.** Didier Eribon, *Principes d'une pensée critique*, pp. 52~53.

**44.** Didier Eribon, *De la subversion*, p. 14.

**45.** 같은 책, pp. 10~14.

**46.** 어떤 면에서 에리봉의 수치론은 비체화(배제-모욕-수치)와 주체화(전유-자긍심-수행)라는 두 이론적 층위의 접합처럼 나타난다. 소수자의 비체화 과정이 기술적descriptif 성격을 띤다면, 주체화 과정은 기술적 성격 못지않게(혹은 그보다 더) 수행적performatif 성격을 띠는 것으로 보이기 때문이다. 이러한 시각에서 『랭스』의 논의는 수치론의 관점을 이어가면서도, 노동 계급의 비체화 과정에 대한 서술에 힘을 싣고 있는 것으로 여겨진다. 흥미로운 점은 에리봉의 분석에서 두 피지배 집단, 즉 성소수자와 노동 계급이 주체화 과정에서 상당한 차이를 드러낸다는 사실이다. 성소수자의 경우 (어느 정도는 불가피한 선택으로서) 적극적인 수행의 과정을 거쳐 고유의 하위문화와 사회운동 세력을 형성하는 집단으로 재현되는 반면, 노동 계급은 강한 자긍심으로 통합된 좌파였다가 역사적인 정세 변화에 따라 점차 우경화되는 집단으로 재현된다. 물론 성소수자에 대한 에리봉의 논의는 주로 이론적이거나 역사적인 것이고, 노동 계급에 대한 논의는 개인적이고 경험적인 것이므로 단순 비교는 적절하지 않을 것이다. 그럼에도 이러한 차이는 수치론이 피지배 집단의 주체화 과정에 대해 기술적·분석적 접근을 가능하게 해주는 개념들을 좀더 정교화해야 할 필요성을 환기시킨다.

**47.** 2016년 독일어로 번역된 『랭스』가 거둔 대중적 성공은 극우 정당 AfD(독일을 위한 대안)의 득세와 트럼프 당선, 브렉시트 등의 국내

외 정치적 국면에 힘입은 바 큰 것으로 평가받는다. 같은 맥락에서 독일의 지식 사회는 이 책이 노동 계급의 우경화 문제에 대해 갖는 시사점들에 집중하는 수용 양상을 드러낸다. Ben Trott, "Returning to Class?: Eribon and 'Identity Politics' in the Time of Trump," *Berkeley Journal of Sociology*, Vol. 61, Feb. 2018. http://berkeleyjournal. org/2018/02/returning-to-class-eribon-and-identity-politics-in-the-time-of-trump/

**48.** Didier Eribon, *La Société comme verdict*, p. 11.

**49.** 'autoethnography'는 여러 학문 분야에서 '자기민족지' '자기민속지학' '자문화기술지' 등으로 다양하게 번역되지만, 여기서는 '자기에 대한 인류학적 탐구와 분석'이라는 의미를 적절히 살리기 위해 '자기기술지'로 옮겼다. 프랑스 인류학에서의 자기기술지 전통과 장단점에 관해서는 다음의 글을 참고할 수 있다. 이상길, 「따로 또 같이, 비장소에서 살아가기」, 마르크 오제, 『비장소』, 이상길·이윤영 옮김, 아카넷, 2017, pp. 196~205.

**50.** 아니 에르노, 『부끄러움』, 이재룡 옮김, 비채, 2019, p. 48. 사실 에리봉은 오토픽션과 자기 분석이 서로 대립점에 놓인다고 지적한다. 자기 분석은 '허구적'일 수 없고, 진실 말하기véridiction에 의해 지배받기 때문이라는 것이다. 그것은 또 자기의 관점에 대해 성찰적이라는 면에서 자서전과도 다르다. 따라서 자기 분석에서는 진실(혹은 실재)을 지각하고 규정하는 사회적 틀cadres sociaux이라는 문제가 중요하게 제기된다. 진실은 객관적인 동시에 수행적이다. 우리는 '실제 과거'를 현재의 정치와 문화가 제공하는 범주로부터 바라보고 재구성하기 때문이다. Didier Eribon, *Principes d'une pensée critique*, pp. 17-18.

**51.** 정신분석학을 비판하고 사회학적 자기 분석을 옹호하는 에리봉의 관점은 주체화의 차원에서 기독교의 고백과 그리스의 글쓰기를 대비시키는 후기 푸코의 논의와도 공명하는 면이 있다. 푸코는 자기와의 관계를 정립하기 위해 삶을 기록하는 고대 그리스의 글쓰기에서 자기에 대한 자기의 작업과 배려를 보았다. 그것은 개인의 감춰진 비밀을 밝히는 기독교의 고백 담론과 달리, 이미 말한 것, 혹은 들

거나 읽은 것을 기록함으로써 개인이 삶의 실천에 진실을 접목하고 이성적 행위와 윤리적 실존의 주체로 자신을 정립할 수 있게 해준다. 이러한 맥락에서 푸코는 개인이 자신의 경험과 성찰을 기억하고 행동의 지침으로 삼기 위해 물질화한 일종의 수첩인 휘폼네마타 hupomnémata, 그리고 글쓰기를 통해 타자에게 현현하는 수단인 서간문이 그리스 문화에서 가진 의미를 논한다. Michel Foucault, "L'Écriture de soi(1983)," *Dits et écrits 1954~1988*, Vol. IV, Paris, Gallimard, 1994, pp. 415~430 참조.

52. 에리봉에 따르면, "우리는 사실 『광기의 역사』와 『구별짓기』를 자기 분석의 양대 기획, 자기의 이론적이고 정치적인 재전유로 읽을 수 있다." 그는 『광기의 역사』를, 푸코가 차마 공언할 수 없었던 동성애의 역사로, 또한 『구별짓기』를 부르디외가 시달렸던 문화적 지배 구조에 대한 인류학적 탐구로 볼 수 있으며, 이 책들에서는 역사적·사회학적·이론적 분석을 통해 '자기의 재전유'라는 모험이 펼쳐지고 있다고 주장한다. Didier Eribon, *La Société comme verdict*, p. 109; *Principes d'une pensée critique*, pp. 142~143. 같은 맥락에서 『게이 문제에 관한 성찰』의 1부를 일종의 자서전으로 읽을 수 있다는 에리봉의 언급도 참고할 만하다. 그것은 모욕과 수치의 내면화를 이론적으로 논의한 부분이지만, "개인적 경험에 의지하지 않고서는 그런 것들을 쓸 수 없다"는 것이다. 나아가 그는 책 내용에 공감하는 독자들의 반응을 소개하면서, 이 개인적인 자서전은 "모든 이의 자서전, 아니면 적어도 많은 이의 자서전"이라고 역설한다. "Préface," p. xvii. 이런 점에서 에리봉이 개념화하는 자기 분석 혹은 자기기술지는 전형적인 사회과학 방법론의 규정에서 벗어나 있으며, 상당히 포괄적인 성격을 띠는 것으로 보인다.

53. Didier Eribon, *Principes d'une pensée critique*, pp. 143~144. 아니 에르노는 『구별짓기』에 관해 "저자가 결코 '나'라고 말하지 않는 이 책에서 언제나 '우리'가 문제시되고 있다"고 말한다. 이는 그가 부르디외의 책들에서 자기 이야기를 발견하고 마침내 자신에 관해 쓰게 된 사실과도 무관하지 않을 것이다. Annie Ernaux, "La Distinction, oeuvre totale et révolutionnaire," p. 48.

54. Didier Eribon, *Une morale du minoritaire*, p. 319.

55. Didier Eribon, *Retours sur Retour à Reims*, p. 87.

56. Didier Eribon, *Principes d'une pensée critique*, 1부 2장 참조.

번역서라고 다를까. 모든 책이 그렇듯, 이 책 역시 많은 분의 관심과 도움으로 세상에 나올 수 있었다. 그 가운데 몇 분의 이름은 여기 따로 적어 감사의 마음을 표현하고 싶다. 먼저 원고를 꼼꼼하게 다듬어주신 편집자 김현주 선생님께 감사드린다. 덕분에 여러 오류와 번역 투의 문장들을 바로잡고, 좀더 읽을 만한 텍스트를 만들 수 있게 되었다. 난삽한 초고를 성의 있게 살펴보고 예리한 조언을 해준 채웅준과 임동현에게도 고마움을 전한다. 초벌 번역의 검토라는 번거로운 부탁을 기꺼이 들어준 그들에게 이 텍스트 읽기가 어떤 의미로든 보상이 되는 일이었기를 바란다. 늘 새로운 지적 자극을 주는 김현경, 김선기, 배세진에게도 고맙다. 그들과 나눈 이런저런 대화를 통해 해제에 쓸 내용을 이만큼이나마 정리할 수 있었다. 멀리 파리에서 이 책에 관한 유용한 정보들을 찾아주신 박진수 선생님, 계급과 불평등 문제에 관한 고민을 공유해주신 김현준 선생님께도 감사드린다. 조은 선생님은 다큐멘터리 「사당동 더하기 33」의 후반 작업으로 바쁘신 와중에 초고를 읽고 따뜻한 감상을 보내주셨다. 「사당동」과 『랭스로 되돌아가다』는 형식과 스타일도, 사회적·지리적 배경도 제각기 다르지만, 예술과 사회과학의 교차점에서 선명한 공통의 문제의식을 지닌다. 두 텍스트가 세계 곳곳에

*345*

서 심화하고 있는 계급 격차의 현실을 일깨우고, 그 개선
을 위한 비판적 인식과 논의를 촉진하는 계기가 되길 기
대한다.